CHINA INSURANCE
Market Report 2022

中国保险业
发展报告
2022

郑伟　等/著

中国财经出版传媒集团

经济科学出版社

Economic Science Press

致谢
ACKNOWLEDGEMENT

本研究报告得到国宝人寿保险股份有限公司的大力支持，
在此致以衷心感谢！

This research report has received great support from
Guobao Life Insurance Company,
which we hereby gratefully acknowledge.

《中国保险业发展报告 2022》

编 委 会

《中国保险业发展报告 2022》

撰写组（按姓氏音序排列）

陈　凯　北京大学经济学院风险管理与保险学系副教授，北京大学中国保险与社会保障研究中心（CCISSR）副秘书长

贾　若　北京大学经济学院风险管理与保险学系副教授，北京大学中国保险与社会保障研究中心（CCISSR）副秘书长

刘新立　北京大学经济学院风险管理与保险学系主任、副教授，北京大学中国保险与社会保障研究中心（CCISSR）副主任

锁凌燕　北京大学经济学院副院长、风险管理与保险学系教授，北京大学中国保险与社会保障研究中心（CCISSR）秘书长

王国军　对外经济贸易大学保险学院教授，院长助理

张楠楠　中央财经大学保险学院副教授

郑　伟　北京大学经济学院风险管理与保险学系主任、劳合社讲席教授，北京大学中国保险与社会保障研究中心（CCISSR）主任

朱铭来　南开大学卫生经济与医疗保障研究中心主任，金融学院教授

朱南军　北京大学经济学院风险管理与保险学系教授，北京大学中国保险与社会保障研究中心（CCISSR）副主任

中国出口信用保险公司课题组

前言 PREFACE

　　《中国保险业发展报告 2022》是在原"教育部哲学社会科学发展报告建设（培育）项目"《中国保险业发展报告》的基础上，课题组成员根据中国保险业发展最新情况撰写完成的，是这一系列的第十一本报告。

　　《国务院关于加快发展现代保险服务业的若干意见》指出，保险是现代经济的重要产业和风险管理的基本手段，是社会文明水平、经济发达程度、社会治理能力的重要标志。加快发展现代保险服务业，对完善现代金融体系、带动扩大社会就业、促进经济提质增效升级、创新社会治理方式、保障社会稳定运行、提升社会安全感、提高人民群众生活质量具有重要意义。要立足于服务国家治理体系和治理能力现代化，把发展现代保险服务业放在经济社会工作整体布局中统筹考虑，使现代保险服务业成为完善金融体系的支柱力量、改善民生保障的有力支撑、创新社会管理的有效机制、促进经济提质增效升级的高效引擎和转变政府职能的重要抓手。因此，我们谈"发展保险业"，不是为发展保险业而发展保险业，而是为了实现更高层次的经济社会发展目标，是为了发挥保险业在"服务国家治理体系和治理能力现代化"方面独特而重要的作用。在这样一个大背景下，撰写《中国保险业发展报告》具有十分重要的理论意义和现实意义。

　　《中国保险业发展报告 2022》由北京大学经济学院孙祁祥教授担任名誉主编，由我担任主编，编委会由来自北京大学、中国银行保险监督管理委员会、中国社会科学院、清华大学、中国人民大学、南开大学、中国保险学会、中国保险行业协会、中国保险资产管理业协会、中国精算师协会、对外经济贸易大学、中央财经大学、北京工商大学、首都经济贸易大学、中国银保传媒等机构的相关负责同志和专家学者组成。报告撰写分工如下：第一章，保险业发展综述，郑伟；第二章，财产保险市场，朱南军；第三章，人身保险市场，刘新立；第四章，保险资金运用，陈凯；第五章，全球保险和再保险市场，贾若；第六章，保险养老社区，王国军；第七章，长期护理保险，朱铭来；第八章，网络互助与相互保险，锁凌燕；第九章，保险证券化，张楠楠；第十章，出口信用保险市场，中国出口信用保险公司课题组。在报告交稿付印之际，我要衷心感谢大家对《中国保险业发展报告 2022》的积极贡献和鼎力支持！

　　最后，我要感谢经济科学出版社的责任编辑赵蕾老师，感谢北大经济学院风险管理与保险学系的姚奕副教授和行政助理李丽萍老师，感谢她们为本书顺利出版所提供的帮助！

郑　伟

2022 年 8 月

内容提要

　　本报告作为"中国保险业发展报告"系列的第十一本年度报告，重点讨论分析 2021 年中国保险业发展的现状、问题和未来展望。

　　全书共分十章。前五章是该系列报告相对固定的主题篇章，具体包括：第一章"保险业发展综述"，第二章"财产保险市场"，第三章"人身保险市场"，第四章"保险资金运用"，第五章"全球保险和再保险市场"。后五章是每年更新议题的专题篇章，具体包括：第六章"保险养老社区"，第七章"长期护理保险"，第八章"网络互助与相互保险"，第九章"保险证券化"，第十章"出口信用保险市场"。此外，报告还包括一个附录，收录了 2021 年中国保险业发展的基本数据。

　　第一章：保险业发展综述　本章首先回顾了 2021 年中国经济社会基本环境，接着讨论中国保险业的发展概况，然后分析保险业改革发展的若干重要事件，最后就"监管新规下保险业偿付能力变化"进行专题讨论。数据显示，2021 年中国保险业发展进入调整期，保费收入增速继续放缓，全国保险公司原保险保费收入 44900 亿元，同比下降 0.79%（按可比口径，同比增长 4.05%）。但总体而言，2021 年保险业实力保持稳定，行业总资产和净资产保持增长，偿付能力相关指标保持在合理区间，服务经济社会质效持续提升。同时，2021 年保险业改革发展蹄疾步稳，在公司治理、偿付能力、险资运用、对外开放、养老保险、健康保险、农业保险和汽车保险等领域出台改革举措，为保险业的未来发展积蓄力量。2021 年底发布并于 2022 年实施的保险偿付能力监管新规引起广泛关注，监管新规夯实了负债端和资产端的最低资本要求，夯实了核心资本的质量，提升了偿付能力监管的科学性和有效性，有利于促进保险业的高质量发展。

第二章：财产保险市场　本章首先分析了 2021 年财产保险市场的运行格局与业务经营状况，随后讨论了 2021 年财产保险市场发展绩效和面临问题，并对 2022 年财产保险市场进行展望并分析未来发展趋势。分析表明，在新冠肺炎疫情的影响下，2021 年财产保险市场整体运行平稳，业务规模小幅度下降，结构调整不断深入，利润水平小幅度上升。2021 年，财产保险业务保费收入为 11671 亿元，赔款支出累计为 7688 亿元，保险密度为 826.21 元/人，保险深度为 1.02%；经营主体基本稳定，市场份额分布更加合理。财产保险市场目前存在的问题仍然集中在市场结构不合理、市场秩序规范有待进一步加强和市场两极分化程度加剧三个方面。2022 年我国财产保险将在疫情防控常态化环境下，坚持"保险姓保"，主动适应经济发展新常态，以持续性的市场改革来推动业务转型。同时，通过加速金融保险业数字化，不断优化监管机制，提高风险管理能力，大力发展绿色经济，实现财产保险市场的高质量可持续发展，更好地服务社会整体经济。

第三章：人身保险市场　本章首先分析了 2021 年人身保险市场的运行格局和业务经营情况，包括市场基本情况、竞争态势、发展程度、业务规模与结构、主要险种的经营情况、发展绩效等，总结了人身保险市场业务发展存在的问题，随后对 2022 年人身保险市场的发展前景进行了展望。分析表明，2021 年我国人身保险市场面临较大压力，行业处于转型升级的攻坚期，全年实现原保险保费收入 33229.06 亿元，同比减少 0.30%，同时，人身保险业务的保障能力仍然持续提升。2021 年人身保险市场发展显现出一些问题和潜在风险，主要体现在人身险公司新业务价值增长乏力，重疾险发展受阻，健康险业务风险不容忽视。展望 2022 年，人身保险市场可能出现以下特点：养老保险发展迎来机遇；健康险探索专业经营水平提高；数字化转型发力。

第四章：保险资金运用　本章首先分析了 2021 年国内外经济金融环境，以及我国保险资金运用的基本状况和特点，随后展望了 2022 年保险资金所面临的机遇和挑战，提出了预期发展方向。2021 年新冠肺炎疫情有所好转，各个国家纷纷推出财政政策来重振经济，全球 GDP 增长约 6.1%。我国经济在 2021 年稳中有升，GDP 增速为 8.1%，股票市场整体表现平稳，结构性机会轮动。资本市场机会与风险并存，对我国保险资金的运用提出了更大的挑战。总体来看，保险资金在 2021 年总体表现基本满意，保险资金运用余额为 23.23 万亿元，较 2020 年增长 7.1%。保险资金的主要投资方向仍然是债券，投资结构没有明显变化。在监管方面，保险资金运用监管政策不断完善，资管新规和偿二代二期工程的出台对保险资金运用提出了更高要求。2022 年，保险资金仍要立足主业，并配合国家社会保障体系建设，履行保险资金的责任。同时，保险公司还要积极开发新业务，强化投资能力，才能在大资管环境下应对同类型行业的不断挑战。

第五章：全球保险和再保险市场　本章首先回顾了全球保险业和再保险业在 2020~2021 年的市场发展概况，介绍了地区保费收入、市场结构、竞争态势、总体盈利状况等情况，并对 2021~2022 年的市场发展进行展望。2020 年全球直接保险保费收入依然维持在 6 万亿美元以上，实际减少 -1.3%。同年，全球再保险市场的净保费收入达 2451 亿美元，同比增长 11.5%，增长率较为稳定。此外，本章分析了 2021~2022 年全球保险业的若干热点问题，包括以下四个方面：第一，新冠肺炎疫情导致保险业经营方式变化，加快数字化转型进程；第二，互联网经济快速发展，网络安全风险为保险业带来了新的展业空间和挑战；第三，国际保险业更加重视 ESG 问题，保险业期待获得承保及投资端的发展机会；第四，保险业在新冠肺炎疫情背景下展现韧性，未来有望迎来强劲复苏。

第六章：保险养老社区　本章从人类社会的养老需要、我国的人口结构、相关的政策支持和养老储备的现实出发，简述保险养老社区的发展历程与现状，探讨养老社区的运营模式，分析保险养老社区建设的七类风险，并提出相应的建议。分析表明，自 2010 年泰康人寿开创我国养老保险社区的全新发展模式以来，保险养老社区发展迅速。保险产品与养老实体的有机结合既有助于解决我国人口快速老龄化进程中面对的养老难题，也为保险公司的发展开辟了一条新路。而更关键的是，保险养老社区的管理、经验和技术可以向社区养老和居家养老渗透，从覆盖 3% 的人群向覆盖 7% 乃至 100% 的人群扩展，从而全面提升整个社会的养老服务能力。尽管当前我国保险养老社区市场繁荣，成效显著，广受赞誉，但也面临着保险风险、市场风险、信用风险、操作风险、战略风险、声誉风险和流动性风险等多种风险的侵袭。为促进我国保险养老社区的可持续健康发展，保险业应加强制度规范及时应对可能发生的各种风险。

第七章：长期护理保险　本章首先讨论了国家长期护理保险试点现状，随后分析了商业保险公司经办国家长期护理保险概况，最后论述了商业护理保险在我国的发展。分析表明，2021 年我国长期护理保险试点工作稳步推进，试点城市增至 49 个（包括地方试点城市）、参保超过 1.4 亿人，累计 160 万名失能群众获益，年人均减负超过 1.5 万元。商业保险公司广泛参与到国家长期护理保险经办工作中，同时商业护理保险也处于恢复性发展。展望 2022 年，商业保险公司参与国家长期护理保险经办需要强化职责分工、明确盈利模式、完善招标设计、提升服务水平和细化监管机制。商业保险公司现阶段产品开发方向应为中高端护理险产品，在保障范围方面，明确与医疗险等其他健康保险保障界限，厘清各类保险的保险责任，体现护理保险保障功能的特色；此外，可鼓励商业保险公司业务向养老护理产业延伸，真正实现保险与医养健康的结合，形成完整的链条式服务管理体系。

第八章：网络互助与相互保险　本章梳理了我国网络互助平台的发展历史，并剖析其发展的内在逻辑，为其发展趋势提供了理论解释，讨论了相互保险接力"引流"相关保障需求的可行性及面临的现实障碍，并就推动相互保险组织发展以满足互助保障需求的工作重点进行了讨论。2021 年出现的网络互助平台"关停潮"引发了各界热议。虽然网络互助平台有其制度优势，可以很好地促进社群合作互助，但履约约束力差、商业模式可持续性差、难以解决委托—代理问题，也面临"数字鸿沟"相关问题，陷入困境可谓是事出有因。而相互保险组织作为"人合型"组织，能够很好地契合网络互助平台用户的需求，也可以克服网络互助平台的内生缺陷，是"承接""引流"

互助需求的一种可行的组织形式"解",我们应予以足够的支持和重视。着眼未来,我们应探索更多创新型保险组织形式,鼓励相互保险组织差异化发展,并努力提升保险监管兼容性,以拓展行业边界、更好发挥保险功能。

第九章:保险证券化 本章首先分析了当前世界经济金融形势,从宏观经济与贸易、商品价格与通货膨胀、金融市场与融资成本三个角度阐述保险证券化的宏观经济背景;随后介绍了世界保险证券化的发展概况,对 2021 年国际市场上发行额度较大的巨灾债券进行了特点分析;在此基础上,进一步分析了我国保险证券化的发展状况,重点对中国财产再保险公司 2021 年发行的台风债券与 2015 年发行的地震债券进行了比较,分析证券化安排的相同点与不同点;最后对未来保险证券化的发展进行了展望。分析表明,伴随着风险的演变、各国金融市场与保险行业的发展,跨市场行为日益增多,保险证券化面临的机遇与挑战并存。要积极联动国内国际市场,还要重视证券化过程中的风险次序选择、触发条件设计以及市场基础构造问题,从多个层面推动保险证券化与 ILS 产品的可持续发展。

第十章:出口信用保险市场 本章回顾了中国和全球出口信用保险市场在 2020~2021 年的发展概况,介绍了出口信用保险的承保金额、保费收入、结构特征和积极作用,分析了当前影响出口信用保险市场运行的全球国家风险变化趋势、典型事件和未来展望,阐述了出口信用保险市场的内外部经济环境和发展展望。2021 年全球出口信用保险承保规模 2.6 万亿美元,增长 12%。作为中国唯一官方出口信用保险机构,中国出口信用保险公司积极履行政策性职能,服务高水平开放,2021 年出口信用保险承保规模 8301.7 亿美元,增长 17.9%,有效扩大出口信用保险覆盖面,为中国货物、技术、服务出口,以及海外工程承包和投资项目提供全方位风险保障。在全球国家风险水平整体趋于上行、国际经济多重风险叠加复苏势头放缓、国内经济发展复杂性不确定性上升的背景下,出口信用保险应当在稳住外贸基本盘、助力高质量共建"一带一路"和促进内外贸一体化发展方面继续发挥重要作用,助力我国开放经济高质量发展。

目录 CONTENTS

第一章

保险业发展综述

2021年，面对复杂严峻的国内外形势和诸多风险挑战，我国统筹疫情防控和经济社会发展，全年经济社会发展主要目标任务较好完成，"十四五"实现良好开局。

2021年，中国保险业发展进入调整期。当年，全国保险公司原保险保费收入44900亿元，同比下降0.79%（按可比口径，同比增长4.05%）[①]；原保险赔付支出15609亿元，同比增长12.24%（按可比口径，同比增长14.12%）[②]。2021年末，保险业总资产248874亿元，同比增长6.82%；净资产29306亿元，同比增长6.47%；保险资金运用余额232280亿元，同比增长7.14%。

本章共分四节。第一节回顾2021年中国经济社会基本环境；第二节讨论2021年中国保险业的发展概况；第三节分析2021年中国保险业改革发展的重要事件；第四节就"监管新规下保险业偿付能力变化"进行专题讨论。

---

① 根据中国银行保险监督管理委员会（以下简称"中国银保监会"）关于数据统计的说明，因部分机构处于风险处置阶段，从2021年6月起，行业汇总数据口径暂不包含这部分机构。若按可比口径，2021年原保险保费收入同比增长4.05%。

② 根据中国银行保险监督管理委员会关于数据统计的说明，因部分机构处于风险处置阶段，从2021年6月起，行业汇总数据口径暂不包含这部分机构。若按可比口径，2021年原保险赔付支出同比增长14.12%。

第一节　2021 年中国经济社会基本环境

　　2021 年是党和国家历史上具有里程碑意义的一年，中国共产党成立 100 周年，如期打赢脱贫攻坚战，如期全面建成小康社会，开启全面建设社会主义现代化国家的新征程。面对复杂严峻的国内外形势和诸多风险挑战，我国统筹疫情防控和经济社会发展，全年主要目标任务较好完成，"十四五"实现良好开局。本节从宏观经济、金融市场、人民生活、灾害事故等方面，对 2021 年我国经济社会基本环境进行回顾。

一、宏观经济[①]

　　经济增长。2021 年经济总量和人均水平实现新突破。2021 年，我国国内生产总值（GDP）比上年增长 8.1%，两年平均增长 5.1%，在全球主要经济体中名列前茅；经济规模突破 110 万亿元，达到 114.4 万亿元，稳居世界第二大经济体；人均 GDP 突破 8 万元，达到 80976 元，按年平均汇率折算达 12551 美元，超过世界人均 GDP 水平。第一产业增加值 83086 亿元，增长 7.1%；第二产业增加值 450904 亿元，增长 8.2%；第三产业增加值 609680 亿元，增长 8.2%。第一产业增加值占 GDP 比重为 7.3%，第二产业增加值占 GDP 比重为 39.4%，第三产业增加值占 GDP 比重为 53.3%。全年最终消费支出拉动 GDP 增长 5.3 个百分点，资本形成总额拉动增长 1.1 个百分点，货物和服务净出口拉动增长 1.7 个百分点。

　　就业状况。2021 年就业总体稳定，全年城镇新增就业 1269 万人，比上年多增 83 万人。全年全国城镇调查失业率平均值为 5.1%；年末全国城镇调查失业率为 5.1%，城镇登记失业率为 3.96%。

---

　　① 本部分除特别说明外，资料均来源于国家统计局：《中华人民共和国 2021 年国民经济和社会发展统计公报》，国家统计局网站，2022 年 2 月 28 日；盛来运：《逆境中促发展 变局中开新局——〈2021 年国民经济和社会发展统计公报〉评读》，国家统计局网站，2022 年 2 月 28 日。

物价状况。 2021 年物价总体稳定，全年居民消费价格比上年上涨 0.9%。工业生产者出厂价格上涨 8.1%；工业生产者购进价格上涨 11.0%。农产品生产者价格下降 2.2%。12 月份，70 个大中城市新建商品住宅销售价格同比上涨的城市个数为 53 个，下降的为 17 个。

国际收支状况。[①] 2021 年我国国际收支基本平衡。2021 年，我国经常账户顺差 3173 亿美元，其中，货物贸易顺差 5627 亿美元，服务贸易逆差 999 亿美元。资本和金融账户逆差 1499 亿美元，其中，资本账户顺差 1 亿美元，非储备性质的金融账户顺差 382 亿美元，储备资产增加 1882 亿美元。年末国家外汇储备 32502 亿美元，比上年末增加 336 亿美元。

二、金 融 市 场[②]

货币市场。 2021 年货币市场利率平稳，2021 年 12 月，同业拆借月加权平均利率为 2.02%，质押式回购月加权平均利率为 2.09%，比 9 月水平分别下降 14 个和 10 个基点。货币市场交易活跃，同业存单和大额存单业务平稳运行，利率互换市场成交额稳步增长，LPR（loan prime rate）利率期权业务稳步发展。

债券市场。 2021 年债券发行利率总体下行，2021 年 12 月财政部发行的 10 年期国债收益率为 2.82%，较 9 月下降 3 个基点。债券发行同比增加，2021 年累计发行各类债券 61.4 万亿元，同比增长 7.8%。银行间现券交易量下降，交易所交易量增长。

股票市场。 2021 年股票市场指数上涨，成交量增加，筹资额同比增加。2021 年末，上证综合指数收于 3640 点，比上年末上涨 4.8%；深证成分指数收于 14857 点，比上年末上涨 2.7%。全年沪深股市累计成交 258 万亿元，日均成交 1.1 万亿元，同比增长 24.7%。全年累计筹资 1.5 万亿元，同比增长 27.5%。

外汇市场。 2021 年外汇即期、掉期交易量较快增长。2021 年人民币外汇

---

① 国家外汇管理局：《国家外汇管理局公布 2021 年四季度及全年我国国际收支平衡表》，国家外汇管理局网站，2022 年 3 月 25 日。

② 中国人民银行货币政策分析小组：《中国货币政策执行报告（2021 年第四季度）》，中国人民银行网站，2022 年 2 月 11 日。

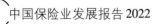

即期交易累计成交金额折合 10 万亿美元，同比增长 19.4%；人民币外汇掉期交易累计成交金额折合 20.3 万亿美元，同比增长 24.4%；人民币外汇远期交易累计成交金额折合 1089 亿美元，同比增长 4.3%。

三、人民生活①

人口状况。2021 年末全国人口② 141260 万人，比上年末增加 48 万人。其中，城镇常住人口 91425 万人，占比 64.7%；乡村常住人口 49835 万人，占比 35.3%。男性 72311 万人，占比 51.2%；女性 68949 万人，占比 48.8%。0～15 岁 26302 万人，占比 18.6%；16～59 岁 88222 万人，占比 62.5%；60 岁及以上 26736 万人，占比 18.9%；65 岁及以上 20056 万人，占比 14.2%。全年出生人口 1062 万人，出生率为 7.52‰；死亡人口 1014 万人，死亡率为 7.18‰；自然增长率为 0.34‰。

居民收入。2021 年居民收入与经济增长基本同步。全年全国居民人均可支配收入 35128 元，比上年增长 9.1%，扣除价格因素，实际增长 8.1%。全国居民人均可支配收入中位数 29975 元，增长 8.8%。按常住地分，城镇居民人均可支配收入 47412 元，比上年增长 8.2%，扣除价格因素，实际增长 7.1%。城镇居民人均可支配收入中位数 43504 元，增长 7.7%。农村居民人均可支配收入 18931 元，比上年增长 10.5%，扣除价格因素，实际增长 9.7%。农村居民人均可支配收入中位数 16902 元，增长 11.2%。城乡居民人均可支配收入比值为 2.50，比上年缩小 0.06。全国居民恩格尔系数为 29.8%，其中城镇为 28.6%，农村为 32.7%。

社会保障。2021 年社会保障体系继续完善。年末全国参加城镇职工基本养老保险人数 48075 万人，比上年末增加 2454 万人；参加城乡居民基本养老保险人数 54797 万人，增加 554 万人；参加基本医疗保险人数 136424 万人，增加 293 万人。其中，参加职工基本医疗保险人数 35422 万人，增加 967 万

---

① 国家统计局：《中华人民共和国 2021 年国民经济和社会发展统计公报》，国家统计局网站，2022 年 2 月 28 日。

② 全国人口是指中国 31 个省（自治区、直辖市）和现役军人的人口，不包括居住在 31 个省（自治区、直辖市）的港澳台居民和外籍人员。

人；参加城乡居民基本医疗保险人数 101002 万人。参加失业保险人数 22958
万人，增加 1268 万人，年末全国领取失业保险金人数 259 万人。参加工伤保
险人数 28284 万人，增加 1521 万人，其中参加工伤保险的农民工 9086 万人，
增加 152 万人。参加生育保险人数 23851 万人，增加 283 万人。年末全国共
有 738 万人享受城市最低生活保障，3474 万人享受农村最低生活保障，438
万人享受农村特困人员救助供养，全年临时救助 1089 万人次。全年国家抚
恤、补助退役军人和其他优抚对象 817 万人。

四、灾害事故①

自然灾害。2021 年，全年农作物受灾面积 1174 万公顷，其中绝收 163 万
公顷。全年因洪涝和地质灾害造成直接经济损失 2477 亿元，因干旱灾害造成
直接经济损失 201 亿元，因低温冷冻和雪灾造成直接经济损失 133 亿元，因
海洋灾害造成直接经济损失 30 亿元。全年大陆地区共发生 5.0 级以上地震 20
次，造成直接经济损失 107 亿元。全年共发生森林火灾 616 起，受害森林面
积约 0.4 万公顷。

安全事故。2021 年，全年各类生产安全事故共死亡 26307 人。工矿商贸
企业就业人员 10 万人生产安全事故死亡人数 1.374 人，比上年上升 5.6%；
煤矿百万吨死亡人数 0.045 人，下降 23.7%。道路交通事故万车死亡人数
1.57 人，下降 5.4%。

第二节　2021 年保险业发展概况及评价

一、保险业总体概况

本部分从保险业机构情况、保险业经营情况、保费收入、赔付支出等方

---

① 国家统计局：《中华人民共和国 2021 年国民经济和社会发展统计公报》，国家统计局网站，
2022 年 2 月 28 日。

面讨论 2021 年中国保险业的总体概况。

（一）保险业机构情况

表 1 - 1 显示了 2021 年中国保险业机构情况及同比变化。截至 2021 年底，中国保险市场共有 242 家保险机构，比 2020 年增加 4 家。

表 1 - 1 　　　　　　　　　2021 年保险业机构情况及同比变化　　　　　　单位：家

机构类型		2021 年	2020 年	2019 年	同比变化（2021 年比 2020 年）
保险集团（控股）公司		13	14	14	-1[a]
出口信用保险公司		1	1	1	0
财产保险公司		87	87	88	0
人身保险公司	人寿保险公司	75	75	75	0
	养老保险公司	9	9	8	0
	健康保险公司	7	7	7	0
	小计	91	91	90	0
再保险公司[b]		14	14	12	0
保险资产管理公司		33	28	26	+5[c]
其他[d]		3	3	3	0
合计		242	238	234	+4

注：a. 2021 年减少 1 家保险集团（控股）公司，即安邦保险集团股份有限公司；b. 再保险公司包含法人再保险公司和外国再保险公司分公司；c. 2021 年新增 5 家资产管理公司，即国寿投资保险资产管理有限公司、国华兴益保险资产管理有限公司、安联保险资产管理有限公司、人保资本保险资产管理有限公司、太平资本保险资产管理有限公司；d. 其他指农村保险互助（联）社。

资料来源：根据中国银保监会相关数据整理。

从公司类型看，第一，保险集团（控股）公司 13 家，比上年减少 1 家。第二，出口信用保险公司 1 家，与上年持平。第三，财产保险公司 87 家，与上年持平。第四，人身保险公司 91 家，与上年持平。其中，人寿保险公司 75 家，养老保险公司 9 家，健康保险公司 7 家，均与上年持平。第五，再保险公司 14 家，与上年持平。第六，保险资产管理公司 33 家，比上年增加

5家。第七，其他类型机构3家，与上年持平。

（二）保险业经营情况

表1-2显示了2021年保险业经营的总体情况。2021年，全国保险公司原保险保费收入44900亿元，同比下降0.79%（按可比口径，同比增长4.05%）[①]；提供保险金额121461992亿元，同比增长39.45%（按可比口径，同比增长40.71%）[②]；新增保单件数488.96亿件，同比下降7.10%；原保险赔付支出15609亿元，同比增长12.24%（按可比口径，同比增长14.12%）[③]。

表1-2   2021年保险业经营情况及同比变化

项目	2021年	2020年	同比变化（%）
原保险保费收入（亿元）	44900	45257	-0.79
保险金额（亿元）	121461992	87099109	39.45
保单件数（亿件）	488.96	526.34	-7.10
原保险赔付支出（亿元）	15609	13907	12.24
保险资金运用余额（亿元）	232280	216801	7.14
总资产（亿元）	248874	232984	6.82
净资产（亿元）	29306	27525	6.47

资料来源：中国银保监会。

2021年末，保险资金运用余额232280亿元，同比增长7.14%；保险业总资产248874亿元，同比增长6.82%；净资产29306亿元，同比增长6.47%。

---

① 根据中国银保监会关于数据统计的说明，因部分机构处于风险处置阶段，从2021年6月起，行业汇总数据口径暂不包含这部分机构。若按可比口径，2021年原保险保费收入同比增长4.05%。

② 根据中国银保监会关于数据统计的说明，因部分机构处于风险处置阶段，从2021年6月起，行业汇总数据口径暂不包含这部分机构。若按可比口径，2021年保险金额同比增长40.71%。

③ 根据中国银保监会关于数据统计的说明，因部分机构处于风险处置阶段，从2021年6月起，行业汇总数据口径暂不包含这部分机构。若按可比口径，2021年原保险赔付支出同比增长14.12%。

（三）保费收入

表 1 - 3 显示，2021 年全国保险公司原保险保费收入 44900 亿元，同比下降 0.79%。其中，财产保险（不含健康保险、意外伤害保险）原保险保费收入 11671 亿元，同比下降 2.16%；人身保险（包括人寿保险、健康保险、意外伤害保险）原保险保费收入 33229 亿元，同比下降 0.30%。

表 1 - 3 　　　　　　　　2021 年保险公司保费收入及同比变化

项目	2021 年	2020 年	同比变化（%）
原保险保费收入（亿元）	44900	45257	- 0.79
1. 财产保险（亿元）	11671	11929	- 2.16
2. 人身保险（亿元）	33229	33329	- 0.30
（1）人寿保险（亿元）	23572	23982	- 1.71
（2）健康保险（亿元）	8447	8173	3.35
（3）意外伤害保险（亿元）	1210	1174	3.07
人身保险公司保户投资款新增交费（亿元）	6479	7044	- 8.02
人身保险公司投连险独立账户新增交费（亿元）	695	473	46.93

资料来源：中国银保监会。

在人身保险业务中，人寿保险原保险保费收入 23572 亿元，同比下降 1.71%；健康保险原保险保费收入 8447 亿元，同比增长 3.35%；意外伤害保险原保险保费收入 1210 亿元，同比增长 3.07%。此外，还有一部分未计入保费收入的业务收入。2021 年，人身保险公司保户投资款新增交费 6479 亿元，同比下降 8.02%；人身保险公司投连险独立账户新增交费 695 亿元，同比增长 46.93%。

（四）赔付支出

表 1 - 4 显示，2021 年全国保险公司原保险赔付支出 15609 亿元，同比增长 12.24%。其中，财产保险（不含健康保险、意外伤害保险）赔付支出

7688 亿元，同比增长 10.54%；人身保险（包括人寿保险、健康保险、意外伤害保险）赔付支出 7921 亿元，同比增长 13.94%。

表 1-4　　　　　　　　2021 年保险公司赔付支出及同比变化

项目	2021 年	2020 年	同比变化（%）
原保险赔付支出（亿元）	15609	13907	12.24
1. 财产保险（亿元）	7688	6955	10.54
2. 人身保险（亿元）	7921	6952	13.94
（1）人寿保险（亿元）	3540	3715	-4.71
（2）健康保险（亿元）	4029	2921	37.93
（3）意外伤害保险（亿元）	352	316	11.39

资料来源：中国银保监会。

在人身保险赔付中，人寿保险赔付支出 3540 亿元，同比下降 4.71%；健康保险赔付支出 4029 亿元，同比增长 37.93%；意外伤害保险赔付支出 352 亿元，同比增长 11.39%。

二、保险市场结构

本部分从险种结构和地区结构两个方面讨论 2021 年中国保险市场结构。

（一）险种结构

表 1-5 显示了 2021 年中国保险市场的险种结构及同比变化，图 1-1 直观地显示了这一险种结构。

表 1-5　　　　　　　2021 年中国保险市场的险种结构及同比变化

险种	2021 年		2020 年		同比变化（百分点）
	保费收入（亿元）	占比（%）	保费收入（亿元）	占比（%）	
总计	44900	100.0	45257	100.0	—
财产保险	11671	26.0	11929	26.4	-0.4

续表

险种	2021 年		2020 年		同比变化（百分点）
	保费收入（亿元）	占比（％）	保费收入（亿元）	占比（％）	
人身保险	33229	74.0	33329	73.6	0.4
人寿保险	23572	52.5	23982	53.0	− 0.5
健康保险	8447	18.8	8173	18.1	0.7
意外伤害保险	1210	2.7	1174	2.6	0.1

资料来源：中国银保监会。

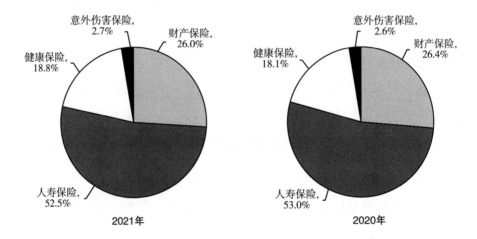

图 1-1　2021 年和 2020 年中国保险市场的险种结构

资料来源：中国银保监会。

2021 年，全国保险公司原保险保费收入为 44900 亿元。其中，财产保险保费收入 11671 亿元，占比 26.0%，同比下降 0.4 个百分点；人身保险保费收入 33229 亿元，占比 74.0%，同比上升 0.4 个百分点。在人身保险中，人寿保险保费收入 23572 亿元，在总保费中占比 52.5%，同比下降 0.5 个百分点；健康保险保费收入 8447 亿元，占比 18.8%，同比上升 0.7 个百分点；意外伤害保险保费收入 1210 亿元，占比 2.7%，同比上升 0.1 个百分点。

（二）地区结构

表 1-6 显示了 2021 年中国各省（区、市）的保费收入状况。从各省（区、市）的份额结构看，2021 年保费收入排名位居前列的省份是广东、江苏、山东、浙江、北京。其中，广东占比 12.4%，江苏占比 9.0%，山东占比 7.3%，浙江占比 6.4%，北京占比 5.6%。与上年相比，变化较大的是北京、上海和山东，2021 年北京和上海的市场份额同比分别上升 0.5 个和 0.3 个百分点，山东的市场份额同比下降 0.4 个百分点，其他省（区、市）的市场份额占比相对变化不大。

表 1-6　　　　2021 年中国各省（区、市）保费收入及同比变化

排名	地区	2021 年		2020 年		同比变化（百分点）
		保费收入（亿元）	占比（%）	保费收入（亿元）	占比（%）	
1	广东	5580	12.4	5653	12.5	-0.1
2	江苏	4051	9.0	4015	8.9	0.1
3	山东	3278	7.3	3483	7.7	-0.4
4	浙江	2860	6.4	2868	6.3	0.1
5	北京	2527	5.6	2303	5.1	0.5
6	河南	2360	5.3	2506	5.5	-0.2
7	四川	2205	4.9	2274	5.0	-0.1
8	河北	1995	4.4	2089	4.6	-0.2
9	上海	1971	4.4	1865	4.1	0.3
10	湖北	1878	4.2	1854	4.1	0.1
11	湖南	1509	3.4	1513	3.3	0.1
12	安徽	1380	3.1	1404	3.1	0.0
13	辽宁	1358	3.0	1339	3.0	0.0
14	福建	1295	2.9	1242	2.7	0.2
15	陕西	1052	2.3	1103	2.4	-0.1

续表

排名	地区	2021 年		2020 年		同比变化 （百分点）
		保费收入 （亿元）	占比 （%）	保费收入 （亿元）	占比 （%）	
16	山西	998	2.2	933	2.1	0.1
17	黑龙江	995	2.2	987	2.2	0.0
18	重庆	966	2.2	988	2.2	0.0
19	江西	910	2.0	928	2.1	−0.1
20	广西	781	1.7	734	1.6	0.1
21	吉林	691	1.5	710	1.6	−0.1
22	云南	690	1.5	756	1.7	−0.2
23	新疆	686	1.5	682	1.5	0.0
24	天津	660	1.5	672	1.5	0.0
25	内蒙古	646	1.4	740	1.6	−0.2
26	贵州	496	1.1	512	1.1	0.0
27	甘肃	490	1.1	485	1.1	0.0
28	宁夏	211	0.5	211	0.5	0.0
29	海南	198	0.4	206	0.5	−0.1
30	青海	107	0.2	104	0.2	0.0
31	西藏	40	0.1	40	0.1	0.0
集团、总公司本级		37	0.1	61	0.1	0.0
全国合计		44901	100.0	45257	100.0	—

注：集团、总公司本级是指集团、总公司开展的业务，不计入任何地区。由于四舍五入等原因，个别计算值略有出入，下同。

资料来源：中国银保监会。

表 1-7 显示了 2021 年中国东部、中部、西部三大区域的保费收入状况和同比变化，图 1-2 直观地显示了这一地区结构。从东、中、西三大区域的份额结构看，2021 年东部、中部和西部地区的保费收入份额占比分别为57.4%、23.9% 和 18.6%，呈现明显的依次递减的现象；与上年相比，2021年东部地区的保费收入份额同比上升 0.5 个百分点，西部地区的保费收入份额同比下降 0.5 个百分点，中部地区占比变化不大。

表1-7 2021年中国各地区保费收入及同比变化

地区	2021年		2020年		同比变化（百分点）
	保费收入（亿元）	占比（%）	保费收入（亿元）	占比（%）	
东部地区	25773	57.4	25733	56.9	0.5
中部地区	10721	23.9	10834	23.9	0.0
西部地区	8370	18.6	8629	19.1	-0.5
集团、总公司本级	37	0.1	61	0.1	0.0
全国	44900	100	45257	100	—

注：东部地区包括：北京、天津、河北、辽宁、上海、江苏、浙江、福建、山东、广东和海南11个省（市）；中部地区包括：山西、吉林、黑龙江、安徽、江西、河南、湖北、湖南8个省；西部地区包括：四川、重庆、贵州、云南、西藏、陕西、甘肃、青海、宁夏、新疆、广西、内蒙古12个省（区、市）。集团、总公司本级是指集团、总公司开展的业务，不计入任何地区。

资料来源：中国银保监会。

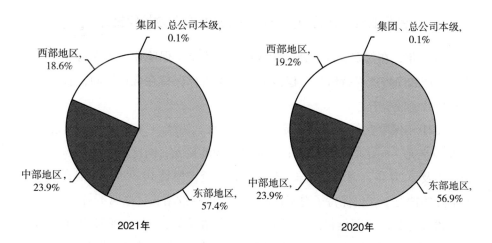

图1-2 2021年和2020年中国各地区保费收入

注：集团、总公司本级是指集团、总公司开展的业务，不计入任何地区。
资料来源：中国银保监会。

三、对保险业发展的简要评价

2021年，中国保险业保费收入增速继续放缓，保险业发展进入调整期；

保险业实力保持稳定，服务经济社会质效持续提升；保险业改革发展踔疾步稳，为未来发展积蓄力量。

（一）保费收入增速继续放缓，保险业发展进入调整期[①]

2021 年，保险业发展进入调整期，保费收入增速继续放缓。2021 年，全国保险公司原保险保费收入 44900 亿元，同比下降 0.79%；若按可比口径，同比增长 4.05%。这一数据显示，相较于 2019 年（增长 12.17%）和 2020 年（增长 6.12%），2021 年保费收入增长下行压力加大。

从结构看，2021 年财产保险保费增速降幅大于人身保险。财产保险保费收入同比下降 2.16%，人身保险同比下降 0.30%。在人身保险业务中，表现相对较好的是健康保险和意外伤害保险，两者分别同比增长 3.35% 和 3.07%，而人寿保险则同比下降 1.71%。

（二）保险业实力保持稳定，服务经济社会质效持续提升

2021 年，在保费收入增速继续放缓的压力下，保险业实力保持稳定，行业总资产和净资产保持增长，偿付能力相关指标保持在合理区间，服务经济社会质效持续提升。

2021 年保险业总资产和净资产保持增长。2021 年末，保险公司总资产 24.9 万亿元，同比增长 6.82%；净资产 29306 亿元，同比增长 6.47%。虽然增速不及 2020 年（总资产增长 13.29%，净资产增长 10.95%），但在保费收入下降的情况下，仍保持了总资产和净资产的持续增长，亦属不易。

2021 年保险公司偿付能力相关指标保持在合理区间。[②] 2021 年末，保险业平均综合偿付能力充足率为 232.1%，平均核心偿付能力充足率为 219.7%，处于较高水平。财产险公司、人身险公司、再保险公司的平均综合偿付能力充足率分别为 283.7%、222.5% 和 311.2%，同比分别上升 5.8 个百分点、下降 17.1 个百分点和下降 8.1 个百分点。2021 年末，保险业风险综

---

① 本部分数据由作者根据中国银保监会数据整理计算。

② 中国银保监会：《关于 2021 年保险业偿付能力监管工作情况的通报》，中国银保监会网站，2022 年 4 月 29 日。

合评级结果显示：风险小的 A 类公司 91 家，风险较小的 B 类公司 75 家，风险较大的 C 类公司 8 家，风险严重的 D 类公司 4 家。与上年同期相比，A 类、B 类公司数量下降 5 家，C 类、D 类公司数量增加 6 家，风险综合评级的整体结构保持稳定。

2021 年保险业通过风险保障和资金运用，持续提升服务经济社会质效。2021 年保险业赔付支出 1.56 万亿元，同比增长 12.24%，为河南、山西暴雨灾后重建赔付约 116 亿元，新冠病毒疫苗保险为超 28 亿剂次接种提供保障，从经济补偿与风险保障的角度有力支持了经济社会发展。2021 年保险资金运用余额 23.2 万亿元，同比增长 7.14%，从资金运用的角度有力支持了实体经济发展。①

（三）保险业改革发展蹄疾步稳，为未来发展积蓄力量②

2021 年，保险业改革发展蹄疾步稳。公司治理领域，出台纲领性监管制度；偿付能力领域，完成偿二代二期工程建设；险资运用领域，突出"市场化改革＋风险监管＋分类监管"的政策思路；对外开放领域，出现多个"首家"；养老保险领域，个人养老金启幕；健康保险领域，"规范"成为关键词；农业保险领域，推广完全成本和种植收入保险；汽车保险领域，新能源专属车险推出。这一项项改革举措，都在为保险业的未来健康发展夯实基础、积蓄力量。

第三节 2021 年保险业改革发展的重要事件

2021 年是"十四五"开局之年，中国保险业在改革发展的诸多方面可圈可点，概括起来，既体现在公司治理、偿付能力、险资运用、对外开放等较宏观的方面，也体现在养老保险、健康保险、农业保险、汽车保险等较具体的方面。

---

① 作者根据中国银保监会数据整理计算。
② 关于 2021 年中国保险业改革发展的重要事件，将在本章第三节讨论。

一、公司治理：出台纲领性监管制度

2021 年 6 月，中国银保监会发布《银行保险机构公司治理准则》（以下简称《准则》），这是银行业保险业公司治理领域的一项纲领性监管制度。《准则》共 11 章 117 条，包括总则、党的领导、股东与股东大会、董事与董事会、监事与监事会、高级管理层、利益相关者与社会责任、激励约束机制、信息披露、风险管理与内部控制、附则等。它的制定发布有利于健全保险机构公司治理机制，进一步提升公司治理的科学性和有效性，推动保险业实现更高质量发展。

公司治理决定保险机构的先天基因和持久特质，公司治理监管是保险监管的一项重要内容。近年来，中国银保监会紧紧把握公司治理监管的重要定位，以"公司治理监管评估"为抓手，在构建中国特色保险业公司治理机制的道路上迈出了坚实的步伐，拥有了良好的开端。随着监管机构持续推进保险机构公司治理改革，保险机构越来越重视公司治理工作，从监管机构向保险机构的压力传导机制逐渐畅通，公司治理工作取得了积极成效。《2021 年银行保险机构公司治理监管评估结果总体情况》显示，公司治理状况总体呈现稳步向好变化，股东治理、关联交易管理、董事会治理等重点领域改革取得一定进展。同时，公司治理部分领域存在的问题仍需引起关注，包括党的领导虚化弱化、股东行为不合规不审慎、关联交易管理存在缺陷、董事会运作有效性不足等。

健全公司治理是一项长期艰苦的工作，不可能一蹴而就。保险业公司治理由"形似"到"神至"，公司治理监管由"形式规范"到"治理实效"，真正实现"率先落实《二十国集团/经合组织公司治理原则》"，构建起健全的中国特色保险业公司治理机制，仍面临诸多严峻的挑战。

二、偿付能力：完成偿二代二期工程建设

2021 年是我国保险偿付能力监管制度建设的一个重要年份，1 月中国银

保监会修订发布《保险公司偿付能力管理规定》，12 月发布《保险公司偿付能力监管规则（Ⅱ）》，标志着偿二代二期工程建设顺利完成。作为保险监管的一项核心内容，自从 1998 年中国保监会成立并提出"市场行为监管与偿付能力监管并重"的监管理念以来，偿付能力监管制度建设就一直在路上。偿一代建设肇始于 2003 年，完成于 2008 年；偿二代建设启动于 2012 年，完成于 2015 年 2 月，2016 年 1 月切换至偿二代（一期）时代；偿二代二期工程建设启动于 2017 年，完成于 2021 年 12 月，2022 年 1 月切换至偿二代二期时代。

《保险公司偿付能力管理规定》在总结吸收近年来偿二代建设实施最新成果和监管实践经验做法的基础上，进一步明确了以风险为导向，定量资本要求、定性监管要求、市场约束机制相结合的三支柱偿付能力监管框架体系。并且，与 2008 年版规定相比，新规定扩展了"偿付能力达标公司"的条件，由仅有一项即偿付能力充足率不低于100%，扩展为核心偿付能力充足率不低于50%、综合偿付能力充足率不低于100%、风险综合评级不低于 B 类三项指标，提出了更高的监管要求。

《保险公司偿付能力监管规则（Ⅱ）》是偿二代二期工程的标志性成果，它的影响既主要体现在第一支柱，也体现在第二支柱和第三支柱。

新监管规则对第一支柱的影响可从三个角度看。从资产端看，一方面，对保险资金运用的多层嵌套，要求"全面穿透、穿透到底"，夯实了资产端的最低资本要求；另一方面，对符合国家战略方向的投资资产，适当降低资本要求，体现了资产端的监管支持导向。从负债端看，一方面，对车险、融资性信用保证险等保险业务基础风险因子进行调整，并增设重疾恶化因子，夯实了负债端的最低资本要求；另一方面，对农业保险、专属养老保险等国家支持发展的方向，适当降低资本要求，体现了负债端的监管支持导向。从资本端看，严格了资本认定标准，比如，规定保险公司不得将投资性房地产的评估增值计入实际资本，将长期寿险保单的预期未来盈余根据保单剩余期限分别计入核心资本或附属资本，夯实了保险公司的资本质量。

在第二支柱，新监管规则强化了对保险公司偿付能力风险管理的要求，有利于监管难以资本化的风险。在第三支柱，新监管规则进一步扩展了保险公司偿付能力信息公开披露的内容，有利于更好发挥市场约束作用，让社会公众和利益相关方参与风险监督。

三、险资运用：市场化改革＋风险监管＋分类监管

2021 年保险资金运用监管不断完善。9～12 月中国银保监会陆续发布了多项险资监管政策，包括《关于资产支持计划和保险私募基金登记有关事项的通知》《关于保险资金投资公开募集基础设施证券投资基金有关事项的通知》《关于调整保险资金投资债券信用评级要求等有关事项的通知》《关于保险资金参与证券出借业务有关事项的通知》等。12 月中国银保监会还发布了《关于修改保险资金运用领域部分规范性文件的通知》，对 14 个规范性文件进行集中修订，以解决个别监管制度条款滞后问题。

2021 年险资监管政策呈现几个突出的特点。一是深化市场化改革。比如取消保险资金可投金融企业债券白名单和外部信用评级要求，引导保险资金投资基础设施基金，允许保险资金参与证券出借业务，这些政策均有利于拓宽保险资金运用范围，扩大保险机构自主决策空间。二是强化风险监管。比如在资产支持计划和保险私募基金由注册制改为登记制之后，监管机构更加强调风险监测和事中事后监管；在现行的保险大类资产比例监管政策中，增设投资于非标准化金融产品和不动产资产的比例限制，防范非标准化资产领域投资风险。三是健全分类监管。比如根据保险机构的偿付能力充足率和资产负债管理能力评估结果得分的高低，规定了不同的资金运用权限，避免"一刀切"。综合来看，这种"市场化改革＋风险监管＋分类监管"的政策思路，一方面有利于优化保险资产配置和增厚投资收益，另一方面也有利于保险服务实体经济和资本市场发展，可达成"双赢"的结果。

四、对外开放：出现多个"首家"

2021 年是中国加入世界贸易组织二十周年，国家"十四五"规划提出实行高水平对外开放，开拓合作共赢新局面，要求实施更大范围、更宽领域、

更深层次对外开放，稳妥推进银行、证券、保险、基金、期货等金融领域开放。在这样的大背景下，2021年3月中国银保监会修改发布《中华人民共和国外资保险公司管理条例实施细则》（以下简称《实施细则》），12月银保监会发布《中国银保监会办公厅关于明确保险中介市场对外开放有关措施的通知》（以下简称《通知》），保险业对外开放进一步深化。

《实施细则》修改的主要背景是2019年10月国务院关于《中华人民共和国外资保险公司管理条例》的修订。修改后，外资保险公司的外方股东由仅限于外国保险公司扩展为外国保险公司、外国保险集团公司、其他境外金融机构三类。外方股东的多元化，表明了中方支持更多符合条件的境外机构参与中国保险业发展的态度，也有利于丰富股东和资金来源，进一步激发保险市场活力。

根据《通知》要求，我国大幅取消外资保险经纪公司的准入限制，进一步降低外资保险中介机构的准入门槛，对保险中介机构适用"先照后证"政策。这些措施放宽了20年前我国入世承诺中关于外资保险中介机构的准入条件，有利于建设新型保险中介市场体系，促进保险业健康发展，更好服务经济社会发展大局。

随着保险业对外开放的进一步深化，2021年外资保险领域出现了多个"首家"——首家外资专业养老险公司（恒安标准）获批开业，首家外资独资保险资管公司（安联保险资管）获批开业，首家合资转外资独资的寿险公司（中德安联人寿）完成股东变更，等等。这些变化与近年来国际上某些"逆全球化"的动作不同，它既体现了中国实施"更大范围、更宽领域、更深层次"的对外开放的坚定决心，也体现了加入世界贸易组织20年之后的中国对自己的强大信心，中国保险业对外开放合作共赢的新局面令人期待。

五、养老保险：个人养老金启幕

2021年多层次多支柱养老保险体系建设继续稳步推进。5月中国银保监会印发《中国银保监会办公厅关于开展专属商业养老保险试点的通知》，自6月1日起，由6家人身保险公司在浙江省（含宁波市）和重庆市开展专属商业养老保险试点。9 月中国银保监会批复同意工银理财等 17 家公司共同发起在北京筹建国民养老保险股份有限公司，注册资本 111.5 亿元人民币。9 月中国银保监会选择"四地四机构"（工银理财在武汉和成都，建信理财和招银理财在深圳，光大理财在青岛）开展养老理财产品试点。12 月 17 日，养老保险领域一个重磅信息发布——中央全面深化改革委员会第二十三次会议审议通过《关于推动个人养老金发展的意见》，这标志着讨论多年的第三层次（支柱）个人养老金即将正式启幕。

人口老龄化是贯穿 21 世纪我国经济社会发展的一个基本国情。2000 年我国进入轻度老龄化阶段，2022 年将进入中度老龄化阶段，2035 年左右还将进入重度老龄化阶段。在人口老龄化急剧深化的大背景下，国家"十四五"规划明确提出"发展多层次、多支柱养老保险体系"。应当说，这是积极应对人口老龄化、实现养老保险制度可持续发展的重要举措，因为现收现付制的第一层次基本养老保险"独木难支"，发展第二层次企业（职业）年金和第三层次个人养老金就显得尤为必要。

在我国，个人养老金应当具备几个基本特征。第一，有政策支持。在政府支持性政策中，最为常见的是财税政策，我国前一阶段的个税递延型商业养老保险试点，既积累了经验，也遇到了问题，值得总结反思，以便为个人养老金发展提供有利的政策环境。第二，个人自愿参加。自愿参加要求充分考虑参与的便捷性，要让老百姓"看得明白、搞得懂、好操作"，增强个人养老金的吸引力。第三，实行市场化运营。参加个人养老金的个体，他们可能有不同的保障需求和投资需求，对于这些个性化、多元化的需求，市场是最有效的资源配置方式。第四，实施专业监管。欲使个人养老金顺利发展，不仅需要有效市场，还需要有为政府。在个人养老金领域，政府的"有为"不仅体现为提供政策支持，而且体现为实施专业监管，要有明确的实施办法和养老金融产品规则，"让参与各方有章可循、制度运行可监测可检验"。

六、健康保险："规范"成为关键词

在健康保险领域，2021 年中国银保监会发布了多项规范性文件，"规范"

成为关键词。1 月《中国银保监会办公厅关于规范短期健康保险业务有关问题的通知》发布，5 月《保险公司城乡居民大病保险业务管理办法》发布，5月《中国银保监会办公厅关于规范保险公司参与长期护理保险制度试点服务的通知》发布，6 月《中国银保监会办公厅关于规范保险公司城市定制型商业医疗保险业务的通知》发布。

2021 年中国银保监会重点规范的健康保险既有纯粹的商业健康保险，也有服务社会保险（如城乡居民大病保险、长期护理保险）的社商合作型健康保险，还有带有一定政策支持的"惠民保"。近年来，这几类健康保险发展较快，但也出现了一些需要关注的问题，"规范"监管的一个重要目标就是要解决这些问题，强化消费者权益保护。

在短期健康险方面，《中国银保监会办公厅关于规范短期健康保险业务有关问题的通知》要求规范产品续保，加大信息披露力度，规范销售行为，规范核保理赔。比如，近年来，部分公司把短期健康险当作长期健康险销售，一旦赔付率超过预期就停售产品，严重侵害了消费者利益。此次监管通知明确要求短期健康保险不得使用"自动续保""承诺续保""终身限额"等易与长期健康保险混淆的词句，以免误导消费者。

在社商合作型健康保险方面，《保险公司城乡居民大病保险业务管理办法》把原有的大病保险业务管理暂行办法和相关五项制度整合为一个监管制度，构建了一个包含事前、事中和事后的全流程的大病保险监管体系。《中国银保监会办公厅关于规范保险公司参与长期护理保险制度试点服务的通知》对参与试点的保险公司的专业服务能力、项目投标管理、经营风险管控等提出了明确要求，旨在推动保险业助力长期护理保险制度试点，在民生保障领域发挥更加积极的作用。

在"惠民保"（即城市定制型商业医疗保险）方面，《中国银保监会办公厅关于规范保险公司城市定制型商业医疗保险业务的通知》针对部分承保公司缺乏数据基础、风控能力不足、服务参差不齐等问题，对"惠民保"的保障方案制定、经营风险、业务和服务可持续性以及市场秩序等提出了明确要求，目的是在保护消费者合法权益的前提下，促进保险业更好参与多层次医疗保障体系建设。

七、农业保险：推广完全成本和种植收入保险

我国不仅是农业大国，而且是农业保险大国，2020 年我国成为全球农业保险保费规模最大的国家。2021 年 6 月，财政部等三部门印发《关于扩大三大粮食作物完全成本保险和种植收入保险实施范围的通知》（以下简称《通知》），决定在 13 个粮食主产省份的产粮大县，针对稻谷、小麦、玉米三大粮食作物，开展完全成本保险和种植收入保险。

在过去较长一段时期，我国三大主粮农业保险的种类主要以直接物化成本保险为主。近年来，随着农户对提高农业风险保障水平的需求日益增长，直接物化成本保险越来越难以满足这一需求，于是出现了完全成本保险和种植收入保险。直接物化成本保险是指保险金额覆盖种子、农药、化肥、农膜等直接物化成本的农业保险；完全成本保险是指保险金额覆盖直接物化成本、土地成本和人工成本等农业生产总成本的农业保险；种植收入保险是指保险金额体现农产品价格和产量，覆盖农业种植收入的农业保险。这三种保险的保障水平存在差异，直接物化成本保险的保障水平约为农业生产总成本的 40%，完全成本保险和种植收入保险的保障水平最高均可达相应品种种植收入的 80%。

根据《通知》，在保险种类上，一方面继续保留直接物化成本保险，给予农户更多选择；另一方面在前期试点基础上扩大完全成本保险和种植收入保险的实施范围，在 13 个粮食主产省份的产粮大县开展完全成本保险和种植收入保险，2021 年覆盖实施地区约 60% 的产粮大县（500 个），2022 年实现 13 个粮食主产省份产粮大县全覆盖。在保费补贴上，规定中央和地方财政对投保农户保费实施补贴，补贴标准为在省级财政补贴不低于 25% 的基础上，中央财政对中西部地区和东北地区补贴 45%，对东部地区补贴 35%，并且不对农户自缴比例和市县财政承担比例作出要求，由各省份结合实际自主确定。

农业保险高质量发展是农业高质量发展的重要支撑，扩大三大主粮完全成本保险和种植收入保险实施范围，有利于提高农业风险保障水平，提高农户种粮积极性，对于"把饭碗端在自己手里"、维护我国粮食安全和国家安全都具有重要意义。

八、汽车保险：新能源专属车险推出

在车险综合改革的大背景下，2021 年 12 月 14 日，中国保险行业协会发布《新能源汽车商业保险专属条款（试行）》，同日中国精算师协会发布《新能源汽车商业保险基准纯风险保费表（试行）》，12 月 27 日新能源车险正式上线销售。这些举措对于满足消费者保障需求、助推新能源汽车产业发展，具有积极的意义。

发展新能源汽车是我国从汽车大国迈向汽车强国、应对气候变化、推动绿色发展的战略举措。发展新能源汽车面临诸多新的风险，离不开保险的支持。经过多年努力，我国新能源汽车产业取得了较大发展，2015 年以来产销量、保有量连续多年居世界首位。国务院办公厅 2020 年 10 月印发的《新能源汽车产业发展规划（2021—2035 年）》提出，到 2025 年新能源汽车新车销售量达到汽车新车销售总量的 20% 左右，到 2035 年纯电动汽车成为新销售车辆的主流。我们知道，新能源汽车具有许多与传统汽车不同的风险内容和特征，传统的机动车商业保险条款不能适应新能源汽车的需求，发展新能源汽车需要新能源车险的风险保障支持。

我国新能源汽车产业发展规划提出了“三纵三横”的研发布局，此次新能源车险专属条款与此高度匹配。“三纵三横”是指，以纯电动汽车、插电式混合动力（含增程式）汽车、燃料电池汽车为“三纵”，布局整车技术创新链；以动力电池与管理系统、驱动电机与电力电子、网联化与智能化技术为“三横”，构建关键零部件技术供给体系。新能源车险界定了新能源汽车的范围（即上述三类汽车），与“三纵”相匹配；其核心保险责任涵盖了具有新能源汽车特点的“三电”系统（即电池、电机、电控系统），与“三横”相匹配。

此次新能源车险具有很多专属性的产品设计。比如，针对新能源汽车的特点，新能源车险的保险责任包括“充电”过程中的相关损失；作为一个创新探索，“附加自用充电桩损失保险”和“附加自用充电桩责任保险”首次将车险承保范围扩展至车外固定辅助设备及其责任；“附加外部电网故障损失险"承保充电期间因外部电网故障导致的汽车直接损失。当然，需要注意的是，因为新能源车险是一个新生事物，在发展初期难免遇到一些新情况新问题，需要在"试行"的过程中不断加以完善。

第四节　监管新规下保险业偿付能力变化[①]

偿二代建设启动于 2012 年，完成于 2015 年 2 月，2016 年 1 月切换至偿二代（一期）时代；偿二代二期工程建设启动于 2017 年，完成于 2021年 12 月（以《保险公司偿付能力监管规则（Ⅱ）》发布为标志，以下简称"规则Ⅱ"），2022 年 1 月切换至偿二代二期时代。2022 年第一季度保险偿付能力数据披露是我国偿付能力监管新规（即规则Ⅱ）下的首次披露，引起了有关各方的广泛关注。总体而言，我国保险业偿付能力处于安全稳健的区间；从影响因素分解看，偿付能力充足率下降主要不是由"内部风险因素"导致的，而应归因于"外部规则因素"；从外部监管规则看，规则Ⅱ夯实了负债端和资产端的最低资本要求，夯实了核心资本的质量，提升了偿付能力监管的科学性和有效性，有利于促进保险业的高质量发展。

一、保险业偿付能力的总体状况

2022 年第一季度末，规则Ⅱ（考虑过渡期政策，下同）下保险业综合偿付能力充足率和核心偿付能力充足率分别为 224.2% 和 150%。

首先，从法规要求看，与《保险公司偿付能力管理规定》的要求相比，当前保险业平均偿付能力充足率远高于"达标"水平。其中，保险业综合偿付能力充足率比达标水平（100%）高 124.2 个百分点，核心偿付能力充足率比达标水平（50%）高 100 个百分点，总体处于安全稳健的区间。

其次，从时间变化看，与 2021 年第四季度末（原规则口径，以下简称

---

① 本部分数据由作者根据中国银保监会、保险公司偿付能力信息披露相关报告整理计算。

"上年末")相比,保险业偿付能力充足率水平有所下降,不同指标降幅不同。其中,保险业综合偿付能力充足率下降7.9个百分点,核心偿付能力充足率下降69.7个百分点。

二、保险业综合偿付能力变化

2022年第一季度,保险业综合偿付能力充足率下降7.9个百分点,可以从两个维度来看。

第一,从实际资本和最低资本的维度看。2022年第一季度末,规则Ⅱ下保险业实际资本48748亿元,较上年末的51076亿元减少2327亿元,降幅4.6%;最低资本21748亿元,较上年末的22010亿元减少262亿元,降幅1.2%。由于实际资本降幅相较最低资本稍大,导致综合偿付能力充足率有所下降。

第二,从公司类型的维度看。保险业综合偿付能力充足率的下降主要由财产险公司导致,财产险公司综合偿付能力充足率下降47.4个百分点,人身险公司下降3.2个百分点,再保险公司下降12.7个百分点。下文将对导致财产险公司综合偿付能力下降的影响因素进行分解分析。

三、保险业核心偿付能力变化

2022年第一季度,保险业核心偿付能力充足率下降69.7个百分点,可以从两个维度来看。

第一,从核心资本和最低资本的维度看。2022年第一季度末,规则Ⅱ下保险业核心资本32629亿元,较上年末的48353亿元减少15724亿元,降幅32.5%;最低资本21748亿元,较上年末的22010亿元减少262亿元,降幅1.2%。由于核心资本降幅较大,导致核心偿付能力充足率有较大幅度下降。需要说明的是,保险业核心资本减少主要是规则Ⅱ导致的实际资本结构变化的结果,虽然核心资本减少了15724亿元,但同时附属资本增加了13396亿元,因此最终实际资本降幅有限。

第二，从公司类型的维度看。保险业核心偿付能力充足率的下降，在财产险公司、人身险公司和再保险公司均有反映。其中，财产险公司核心偿付能力充足率下降 57.2 个百分点，人身险公司下降 75.1 个百分点，再保险公司下降 21.4 个百分点。下文将对导致财产险公司和人身险公司核心偿付能力下降的影响因素进行分解分析。

四、财产险公司偿付能力变化的影响因素

从影响因素看，导致财产险公司偿付能力变化的因素可分解为内部风险因素（行业自身风险变化）和外部规则因素（外部监管规则变化）。

先看综合偿付能力充足率下降的因素分解。2022 年第一季度，财产险公司综合偿付能力充足率下降 47.4 个百分点。其中，内部风险因素导致下降 2.8 个百分点，占比 5.9%；外部规则因素导致下降 44.6 个百分点，占比 94.1%。可见，此次财产险公司综合偿付能力充足率下降，仅有 5.9% 的部分是由行业自身风险变化导致的，而有 94.1% 的部分可归因于外部监管规则的变化。

再看核心偿付能力充足率下降的因素分解。2022 年第一季度，财产险公司核心偿付能力充足率下降 57.2 个百分点。其中，内部风险因素导致下降 2.4 个百分点，占比 4.2%；外部规则因素导致下降 54.8 个百分点，占比 95.8%。可见，此次财产险公司核心偿付能力充足率下降，仅有 4.2% 的部分是由行业自身风险变化导致的，而有 95.8% 的部分可归因于外部监管规则的变化。

外部监管规则变化主要体现在规则Ⅱ提高了保险风险和市场风险的最低资本要求。比如，通过取消超额累退、提高融资性信保业务因子、提高巨灾风险资本要求等，提高了保险风险最低资本要求；通过强化穿透监管、计提集中度风险资本、提高多项资产的市场风险因子等，提高了市场风险最低资本要求。应当说，规则Ⅱ夯实了负债端和资产端的最低资本要求，提高了保险偿付能力监管的科学性和有效性。

五、人身险公司偿付能力变化的影响因素

同样，我们可以将导致人身险公司偿付能力变化的影响因素分解为内部风险因素（行业自身风险变化）和外部规则因素（外部监管规则变化）。

由于人身险公司综合偿付能力充足率仅下降 3.2 个百分点，而核心偿付能力充足率下降 75.1 个百分点，因此我们重点关注降幅大的核心偿付能力充足率下降的因素分解。

2022 年第一季度，人身险公司核心偿付能力充足率下降 75.1 个百分点。其中，内部风险因素导致下降 11.5 个百分点，占比 15.3%；外部规则因素导致下降 63.6 个百分点，占比 84.7%。可见，此次人身险公司核心偿付能力充足率下降，仅有 15.3% 的部分是由行业自身风险变化导致的，而有 84.7% 的部分可归因于外部监管规则的变化。

外部监管规则变化，主要体现在规则Ⅱ提高了核心资本的认定标准。比如，原规则将全部保单未来盈余计入核心资本，而规则Ⅱ将长期寿险保单的预期未来盈余根据保单剩余期限分别计入核心资本或附属资本，且计入核心资本的保单未来盈余不得超过核心资本的 35%，导致核心资本大幅下降。此次人身险公司核心资本下降 15272 亿元，其中，内部风险因素导致下降 686 亿元，占比 4.5%；外部规则因素导致下降 14585 亿元，占比 95.5%。应当说，规则Ⅱ强化了核心资本的损失吸收能力，夯实了核心资本的质量，使偿付能力监管的科学性和有效性得到了进一步的提升，有利于促进保险业的高质量发展。

参考文献

［1］国家统计局：《中华人民共和国 2021 年国民经济和社会发展统计公报》，国家统计局网站，2022 年 2 月 28 日。

［2］国家外汇管理局：《国家外汇管理局公布 2021 年四季度及全年我国国际收支平衡表》，国家外汇管理局网站，2022 年 3 月 25 日。

〔3〕盛来运:《逆境中促发展 变局中开新局——〈2021 年国民经济和社会发展统计公报〉评读》,国家统计局网站,2022 年 2 月 28 日。

〔4〕中国人民银行货币政策分析小组:《中国货币政策执行报告(2021年第四季度)》,中国人民银行网站,2022 年 2 月 11 日。

〔5〕中国银保监会:《关于 2021 年保险业偿付能力监管工作情况的通报》,中国银保监会网站,2022 年 4 月 29 日。

第二章

财产保险市场

2021 年，我国财产保险监管在防风险、治乱象、补短板和服务实体经济等方面继续采取了有力措施，推动了财产保险市场持续稳步前进。一是车险综合改革落地，车险业务更加规范化、精准化；二是服务经济社会取得新进展，疫情防控下为社会提供了更为广泛的风险保障；三是防范化解风险取得新进展，保险公司风险管理能力稳步提升，抵御风险的基础不断夯实；四是治理市场乱象取得新成效，财产保险激进经营和市场乱象得到遏制，转型发展取得积极成效。

2021 年，在新冠肺炎疫情的影响下，我国财产保险市场整体运行保持平稳，业务规模维持正增长，结构调整不断深入，利润水平小幅度上升。具体来看，财产保险市场原保费收入增幅稳定，实现保费收入 11671 亿元，同比下降 2.16%；累计赔款支出为 7688 亿元，同比增长 10.54%；利润水平小幅度上升，实现净利润总额① 434.97 亿元，同比增长 6.49%。

本章共分三节。第一节分析 2021 年财产保险市场运行格局；第二节分析 2021 年财产保险市场业务经营；第三节讨论 2021 年财产保险市场发展绩效、问题及 2022 年财产保险市场发展展望。②

---

① 财险公司净利润扣除天安财险影响，后续提到净利润均与此保持一致。
② 除特别说明外，本章数据均来源于中国银保监会及历年《中国保险年鉴》。

第一节 2021 年财产保险市场运行格局

一、基本情况[①]

（一）保费收入

1. 全国财产保险市场保费规模及增长

2021 年，财产保险业务实现原保险保费收入 11671 亿元，同比下降 2.16%，增幅较上年同期下降 4.57 个百分点。其中，机动车辆保险、企业财产保险、责任保险和保证保险四个主要险种原保险保费收入合计为 9832.08 亿元，同比增长 −4.77%，增幅较上年同期下降 4.61 个百分点，占财产保险业务原保险保费收入的 84.25%，占财产保险公司原保险保费收入的 71.89%。具体如图 2 −1、图 2 −2 和表 2 −1 所示。

（亿元）

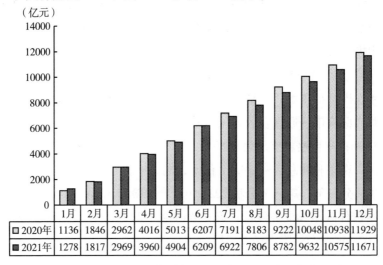

	1月	2月	3月	4月	5月	6月	7月	8月	9月	10月	11月	12月
2020年	1136	1846	2962	4016	5013	6207	7191	8183	9222	10048	10938	11929
2021年	1278	1817	2969	3960	4904	6209	6922	7806	8782	9632	10575	11671

图 2 −1 2020 年、2021 年财产保险业务月度累计保费收入对比

[①] 关于基本情况的数据统计存在两种口径：财产保险业务和财产保险公司，无论是在保费收入还是赔款支出等方面，作为财产保险公司口径的数据范围均不小于财产保险业务口径，因为财产保险公司经营短期健康保险和意外伤害保险等人身保险业务。

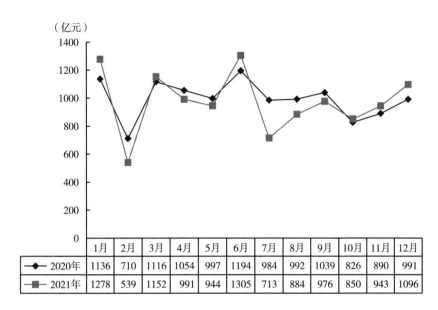

图 2 – 2　2020 年、2021 年月度财产保险业务原保险保费收入对比

表 2 – 1　　　　　　　　2019～2021 年财产保险业务分险种保费收入

险种	金额（亿元）			比重（%）		
	2021 年	2020 年	2019 年	2021 年	2020 年	2019 年
企业财产保险	519. 76	490. 26	464	4. 45	4. 11	3. 98
机动车辆保险	7772. 68	8244. 75	8188	66. 60	69. 12	70. 29
责任保险	1018. 44	901. 13	753	8. 73	7. 55	6. 46
保证保险	521. 20	688. 57	844	4. 47	5. 77	7. 25
农业保险	975. 85	814. 93	672	8. 36	6. 83	5. 77
工程保险	143. 68	138. 41	118	1. 23	1. 16	1. 01
家庭财产保险	98. 16	90. 79	91	0. 84	0. 76	0. 78
其他保险合计[a]	621. 33	560. 16	519	5. 32	4. 70	4. 46

注：a. 其他保险合计包括信用保险、货物运输保险、船舶保险、特殊风险保险和其他保险。

2. 各地区财产保险市场保费规模及增长

从 2021 年各地区①财产保险业务原保险保费收入情况来看，东部地区原保险保费收入 6572 亿元，占全国原保险保费收入的 56.31%；中部地区原保险保费收入 2622 亿元，占全国原保险总保费的 22.46%；西部地区原保险保费收入 2447 亿元，占全国原保险总保费的 20.96%。具体如表 2 - 2 所示。

表 2 - 2　　　　　　　　2021 年各地区财产保险业务保费规模及增长

地区	原保险保费收入（亿元）	规模比重（%）	规模排名	同比增速（%）	增速排名
东部地区	**6572**	**56.31**	**—**	**-0.96**	**—**
广东	1396	11.96	1	1.65	8
江苏	1002	8.59	2	0.89	9
浙江	921	7.89	3	-2.06	13
山东	812	6.96	4	-1.76	12
河北	545	4.67	7	-7.96	28
上海	524	4.49	8	2.87	4
北京	443	3.80	9	0.48	11
辽宁	373	3.19	13	-3.57	17
福建	328	2.81	14	-2.68	14
天津	154	1.32	26	-6.18	25
海南	74	0.63	28	2.52	6
中部地区	**2622**	**22.46**	**—**	**-4.10**	**—**
河南	550	4.71	6	-3.65	18
安徽	437	3.74	10	-7.25	27
湖南	391	3.35	11	-4.32	20
湖北	380	3.25	12	2.57	5
江西	265	2.27	15	-4.56	21

---

①　东部地区包括北京、天津、河北、辽宁（含大连）、上海、江苏、浙江（含宁波）、福建（含厦门）、山东（含青岛）、广东（含深圳）和海南 11 个省（市）；中部地区包括山西、吉林、黑龙江、安徽、江西、河南、湖北和湖南 8 个省；西部地区包括四川、重庆、贵州、云南、西藏、陕西、甘肃、青海、宁夏、新疆、广西和内蒙古 12 个省（区、市）。

地区	原保险保费收入 （亿元）	规模比重 （%）	规模排名	同比增速 （%）	增速排名
山西	231	1.97	19	−3.09	16
黑龙江	199	1.70	24	−5.44	24
吉林	171	1.46	25	−9.30	30
西部地区	2447	20.96	—	−2.37	—
四川	557	4.78	5	1.68	7
云南	262	2.25	16	−11.41	31
陕西	255	2.18	17	7.00	1
广西	241	2.07	18	3.43	2
新疆	229	1.96	20	−2.78	15
贵州	215	1.84	21	−4.80	22
重庆	214	1.83	22	−7.15	26
内蒙古	205	1.76	23	−5.33	23
甘肃	131	1.12	27	−9.02	29
宁夏	65	0.56	29	−3.68	19
青海	45	0.38	30	2.96	3
西藏	27	0.24	31	0.70	10
全国合计	11671	100.00	—	−2.16	—

注：（1）本表数据口径为保险业执行《关于印发〈保险合同相关会计处理规定〉的通知》后口径。"全国合计"包括集团、总公司本级业务。"集团、总公司本级业务"是指集团、总公司直接开展的业务，不计入任何地区。本表不包括中国保险（控股）公司、人寿（海外）、东方人寿公司数据。（2）由于未保留小数点后数据，因此个别地区之和与合计略有差异。

从保费规模来看，广东、江苏和浙江位列前三，保费规模均超过 900 亿元，合计规模为 3319 亿元；宁夏、青海和西藏的保费规模居后三位，合计规模仅为 137 亿元。就保费规模的横向比较而言，各地区之间规模的差距较大，规模最小的西藏的保费规模仅为规模最大的广东的保费规模的 1.97%，排名后三位的宁夏、青海和西藏的总保费仅为位列前三的广东、江苏和浙江的总保费规模的 4.15%。

从保费规模占全国财产保险市场的比重来看，规模排名前三位的广东、江苏和浙江占全国财产保险市场的比重分别达到了 11.96%、8.59% 和

7.89%，规模排名后三位的宁夏、青海和西藏占全国财产保险市场的比重分别为 0.56%、0.38% 和 0.24%。

从保费增速来看，陕西、广西和青海位列前三，各自的增长速度分别达到了 7.00%、3.43% 和 2.96%，均远高于全国各地区平均 −2.16% 的增速；甘肃、吉林和云南的增速排在后三位，各自的增速分别为 −9.02%、−9.30% 和 −11.47%，除了这三个地区外，还有 17 个地区出现负增长。就各地区增速的横向比较而言，除个别地区增速较快或较慢之外，其余地区的增速与全国平均增速较为接近。从各地区保费增速的统计情况可以看出，一般而言，增速较高的地区往往市场规模较小，因而在快速发展时期能够表现出较高的增速；市场规模较大的地区增速往往较慢，这主要是由于其保费规模基数较大。此外，受到新冠肺炎疫情和车险综合改革的影响，2021 年保费增速普遍受到影响，负增长地区较多，云南受到的影响最为严重。

（二）赔款支出

由图 2−3 和表 2−3 可以看出，2021 年财产保险业务累计赔款支出为 7688 亿元，同比增长 10.54%。其中，2021 年整体月度赔款支出基本均高于 2020 年同期；11 月与 12 月是财产保险业务相对赔款支出较高的月份，其余时间较为稳定。

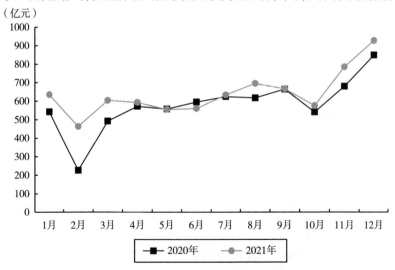

图 2−3　2020 年、2021 年财产保险业务月度赔款支出

表 2 - 3 　　　　2020 年、2021 年财产保险业务月度累计赔款

与累计原保险保费收入　　　　　　　单位：亿元

月份	赔款支出		原保险保费收入	
	2021 年	2020 年	2021 年	2020 年
1	635	543	1278	1136
2	1099	769	1817	1846
3	1702	1261	2969	2962
4	2295	1832	3960	4016
5	2850	2389	4904	5013
6	3409	2984	6209	6207
7	4042	3607	6922	7191
8	4736	4224	7806	8183
9	5401	4887	8782	9222
10	5976	5427	9632	10048
11	6761	6106	10575	10938
12	7688	6955	11671	11929

注：本表数据口径为保险业执行《关于印发〈保险合同相关会计处理规定〉的通知》后口径。

二、竞 争 态 势

（一）经营主体数量

截至 2021 年底，国内财产保险市场共有 87 家财产保险公司（含中国出口信用保险公司）。其中，中资公司 67 家，外资公司 21 家。较上一年度，国内保险市场未存在财产保险经营主体变化。乐爱金财产保险（中国）有限公司于 2021 年 3 月 18 日正式通过中国银保监会江苏监管局的批复更名为"凯本财产保险（中国）有限公司"（见表 2 - 4）。

表 2 - 4 　　　　　　2021 年保险市场财产保险公司信息更新

公司名称	简称	注册地	资本结构	注册资本	更名
乐爱金财产保险（中国）有限公司	乐爱金	南京市	外资	22000 万元	凯本财产保险（中国）有限公司

（二）市场份额

2021 年，财产保险公司共实现原保险保费收入 13676 亿元（包括财产保险公司经营的意外伤害保险和短期健康保险保费收入 2005 亿元），占保险市场原保险保费收入的 30.64%，在各财产保险公司中，人保财险、平安产险、太保产险原保险保费收入合计占财产保险公司原保险保费收入的 63.59%，较上年同期下降 0.13 个百分点。中华财险、大地财险、国寿财产原保险保费收入合计占财产保险公司原保险保费收入的 13.91%，同比无变化（见图 2-4）。

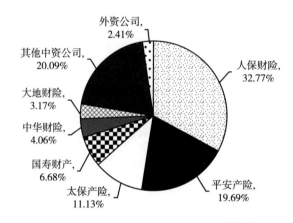

图 2-4　2021 年财产保险公司市场份额

资料来源：各保险公司 2021 年年报。

在财产保险公司原保险保费收入中，中资财产保险公司原保险保费收入达到 13386.73 亿元，市场份额为 97.59%；外资财产保险公司原保险保费收入仅为 330.18 亿元，相应的市场份额也仅有 2.41%。

从近年市场份额的统计情况（见表 2-5）可以看出，除了人保财险、平安产险和太保产险三大财产保险公司以外，其他财产保险公司的市场份额较小，甚至无一突破 10%。另外，近三年来太保产险的市场份额开始呈现出缓慢回升的趋势，从 2017 年和 2018 年市场份额均不足 10%，到 2019~2021 年不断回升，超过 11%。而平安产险的市场份额在 2017 年以来一直处于 20% 以上，而在 2021 年首次低于 20%。目前，国内财产保险市场上中小型财产保险公司数目众多，市场份额大多小于5%，外资财险公司合计市场份额略微超过2%，不同财产保险公司之间的差异非常明显。

表2-5　　　　　　　　2017~2021年财产保险公司市场份额　　　　单位:%

公司名称	2021年市场份额排名			2021年	2020年	2019年	2018年	2017年
	总体	中资	外资					
人保财险	1	1	—	32.77	31.80	33.16	33.01	33.14
平安产险	2	2	—	19.69	21.04	20.82	21.05	20.49
太保产险	3	3	—	11.13	10.80	10.16	9.98	9.87
国寿财产	4	4	—	6.68	6.36	5.92	5.88	6.28
中华财险	5	5	—	4.06	3.88	3.73	3.59	3.68
大地财险	6	6	—	3.17	3.52	3.72	3.61	3.52
阳光财险	7	7	—	2.98	2.74	3.03	3.08	3.17
太平财险	8	8	—	2.29	2.07	2.07	2.06	2.09
众安保险	9	9	—	1.49	1.23	1.12	0.95	0.57
华安保险	10	10	—	1.15	1.09	1.09	1.02	1.07
永安保险	11	11	—	0.80	0.78	0.9	0.89	0.80
英大财险	12	12	—	0.78	0.67	0.66	0.66	0.79
国任保险	13	13	—	0.76	0.45	0.37	0.35	0.31
紫金财产	14	14	—	0.65	0.56	0.49	0.47	0.48
国元保险	15	15	—	0.62	0.48	0.43	0.49	0.45
华泰财险	16	16	—	0.58	0.52	0.6	0.69	0.76
永诚保险	17	17	—	0.56	0.52	0.49	0.52	0.61
泰康在线	18	18	—	0.52	0.69	0.39	0.25	0.16
大家财险	19	19	—	0.51	0.44	—	—	—
安盛天平	20	—	1	0.43	0.45	0.49	0.54	0.75
中银保险	21	20	—	0.42	0.37	0.51	0.50	0.53
亚太财险	22	21	—	0.41	0.36	0.37	0.32	0.30
安华农险	23	22	—	0.40	0.41	0.42	0.42	0.46
鼎和保险	24	23	—	0.40	0.35	0.38	0.38	0.38
京东安联保险	25	—	2	0.36	0.26	0.18	0.09	0.09
国泰产险	26	—	3	0.36	0.44	0.37	0.33	0.12
阳光农业相互保险	27	24	—	0.31	0.28	0.26	0.29	0.31
安诚保险	28	25	—	0.30	0.27	0.34	0.35	0.39

续表

公司名称	2021 年市场份额排名			2021 年	2020 年	2019 年	2018 年	2017 年
	总体	中资	外资					
北部湾保险	29	26	—	0.26	0.27	0.24	0.24	0.19
渤海财险	30	27	—	0.26	0.24	0.29	0.34	0.37
都邦保险	31	28	—	0.26	0.27	0.29	0.32	0.40
长安保险	32	29	—	0.24	0.25	0.22	0.25	0.28
华农保险	33	30	—	0.23	0.18	0.16	0.16	0.14
浙商保险	34	31	—	0.22	0.23	0.32	0.37	0.35
中原农险	35	32	—	0.22	0.18	0.16	0.14	0.10
利宝互助	36	—	4	0.18	0.17	0.17	0.17	0.15
中航安盟	37	—	5	0.18	0.17	0.17	0.20	0.20
富德产险	38	33	—	0.18	0.22	0.19	0.20	0.20
泰山财险	39	34	—	0.18	0.17	0.17	0.15	0.14
众诚保险	40	35	—	0.18	0.13	0.13	0.11	0.12
锦泰保险	41	36	—	0.17	0.17	0.17	0.17	0.16
中煤保险	42	37	—	0.16	0.14	0.12	0.12	0.13
华海财险	43	38	—	0.15	0.15	0.16	0.17	0.15
前海财险	44	39	—	0.14	0.11	0.14	0.10	0.06
诚泰财产	45	40	—	0.14	0.13	0.11	0.10	0.10
美亚保险	46	—	6	0.13	0.11	0.12	0.14	0.13
太平洋安信农业	47	41	—	0.12	0.10	0.11	0.10	
中石油专属保险	48	42	—	0.12	0.04	0.04	0.04	0.05
三井住友海上	49	—	7	0.11	0.04	0.04	0.05	0.04
恒邦保险	50	43	—	0.10	0.09	0.08	0.06	0.05
燕赵财险	51	44	—	0.10	0.08	0.06	0.07	0.08
中路保险	52	45	—	0.09	0.07	0.07	0.07	0.04
东京海上日动	53	—	8	0.09	0.04	0.05	0.05	0.05
富邦财险	54	—	9	0.08	0.04	0.05	0.07	0.09
史带财险	55	—	10	0.08	0.02	0.02	0.02	0.02
爱和谊日生同和	56	—	11	0.08	0.01	0.00	0.00	0.01
中意财险	57	—	12	0.08	0.06	0.06	0.06	0.05
三星产险	58	—	13	0.07	0.07	0.06	0.07	0.08
黄河财险	59	46	—	0.06	0.04	0.03	0.02	—

续表

公司名称	2021 年市场份额排名			2021 年	2020 年	2019 年	2018 年	2017 年
	总体	中资	外资					
鑫安保险	60	47	—	0.06	0.05	0.06	0.05	0.05
苏黎世中国	61	—	14	0.06	0.05	0.05	0.05	0.05
日本财险	62	—	15	0.05	0.03	0.03	0.03	0.04
建信财险	63	48	—	0.05	0.04	0.04	0.03	0.02
劳合社中国	64	—	16	0.05	0.00	0.00	0.00	0.00
中远海运自保	65	49	—	0.04	0.04	0.04	0.03	0.02
中国铁路保险	66	50	—	0.04	0.03	0.05	0.06	
海峡保险	67	51	—	0.04	0.03	0.03	0.03	
珠峰保险	68	52	—	0.04	0.04	0.04	0.04	0.04
长江保险	69	53	—	0.04	0.04	0.05	0.06	0.07
众惠相互	70	50	—	0.04	0.05	0.06	0.03	0.02
现代财险	71	—	17	0.04	0.01	0.01	0.01	0.01
东海保险	72	51	—	0.03	0.02	0.02	0.02	0.02
安心保险	73	52	—	0.03	0.13	0.21	0.13	0.08
瑞再企商	74	—	18	0.03	0.01	0.01	0.01	0.01
安达保险	75	—	19	0.02	0.05	0.05	0.05	0.05
融盛保险	76	53	—	0.02	0.01	0.01	0.00	—
汇友相互	77	54	—	0.01	0.01	0.01	0.00	0.00
合众财险	78	55	—	0.01	0.02	0.02	0.02	0.01
凯本财险	79	—	20	0.01	0.01	0.01	0.01	0.01
久隆保险	80	56	—	0.01	0.02	0.02	0.02	0.02
太平科技保险	81	57	—	0.01	0.01	0.01	0.00	—
广东能源自保	82	58	—	0.01	0.00	0.00	0.00	0.00
日本兴亚财险	83	—	21	0.00	0.00	0.00	0.01	0.01
阳光信保	84	59	—	0.00	0.00	0.01	0.02	0.01

注：（1）市场份额的计算主要是依据各家财产保险公司的原保险保费收入规模；（2）"—"表示此单元格无信息；（3）"0.00"表示此数值大于零，由于小数位数保留限制，因而显示不完整；（4）不包含中国出口信用保险公司，被接管的天安财险、易安保险公司，以及目前处于清算筹备阶段的安邦财险。

资料来源：各保险公司 2021 年年报。

（三）市场集中度

市场集中度（concentration ratio，CR）是衡量整个行业的市场结构集中程度的测量指标，用来衡量企业的数目和相对规模的差异，是反映市场垄断程度的重要量化指标。此处对于国内财产保险行业市场集中度的分析是以前三家财产保险公司的市场份额之和（CR3）为标准衡量国内财产保险市场集中度。

从表 2-6 可以看出，我国国内财产险市场集中度呈现一定的波动趋势，2011~2021 年国内财产保险市场集中度持续呈现下降趋势，2016~2019 年呈现小幅回升，2020 年后持续小幅度下降，总体低于 64%。不过总体来看，这种波动相当有限，近年来市场集中度基本维持在 63%~65%，这说明国内财产保险市场仍然趋向于垄断特征，整体竞争程度不够。从三大财产保险公司内部比例来看，人保财险一直稳居首位，平安产险则从 2009 年起超越太保产险并与其扩大了差距。

表 2-6　　　　　　　　　2011~2021 年财产保险市场集中度　　　　　　单位:%

年份	市场份额前三（从高到低）	集中度（CR3）
2011	人保财险、平安产险、太保产险	66.60
2012	人保财险、平安产险、太保产险	65.35
2013	人保财险、平安产险、太保产险	64.80
2014	人保财险、平安产险、太保产险	64.70
2015	人保财险、平安产险、太保产险	64.00
2016	人保财险、平安产险、太保产险	63.07
2017	人保财险、平安产险、太保产险	63.49
2018	人保财险、平安产险、太保产险	64.04
2019	人保财险、平安产险、太保产险	64.14
2020	人保财险、平安产险、太保产险	63.65
2021	人保财险、平安产险、太保产险	63.59

资料来源：中国银保监会及各保险公司 2021 年年报。

三、发展程度

（一）保险密度

保险密度指按照当地人口计算的人均保费，它与保费收入总量从不同角度反映了保险的规模程度，同时也体现了一个国家或地区保险的普及程度。财产保险市场的保险密度说明该地财产保险产品的普及程度，是衡量财产保险市场发展情况的一项重要指标。

2021 年，国内财产保险市场的保险密度为 826.21 元/人，较上一年度下降 2.20%，十年来首次出现小幅下降。从过去十年的保险密度来看，国内保险市场的保险密度增长迅速，从 2011 年的 342.73 元/人增长到 2021 年的826.21 元/人，年均增长率 9.20%（见图 2-5）。从近十年来财产保险市场的保险密度数据来看，国内财产保险市场总体情况的发展较好，财产保险产品的普及程度整体越来越高。

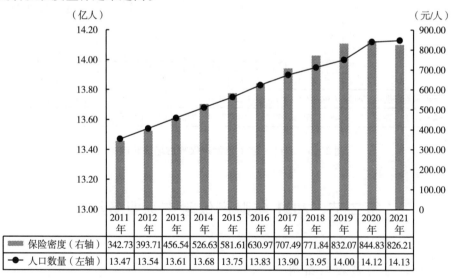

	2011年	2012年	2013年	2014年	2015年	2016年	2017年	2018年	2019年	2020年	2021年
保险密度（右轴）	342.73	393.71	456.54	526.63	581.61	630.97	707.49	771.84	832.07	844.83	826.21
人口数量（左轴）	13.47	13.54	13.61	13.68	13.75	13.83	13.90	13.95	14.00	14.12	14.13

图 2-5　2011~2021 年财产保险市场保险密度

（二）保险深度

保险深度是指当地保费收入占该地国内生产总值（GDP）之比，反映了一个国家或地区的保险业在整个国民经济中的地位。

2021 年，国内财产保险市场保险深度为 1.02%，较上一年下降 0.15 个百分点。从过去十年保险深度的变化趋势来看，国内财产保险市场的保险深度整体表现为较为稳定的增长，从 2011 年的 0.94% 增长到 2020 年的 1.17%，但是在 2021 年小幅下降 1.02%（见图 2 - 6）。整体趋势不断增长的保险深度说明国内财产保险市场在国民经济中地位不断增强，但是 2021 年的小幅下降需要对我国财产保险可能的发展趋势给予关注。

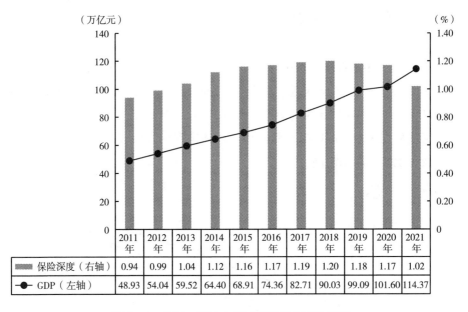

	2011年	2012年	2013年	2014年	2015年	2016年	2017年	2018年	2019年	2020年	2021年
保险深度（右轴）	0.94	0.99	1.04	1.12	1.16	1.17	1.19	1.20	1.18	1.17	1.02
GDP（左轴）	48.93	54.04	59.52	64.40	68.91	74.36	82.71	90.03	99.09	101.60	114.37

图 2 - 6　2011～2021 年财产保险市场保险深度

第二节　2021 年财产保险市场业务经营

一、业务规模与结构

（一）总体业务情况

2021 年，国内财产保险市场在复杂的宏观经济形势下呈现小幅度下降，责任保险、农业保险和家庭财产保险等财产保险业务经营表现出较为强劲的增长势头，但是机动车辆保险增速呈现较大幅度下降，保费规模呈现较大幅度下降，结构调整不断深入。

2021 年，国内财产保险市场保费收入排在前五位的险种依次是机动车辆保险、责任保险、农业保险、保证保险和企业财产保险，这与 2020 年的情况保持一致。2021 年机动车辆保险保费收入小幅度下跌，农业保险和责任保险保费收入持续增长，其中责任保险保费收入超过 1000 亿元。在分险种保费收入增速方面，农业保险、责任保险和家庭财产保险保费呈快速增长态势，增速分别为 19.75%、13.02% 和 8.12%；工程保险增速有所下降，增速为 3.81%；机动车辆保险增速由正转负，增速为 -5.73%；保证保险继续大幅度下降，增速为 -24.31%（见表 2 - 7）。

表 2 - 7 　　　　　2019 ~ 2021 年财产保险市场分险种保费收入及增速

险种	保费收入（亿元）			保费增速（%）		
	2021 年	2020 年	2019 年	2021 年	2020 年	2019 年
机动车辆保险	7772.68	8188	7834.02	-5.73	0.69	4.52
责任保险	1018.44	753	590.79	13.02	19.67	27.46
农业保险	975.85	672	572.65	19.75	21.27	17.35
保证保险	521.20	844	654.01	-24.31	-18.42	29.05
企业财产保险	519.76	464	423.11	6.02	5.66	9.66
工程保险	143.68	118	120.80	3.81	17.30	-2.32
家庭财产保险	98.16	91	76.80	8.12	-0.23	18.49
其他保险合计[a]	621.33	519	506.90	10.92	7.93	2.39

注：a. 其他保险合计包括信用保险、货物运输保险、船舶保险、特殊风险保险和其他保险。

从目前各险种保费收入占整个市场保费收入的比重来看，2021 年五大险种——机动车辆保险、责任保险、农业保险、保证保险和企业财产保险的比重分别为 66.60%、8.73%、8.36%、4.47% 和 4.45%，合计比重达到整个市场的 92.61%（见表 2 - 8）。而机动车辆保险业务占据了整个市场接近七成的份额，仍旧呈现出"一险独大"的态势，但是占比有所下降，其他各类险种在整个市场中的单独比重则均未超过一成。

表 2－8   2019～2021 年财产保险市场各险种的保费比重   单位:%

险种	市场比重		
	2020 年	2019 年	2018 年
机动车辆保险	66.60	69.12	70.29
责任保险	8.73	7.55	6.46
农业保险	8.36	6.83	5.77
保证保险	4.47	5.77	7.25
企业财产保险	4.45	4.11	3.98
工程保险	1.23	1.16	1.01
家庭财产保险	0.84	0.76	0.78
其他保险合计[a]	5.32	4.70	4.46
合计	100.00	100.00	100.00

注: a. 其他保险合计包括信用保险、货物运输保险、船舶保险、特殊风险保险和其他保险。

整体而言，受到新冠肺炎疫情和车险综合改革的影响，国内财产保险市场的业务规模在近年来首次出现负增长，但是发展前景较为乐观。目前国内财产保险市场的保费收入过度依赖机动车辆保险的态势有所缓解，这说明财产保险业务的结构正在逐步合理，产品类型及其发展水平逐步与国民经济发展特征相适应。

（二）区域业务情况

从区域上看，国内财产保险市场业务在东部、中部和西部地区的差异十分明显，这与国民经济区域发展不一致性的特征吻合。2021 年，东部地区财产保险市场的保费收入达到 6572 亿元，较 2020 年减少 64 亿元，下降 0.96%；中部地区财产保险市场的保费收入为 2622 亿元，较 2020 年减少了 112 亿元，下降 4.10%；西部地区财产保险市场的保费收入达到 2447 亿元，较 2020 年减少 59 亿元，下降 2.37%。整体来看，东部地区财产保险市场的保费收入在国内财产保险市场中的比重为 56.31%，中部地区财产保险市场的保费收入在国内财产保险市场中的比重为 22.64%，西部地区财产保险市场的保费收入在国内财产保险市场中的比重为20.96%。

二、主要险种经营情况

（一）机动车辆保险

2021年，国内财产保险市场机动车辆保险业务小幅度增长，机动车辆保险保费收入为7772.68亿元，较上年下降5.73%，减少472.07亿元。近十年来机动车辆保险业务首次出现负增长，规模接近2018年水平，保费规模从2011年的3505亿元增长到2021年的7772.68亿元，年均增长率为8.29%（见图2-7）。

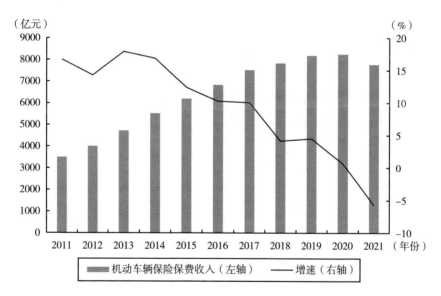

图2-7 2011～2021年机动车辆保险保费收入及增速

多年来，机动车辆保险一直是国内财产保险市场的第一大险种。2021年，机动车辆保险保费收入在整个财产保险市场保费总量中的比重为66.60%。从2011年到2016年，机动车辆保险保费收入在整个财产保险市场保费总量的比重从75.90%上升到78.34%，上升的趋势较为稳定，2017年到2021年占比出现了连续下降（见图2-8），但是机动车辆保险第一大险种的地位仍旧非常稳定。

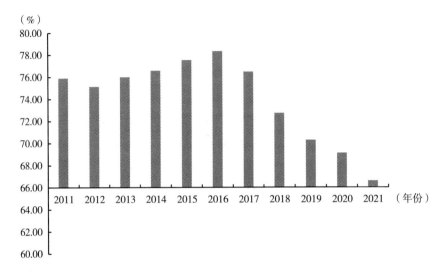

图 2 - 8　2011~2021 年机动车辆保险保费收入比重

随着近年来我国汽车销量的逐渐下滑（见图 2-9），机动车辆保险业务在这一时期也整体出现了小幅度萎缩。

图 2 - 9　2011~2021 年汽车销量及增速

资料来源：中国汽车工业协会。

　　由于机动车辆保险承保标的的特殊性，机动车辆保险业务的发展与汽车销量紧密相关。汽车销量的变化对于机动车辆保险业务的发展影响十分明显，这一特征可以从图 2-10 中看出。例如，2011 年机动车辆保险业务增速大幅下降的原因主要是汽车市场销量增速大幅下滑。在各项刺激消费的有力政策促进下，汽车销量在 2010 年实现了快速增长，增速达到了 30.5%，在 2010 年汽车产销量均突破 1800 万辆；然而，随着各项刺激消费政策效果的逐步减退，2011 年汽车销量开始出现大幅回落，同比增长仅为 2.5%。2012 年以后，汽车销量增速逐渐趋于稳定，机动车辆保险保费增速也暂时止住大幅下滑的趋势，呈现缓慢波动下降的特征。2018~2020 年汽车销量连续三年负增长，也导致了机动车辆保险保费增速创下新低。而 2021 年机动车辆保险业务的负增长则是受到车险综合改革的影响，虽然汽车销售量有所提升，但是无法弥补改革带来的保费的下降，因此最终呈现出机动车辆保险业务收入的下降。

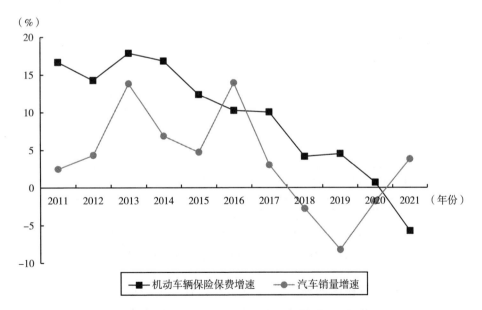

图 2-10　2011~2021 年汽车销量与机动车辆保险保费增速对比

资料来源：中国汽车工业协会、中国银保监会及历年《中国保险年鉴》。

（二）企业财产保险

2021 年，企业财产保险保费收入达到 519.76 亿元，同比增长 6.02%，增幅为 29.50 亿元。过去十年间，企业财产保险业务规模实现快速增长，保费规模从 2011 年的 329.81 亿元到 2021 年的 519.76 亿元，年均增长率为 4.65%。尽管企业财产保险业务在近年来实现了快速增长，但增长速度在各年间的差异却十分明显，2011 年以后增速明显放缓，甚至出现了两年的负增长，2017 年虽然恢复了正增长但增速仍旧很低，2018 年和 2019 年增速有了进一步的回升，2020 年和 2021 年增速又有所放缓（见图 2 - 11）。这说明企业财产保险的发展势头还不够稳定，业务经营的发展程度需要进一步深化。

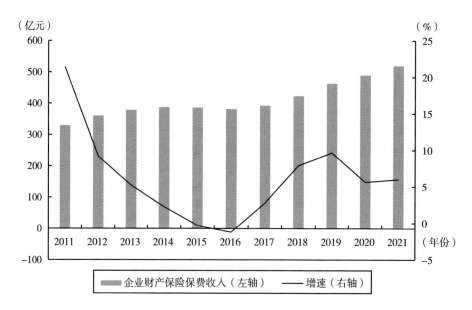

图 2 - 11   2011 ~ 2021 年企业财产保险保费收入及增长

企业财产保险在国内财产保险市场中具有举足轻重的地位。2021 年，企业财产保险保费收入在财产保险市场整体保费收入中的比重为 4.45%，较上一年度的比重小幅上升 0.34 个百分点。从过去十年的比重数据来看，企业财产保险保费收入在财产保险市场整体保费收入中的比重一直在持续下降，只是在 2018 年之后有小幅回升，以至于 2016 年之后分别被农业保险、责任保险和保证保险超过，成为财产保险市场中的第五大险种（见图 2 - 12）。

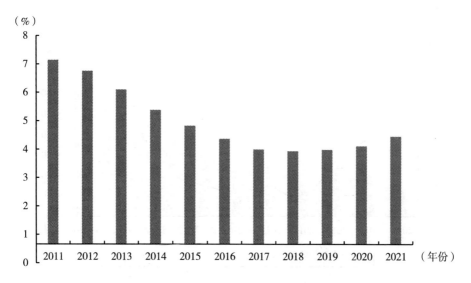

图 2 - 12　2011～2021 年企业财产保险保费收入比重

（三）农业保险

2021 年，农业保险保费收入达到 975.85 亿元，较上一年度增长 19.75%，增幅达到 160.92 亿元。过去十年间，农业保险业务规模实现快速增长，保费规模从 2011 年的 174.03 亿元增长到 2021 年的 975.85 亿元，年均增长率为 18.82%（见图 2 - 13）。农业保险在承保品种上已经覆盖了农、林、牧、副、渔业的各个方面，在开办区域上已覆盖了全国所有省（区、市）。农业保险业务的持续快速发展，一方面表明我国广大的农村地区具有巨大的保险潜在需求，另一方面说明各级财政补贴政策对农业保险的发展具有极大的推动作用。

就保费规模在整个财产保险市场总保费中的比重来看，2016 年农业保险赶超企业财产保险，成为仅次于机动车辆保险的第二大险种，2021 年农业保险仅次于机动车辆保险和责任保险，成为第三大险种。从过去十年间农业保险在整个财产保险市场总保费中的比重变化来看，总体为上升趋势，2021 年占比超过 8%（见图 2 - 14）。

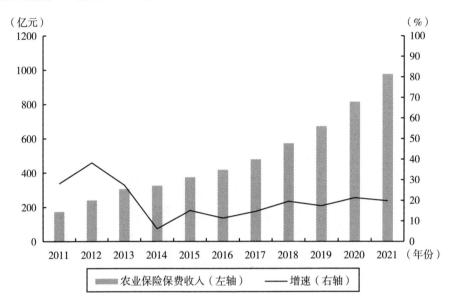

图 2 - 13　2011 ~ 2021 年农业保险保费收入及增速

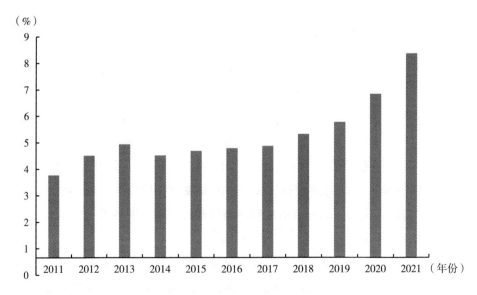

图 2 - 14　2011 ~ 2021 年农业保险保费收入比重

（四）责任保险①

2021 年，责任保险保费收入达到 1018.44 亿元，较上一年度增长 13.02%，增幅达到 117.31 亿元。2021 年责任保险保费收入在整个财产保险市场中的比重为 8.73%，2020 年这一比重为 7.55%。尽管在整个市场中的比重较低，但 2021 年责任保险在财产保险市场中持续稳定增长，成为仅次于机动车辆保险的第二大险种。

近年来，我国责任保险发展迅速，其产品已经涉及公众责任、产品责任、雇主责任、职业责任等各个方面，实际经营的险种多达数百个，服务领域延伸到社会的各个领域，众多保险公司也相继在责任保险方面作了一些有益的探索。产品责任保险、董监高责任保险等责任保险作为新时代下较强社会效应的险种已经逐渐开始普及，在资本市场的运作中发挥作用。但是国内财产保险市场中的责任保险在规模和功效方面尚未得到长足发展，在经营中仍然存在业务规模小、新险种发展缓慢和受政策法律因素影响等问题，还不能满足经济社会快速发展的需要，仍旧存在很大的发展空间。

（五）保证保险

2021 年，保证保险保费收入仅为 521.20 亿元，同比减少 24.31%，减幅达到 167.31 亿元，与第五大财产保险——企业财产保险之间的差距仅为 1.44 亿元。在经历了连续三年的高速增长后（2017~2019 年增速分别为 105.96%、70.09% 和 29.0%），2020 年和 2021 年保证保险保费收入连续两年大幅度缩水，年均降速超过 20%。一方面是受到新冠肺炎疫情影响，融资类信保所承保的贷款质量大幅度下降；另一方面是由于风控系统发展停滞所导致的财产保险公司主动收缩信保业务规模。

---

① 作者根据中国银保监会及历年《中国保险年鉴》数据整理计算。

第三节　财产保险市场发展绩效、问题与展望

一、2021 年财产保险市场发展绩效

（一）总资产状况

截至 2021 年末，财产保险公司总资产为 24512.74 亿元，较年初增加 4.65%。同时期，全行业保险公司总资产共计 248874.05 亿元，较年初增加 21606.67 亿元，增长 9.51%。

（二）净资产状况

截至 2021 年末，全行业保险公司净资产共计 29305.64 亿元，较年初增加 1780.51 亿元，增长 6.47%。

（三）利润状况

1. 净利润总额

2021 年，财产保险公司净利润总额为 540 亿元，同比增长 5%。同期全行业保险公司预计利润总额为 2197 亿元，同比下降 30%。2021 年，财产保险公司利润占整个保险行业利润的比重为 24.58%。

2. 承保利润情况

2021 年，受车险综改、信保业务频频 "踩雷" 以及投资承压共同影响，5 家上市险企财险业务总利润为 535.71 亿元，同比增长 4.34%；净利润为 455.75 亿元，同比增长 7.34%（见表 2-9）。

表 2-9　　　　　　　　　2021 年 5 家上市险企利润及其变动

公司名称	净利润及变动		承保利润及变动		投资收益及变动	
	净利润（亿元）	同比变动（%）	承保利润（亿元）	同比变动（%）	投资收益（亿元）	同比变动（%）
人保财险	225.86	8.4	18.10	-56.4	261.54	12.80
平安产险	161.92	0.2	51.36	145.7	168.00	10.50
太保产险	63.52	21.9	0.89	20.3	44.62	23.50
太平财险	-3.12	—	-14.91	-75.0	14.53	18.93
众安保险	7.57	198.0	0.75	—	19.70	34.56

3. 各项费用支出状况

2021 年，人保财险综合费用率为 25.9%；太保产险综合费用率为 29.4%；平安产险综合费用率为 31.0%。

4. 综合成本率

2021 年，上市险企综合赔付率总体呈上升趋势，但因控费卓有成效，综合费用率大幅下降，综合成本率与上年大体持平。如表 2-10 所示，除太平财险外，4 家上市险企综合成本率均略低于 100%，承保端处于微利状态。其中，平安产险综合成本率在 5 家上市公司中最低，为 98.0%；太平财险最高，达到 105.9%。

表 2-10　　　　　　　　　2021 年 5 家上市险企综合成本率及其变动

公司名称	综合成本率及其变动		综合赔付率及其变动		综合费用率及其变动	
	综合成本率（%）	同比变动（pct）	综合赔付率（%）	同比变动（pct）	综合费用率（%）	同比变动（pct）
人保财险	99.5	0.6	73.6	7.4	25.9	-6.8
平安产险	98.0	-1.1	67.0	6.5	31.0	-7.6
太保产险	99.0	0.0	69.6	8.2	29.4	-8.2
太平财险	105.9	2.0	70.9	15.6	35.0	-133.6
众安保险	99.6	-2.9	57.6	3.5	42.0	-6.4

（四）财产保险监管政策和法律政策成效

2021 年作为"十四五"规划开局之年，规划中提及的健全多层次社会保障体系、保障人民生命安全、深化农村改革等内容与保险行业息息相关，保险业迎来历史性的发展机遇。同时在新冠肺炎疫情的影响下，保险行业同样面临诸多挑战。在"保险姓保"的总体原则下，各项保险政策相继出台，进一步引导保险行业发挥服务社会保障体系的重要功能。其中，在财产保险市场领域，中国银保监会发布《财产保险公司保险条款和保险费率管理办法》，进一步完善了财产保险公司产品监管的体制机制；中国保险行业协会发布《中国保险行业协会新能源汽车商业保险专属条款（试行）》，有望进一步打开车险利润增量空间；中国银保监会发布《保险公司偿付能力监管规则（Ⅱ）》，标志着偿二代二期工程建设顺利完成。2021 年，财产保险行业基本稳定，主要成效表现在以下几个方面。

第一，防范化解风险持续保持稳定。截至 2021 年末，已经披露 2021 年第四季度偿付能力报告的财险公司的偿付能力未达标的财产保险公司有三家，分别是安心保险、渤海财险和阳光信保。其中安心保险偿付能力问题最严重，该公司 2021 年第四季度核心及综合偿付能力充足率下滑至 –326.12%，风险综合评级连续三个季度为 D 类。除了安心保险之外，其余两家的综合偿付能力充足率与核心偿付能力充足率均达标，但风险综合评级不达标。

第二，财险市场改革与创新稳步推进。《关于扩大三大粮食作物完全成本保险和种植收入保险实施范围的通知》发布，扩大了三大粮食作物完全成本保险和种植收入保险实施范围，要求 2022 年实现 13 个粮食主产省份的产粮大县全覆盖，累计提供农业风险保障金额 4.72 万亿元。责任保险领域积极创新，积极打造"保险 + 风控 + 科技 + 服务"新模式，安全生产责任险、新材料保险、"首台（套）"保险、知识产权保险、工程质量潜在缺陷保险（inherent defect insurance，IDI）、政府救助保险（含突发公共卫生事件）、校园综合保险、董事及高管人员责任险（directors and officers liability insurance，D&O）等业务规模实现了一定增长。车险改革平稳进行，从经营指标来看，截至 2021 年 9 月底，一是消费者保费支出明显降低，车均保费 2763 元，较

2020 年改革前降低 21%，87% 的消费者年缴保费下降；二是车险费用水平大幅度下降，全国车险综合费用率为 27.8%，同比下降 13.5 个百分点；三是风险保障程度显著提高，在交强险保额大幅度上调的基础上，商业第三者责任险平均保额提升 61 万元，达到 150 万元；四是赔付水平大幅提升，行业整体成本结构显著优化，车险综合赔付率由改革前的 56.9% 上升至 73.2%，提高了 16.3 个百分点。车险市场运行平稳有序，"降价、增保、提质"阶段性目标已经基本实现，消费者获得了实实在在的改革红利，行业持续发展动力有所增强。

第三，河南暴雨保险赔付比例创新高，防灾减损作用显著增强。2021 年下半年，河南遭遇特大强降雨，郑州、新乡、鹤壁等 16 市受灾，引起社会的广泛关注。根据中国银保监会数据，此次河南强降雨，保险业预计赔付超 124 亿元，占直接经济损失的比例超过 11%，创下了自然灾害事故保险赔付比例的新纪录。截至 2021 年 12 月 1 日，保险业已赔付案件 50.1 万件，支付赔款 97.04 亿元。与 2008 年汶川地震官方统计数据中保险业承担的总体损失约 0.2% 相比，2021 年河南暴雨保险赔付比例创下新高，一定程度上体现了保险业在国家应急治理体系中的作用。

二、2021 年财产保险市场发展面临的问题

针对目前的市场状况来看，存在的问题主要表现在财产保险市场结构不合理、市场规范秩序有待进一步加强和市场两极分化程度加剧三个方面。

（一）财产保险市场结构不合理

2021 年财产保险市场的结构仍然延续着往年车险一险独大的局面，但是从具体的数据来看，在车险综合改革的全面启动下，本年度为首个车险改革的完整年度，"降价、增保、提质"是车险改革的主要方向，车险的市场份额降低至 66.60%，增速大幅度下降为 −5.73% 的水平。在非车险市场中，虽然保证保险业务持续大幅度下跌，但是责任保险、农业保险、工程保险和企业财产保险仍然保持着较为活跃的状态，尤其是农业保险高

质量发展，对于车险市场结构的调整起到积极的作用。在整体经济形势更加复杂的背景下，信保业务连续两年平均降速超过 20%，一定程度上影响了 2021 年的财产保险市场结构，同时也体现出财险公司对于信保业务风险管控能力的不足。

从行业竞争的角度来看，2021 年互联网业务新规的修订实施及配套细则的落实，对互联网保险的市场格局有重大影响，尤其是对于中小保险公司而言，短期内将会受制于服务能力和经营范围等问题，面临承保亏损、偿付能力不足等问题，竞争压力加大，而前三大险企凭借自身品牌、渠道、规模、风控等优势，行业地位保持稳固，不利于市场结构的进一步优化。

（二）市场规范秩序有待进一步加强

2021 年度中国银保监会及其派出机构共开出 2020 张监管处罚罚单，罚单总金额达 2.8 亿元，涉及 299 家保险机构，其中有 64 家为财产保险公司，同比增加 13 家，占全年被罚机构数的 21.4%。针对财产保险公司的罚单数量和金额均为最高，累计罚单 1104 张，占总数的 55%，罚款金额 18533 万元，占总数的 66%。其中，年度罚单中单笔罚款金额最高的是华安财险广西分公司，为 255 万元；年度罚单累计罚款金额最高的是人保财险，累计 3951 万元；年度罚单累计数量最多为人保财险，累计 234 张。从罚单的处罚事由来看，中国银保监会针对保险行业的违法乱象整治仍然为全方位覆盖，其中给予投保人保险合同约定以外的利益、虚构保险中介义务套取费用、编制虚假财务资料和虚列费用等问题依旧困扰着保险业的合规发展。

2021 年由中国银保监会及其派出机构接受并转送涉及保险公司的保险消费投诉达 163192 件，四个季度分别为 37892 件、47005 件、40649 件和 37646 件。其中，人保财险位列被投诉财产保险公司第一位，平安财产和国寿财产分列第二位和第三位。在涉及财产保险公司的投诉中，机动车辆保险数量最高，纠纷达 9082 件，占财产保险公司投诉总量的 63.75%，投诉中主要涉及的是财产保险的理赔纠纷和消费纠纷，占比过半。由上述数据可知，对于消费者而言，财险公司在保险理赔纠纷和保险销售的处理问题上还不到位，仍然存在着较大的问题。

（三）市场两极分化程度加剧

2021 年，大公司优势更加明显，财产保险市场两极分化程度持续加剧，中小型公司发展空间被进一步压缩。从规模上来看，人保财险、平安产险和太保产险三家市场份额降低 0.04 个百分点，分化程度有所缓解。但是从效益上来看，行业利润继续高度集中，在 2021 年承保利润大幅度下降的情况下，"老三家"均维持承保盈利。此外，"老三家"预计利润总额为 451.3 亿元，占据了财产保险行业超过 80% 的预计利润总额。

三、财产保险市场的未来展望与发展趋势

（一）财产保险市场的未来展望

2022 年是我国"十四五"规划的第二年，在新冠肺炎疫情的影响下，世界格局已经发生深刻变化。在"十四五"规划中明确了共同富裕、碳中和、建设数字中国等社会经济发展方向，中国保险业面临着新形势、新机遇和新挑战，2022 年的保险业发展将在疫情常态化防控下更好地服务社会整体经济，深入贯彻服务实体经济、防控金融风险、深化金融改革"三大任务"，自觉服从国务院金融稳定发展委员会的领导，切实保护好保险消费者合法权益，加快推进新时代现代保险服务业发展。

在保险业整体发展提速的背景之下，财产保险市场的发展有望在诸多方面迈上新的台阶。

第一，财产保险向高质量发展转型，打造良好的市场环境。2021 年在常态化疫情防控、河南暴雨等重大公共卫生事件和自然灾害事件中，保险业也始终心怀"国之大者"，肩负"社会责任"大旗，为经济社会发展和国计民生，提供了全方位、高质量的保险保障和服务。因此，2022 年财产保险将会深入参与国家应急治理体系，并且将继续坚持"保险姓保，监管姓监"的理念，引导保险业回归本源，进一步推动行业高质量发展，全面提升保险业服务实体经济的质效和服务国家治理能力现代化的水平。在市场环境下，财产保险将会在中国银保监会的政策下不断深入改革，提升保险公司的风险控制

能力，提升消费者满意度，打造良好的市场环境。

第二，持续性的市场改革推动业务转型。随着《中共中央 国务院关于全面推进乡村振兴加快农业农村现代化的意见》，即2021年中央一号文件的正式下发，以及基于实际需求的创新产品（如宠物险、安责险、董责险）的持续优化推出，2022年新农险和家财险有望为财险业注入新的增长活力。其中，农险业务受政策影响较大，如能在风险识别及定价定损方面持续优化，受益于政府财政补贴、良好的风控能力、庞大的资金规模及科技赋能，预计可实现最终的承保盈利。而宠物险、董责险等市场发展缓慢，覆盖率低，增长潜力巨大，也有望带来业务的新增量。此外，在车险方面，车险综改周年后，车险保费走势逐渐回暖，下降压力有望不再延续。年内推出的新能源车险，由于其保障范围较普通车险拓宽，且电池造价较高，预计车均保费也将高于现售车险，有望为车险市场带来新的增量。

第三，金融保险业数字化转型将会加速推进。2021年12月29日，中国保险行业协会在北京正式发布《保险科技"十四五"发展规划》。规划提出，要按照国家"十四五"规划相关要求，推动先进技术应用，推动数字化转型，赋能保险行业高质量发展。2022年1月12日，国务院发布《"十四五"数字经济发展规划》，再次明确提出要全面加快金融数字化转型，包括全面加快银行、保险、证券等行业的数字化转型，优化管理体系和服务模式，提高服务品质与效益。随后在1月26日，中国银保监会发布了《关于银行业保险业数字化转型的指导意见》，以"十四五"规划为指导，以深化金融供给侧结构性改革、推动机构高质量发展为目标，以服务实体经济、服务人民群众为原则，以数字化经营管理体系建成为标志，分别从战略、组织、机制、人才、业务、数据、科技、风险、监管多个方面进行指导意见的阐述，进一步明确细化了金融机构下阶段的工作方向。因此，2022年财产保险将会通过数字化转型实现降本增效和商业模式变革，在保险业转型发展的关键时期，增长乏力、价值下降巨大的困难下，保险企业将会积极拥抱科技发展，利用数字技术不断提升服务民生和社会发展的能力，并推动产品设计、销售渠道、核保理赔、客户服务、风险管理等保险全价值链方面深层次的变革。

第四，不断优化监管机制，切实发挥保障作用。2022年中国银保监会将会坚持不懈化解金融风险，继续按照"稳定大局、统筹协调、分类施策、精准拆弹"的基本方针，稳妥处置金融领域风险，坚决守住不发生系统性金融风险的底线。具体到保险层面，将会严厉打击违法违规金融活动，严肃整治"代理退保"乱象，加快非法集资存案处置，严防风险反弹。同时充分发挥保险的风险保障作用，强化保险机构风险保障功能，推进保险服务乡村振兴专业化机制建设，实施保险服务乡村振兴差异化监管。

（二）财产保险市场的发展趋势

第一，疫情持续对产险公司产生影响。一是在新冠肺炎疫情的持续影响下，中小企业经营面临困境，甚至停止运营，投保主体减少。同时疫情带来的保险公司线上办公进一步增加了公司的经营障碍，压缩了业务拓展能力，从而一定程度影响了产险的投保业务数量。二是营业中断保险、货运险的赔付增加，承保双方的法律纠纷可能进一步增加。国家为了切断新冠病毒肺炎的传染途径采取了不同程度的推迟或者限制企业复工的措施，因而可能会带来一定的利润损失。同时地方政府采取的道路限行等措施影响了交通运输业，进而影响了运输的时效性，从而产生货物延迟交付或腐烂损失。这些因素涉及的保险赔付与否和金额多少，都将对产险公司产生较大的影响。三是在疫情影响下，保险公司的后续保障服务的质量受到影响。由于地方出行限制和要求，保险公司的线下取证理赔环节受到影响，业务的线下拓展也将受到冲击，进而对于产险公司产生影响。

第二，自然灾害倒逼产险公司进一步提升风险管理工作。2022 年 1 月，应急管理部发布了 2021 年全国十大自然灾害，其中包括河南特大暴雨、黄河严重秋汛、山西暴雨洪涝、湖北暴雨洪涝、东北雪灾、浙江台风等，直接经济损失 1800 多亿元，给人员、房屋、农作物等造成了巨大的财产损失，这些自然灾害均是对产险公司产品定价与服务能力的重大考验。在未来可能面临更多自然灾害甚至是巨灾的情况下，产险公司如何针对巨灾保险定价并完善覆盖体系，成为一个重要问题。在 2021 年的考验中，产险公司开始逐步思考针对巨灾保险的定价和覆盖体系，同时对于如何在灾害发生后第一时间启动保险的查勘和后续理赔服务高度重视。未来产险公司将会更加重视巨灾类保险的保险保障功能，建设多元化的巨灾保险机制和风险区划机制。

第三，国家汽车产业政策对车险发展产生重大影响。中国汽车工业协会的统计数据显示，在新冠肺炎疫情的影响下，2022 年前五个月汽车销售量为955.5 万辆，同比下滑 12.2%。与此同时，国家陆续出台了一系列促消费、稳增长的政策措施，从 2022 年 2 月国务院印发的《"十四五"推进农业农村现代化规划》，到 4 月印发的《国务院办公厅关于进一步释放消费潜力促进消费持续恢复的意见》均强调了对于汽车下乡和新能源汽车品牌推动的工作。地方政府也积极响应，出台多种促进汽车消费的配套政策，针对汽车购买采取购置补贴、以旧换新、增加汽车指标等措施刺激汽车消费。受利好因素影响，2022 年 5 月汽车产销比上月呈明显恢复性增长。其中，国家汽车产业政策对于车险的发展有着重大影响，一方面汽车销售数量是车险的增长基石，另一方面新能源汽车的大力发展对于车险的发展产生影响。产险公司制定新能源汽车的专属保险，有效针对车险责任进行划分，降低车险成本，有利于车险长期承保利润增长，推动国内产险公司针对车险进一步创新和改革。

第四，绿色经济将会对保险业发展产生影响。2021 年中国银保监会和保险行业协会多次发起调研，了解行业绿色保险发展现状以及未来的发展时间表和路线图等。在此背景下，2021 年 12 月 14 日，中国保险行业协会发布《新能源汽车商业保险专属条款（试行）》，并在 2021 年 12 月 27 日新能源汽车专属保险正式上线销售，未来新能源汽车保险将持续加大研发投入，在车险市场占据一定的比例，缓解 2021 年车险改革对车险市场的影响。财险公司也将积极研发清洁能源、节能环保、绿色建筑、绿色基建等领域的责任保险、保证保险等细分财产保险产品及相关服务，同时投入与气候变化、环境污染相关的环责险、气候保险、巨灾保险等产品，在绿色经济方面提供更多市场化保险风险管理服务和保险资金支持。

参考文献

[1]《2021 年中国保险十大新闻》，金融时报，2022 年 1 月 7 日。

[2]《保险业 2021 年回顾与 2022 年展望：唯有变革重构 方能先见曙光》，经济网，2022 年 1 月 12 日。

[3] 普华永道中国：《2021 年度保险行业监管处罚分析》，中国保险网，2022 年 1 月。

[4]《2021 险企社会责任盘点：坚持商业向善 服务国家发展大局》，中国保险网，2022 年 1 月 9 日。

[5]《解读保险业 2021 年保费数据：健康险降速不降温 车险重回正增长轨道》，中国金融新闻网，2022 年 2 月 16 日。

[6]《2021 年汽车工业经济运行情况》，中国汽车工业协会网站，2022 年 1 月 12 日。

[7]《2021 年 12 月财产保险公司经营情况表》，中国银保监会网站，2022 年 1 月 25 日。

[8]《保险业经营情况表》（2021 年各月度的情况经营表），中国银保监会网站，2021 年。

[9]《财产保险公司经营情况表》（2021 年各月度的情况经营表），中国银保监会网站，2021 年。

[10]《2021 年 12 月保险业经营情况表》，中国银保监会网站，2022 年 1 月 25 日。

[11]《2021 年 12 月全国各地区原保险保费收入情况表》，中国银保监会网站，2022 年 1 月 25 日。

第三章

人身保险市场

2021 年我国人身保险市场面临较大压力，行业处于转型升级的攻坚期，市场运行呈现以下特点。一是业务增长趋缓。全年实现原保险保费收入 33229.06 亿元，同比减少 0.30%，增速较 2020 年下降近 8 个百分点。其中，人身险公司实现原保险保费收入 31223.67 亿元，同比减少 1.42%。人身险公司总资产 213894.93 亿元，较年初增长 7.06%。二是保障能力持续提升。人身保险业务赔款与给付支出 7921.14 亿元，同比增加 13.94%。三是人身险公司净利润大幅下降，全年实现净利润 1566 亿元，同比大幅下降。人身保险市场发展显现出一些问题和潜在风险，主要体现在：一是人身险公司新业务价值增长乏力；二是重疾险发展受阻；三是健康险业务风险不容忽视。

本章共分三节。第一节分析 2021 年人身保险市场运行格局；第二节分析 2021 年人身保险市场业务经营；第三节讨论 2021 年人身保险市场发展绩效、问题，以及 2022 年人身保险市场发展展望。①

---

① 除特别说明外，本章数据均来源于中国银保监会及历年《中国保险年鉴》。由于四舍五入等原因，个别计算值略有出入。

第一节　2021 年人身保险市场运行格局

一、基本情况

（一）保费收入

1. 全国人身保险市场保费规模及增长

2021 年我国人身保险市场面临较大压力，行业处于转型升级的攻坚期。全年原保险保费收入 33229 亿元（包含财产险公司经营的意外险、短期健康险在内的原保险保费收入），较 2020 年减少约 100 亿元，同比减少 0.30%。由于个险代理人大幅脱落、新冠肺炎疫情影响依然持续等因素的影响，与 2020 年人身险原保费收入增速 7.53% 相比，2021 年保费增速延续了下降的趋势，成为少有的保费增速未能超过 GDP 增速的一年。人身保险市场原保险保费收入占保险市场原保险保费总收入的 74.01%，同比上升 0.37 个百分点。按月度看，1 月保费收入最高，3 月、9 月出现小高峰，其余月份保费收入基本呈现波动平稳（见图 3-1 和图 3-2）。图 3-3 显示了各险种的保费收入占比，寿险依旧为最主要的人身保险保费来源。

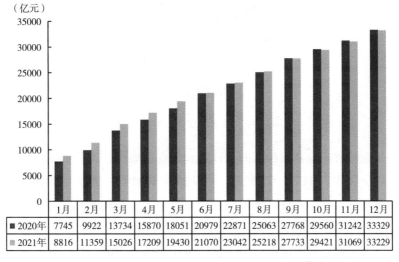

（亿元）

	1月	2月	3月	4月	5月	6月	7月	8月	9月	10月	11月	12月
2020年	7745	9922	13734	15870	18051	20979	22871	25063	27768	29560	31242	33329
2021年	8816	11359	15026	17209	19430	21070	23042	25218	27733	29421	31069	33229

图 3-1　2020 年、2021 年人身保险业务月度累计保费收入对比

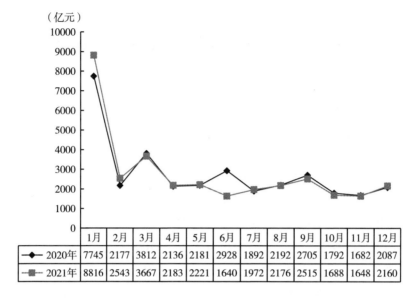

图 3 - 2　2020 年、2021 年人身保险业务月度保费收入对比

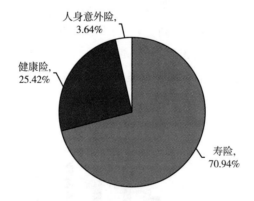

图 3 - 3　2021 年人身保险业务分险种保费收入比例

　　如果剔除财产险公司经营的意外险和短期健康险，2021 年人身险公司实现原保险保费收入 31223.67 亿元，同比减少 1.42%，延续了 2020 年的回落态势（见图 3 - 4）；人身险公司原保险保费收入占保险市场原保险保费总收入的 69.54%。人身险公司本年累计新增保险金额 1285.91 万亿元，同比增加 7.34%；本年累计新增保单 9.54 亿件，同比增加 5.30%。

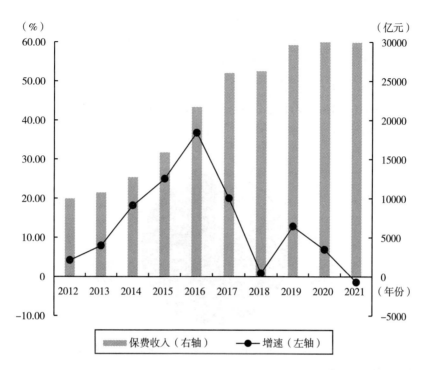

图 3 - 4　2012 ~ 2021 年人身险公司保费收入和增幅对比

注：本图数据不包括财产险公司经营的意外险、短期健康险原保险保费收入。

由于前些年部分保险公司大力发展万能险，而万能险主要是高现价理财型产品，保障功能较弱，导致负债端成本增加，投资端风险偏好上升，从而加大了投资风险和流动性风险。鉴于此，中国银保监会持续出台一系列的监管政策，加大了对中短期理财型保险业务的规范管理和限制。2017 年开始，万能险及投连险投资款在规模保费中的占比大幅下降，保障性保费收入占比明显提升，保险产品结构趋于稳健。2018 ~ 2019 年，由于部分保险公司寿险业务保费收入快速下降，为保证收入规模的稳定性，万能险及投连险业务有所恢复。2020 年以来，万能险业务规模持续收缩。2021 年，人身险公司未计入合同核算的保户投资款和投连险独立账户本年新增交费 7173.60 亿元，同比下降 4.57%，变化比例较上年增加 12.71%。

2. 各地区人身保险市场保费规模及增长

2021 年，东部、中部、西部地区①保费增速保持平稳，中部、西部地区略有下滑。具体来看，东部地区人身保险业务原保险保费收入 19200.73 亿元，同比增加 0.54%，占比 57.79%；中部地区原保险保费收入 8098.54 亿元，同比减少 0.03%，占比 24.38%；西部地区原保险保费收入 5922.86 亿元，同比减少 3.25%，占比 17.83%（见图 3 – 5）。

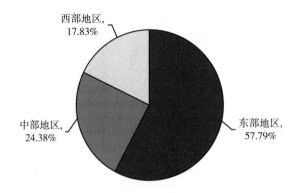

图 3 – 5　2021 年东部、中部、西部地区人身保险保费收入比例

注：不含全国本级。

如表 3 – 1 所示，从保费规模来看，广东、江苏和山东依旧位列前三，保费规模均超过 2000 亿元，北京的保费规模也超过了 2000 亿元，占全国人身保险市场的比重分别为 12.59%、9.18% 和 7.42%，占比合计 29.19%，所占比例较 2020 年下降 0.69 个百分点。其中，广东继 2018 年超越江苏成为市场份额最大的省份之后，2021 年实现原保费收入 4183.82 亿元，依旧为全国最高；浙江、河南、四川、湖北、河北、上海、湖南保费规模在 1000 亿元至 2000 亿元之间；辽宁等 18 个省（市、区）保费规模在 100 亿元至 1000 亿元之间；青海、西藏保费不足 100 亿元。

---

①　东部地区包括北京、天津、河北、辽宁、上海、江苏、浙江、福建、山东、广东和海南 11 个省（市）；中部地区包括山西、吉林、黑龙江、安徽、江西、河南、湖北和湖南 8 个省；西部地区包括四川、重庆、贵州、云南、西藏、陕西、甘肃、青海、宁夏、新疆、广西和内蒙古 12 个省（区、市）。

表 3－1　　　　2021 年各省（区、市）人身保险原保险保费收入

省（区、市）	原保险保费收入 （亿元）	规模 排名	规模比重 （%）	原保费增速 （%）	增速 排名
广东	4183.82	1	12.59	-2.24	23
江苏	3048.93	2	9.18	0.90	15
山东	2466.11	3	7.42	-7.14	29
北京	2083.44	4	6.27	11.92	1
浙江	1939.06	5	5.84	0.60	16
河南	1810.30	6	5.45	-6.47	26
四川	1647.57	7	4.96	-4.51	25
湖北	1498.34	8	4.51	0.96	14
河北	1449.72	9	4.36	-3.14	24
上海	1446.99	10	4.35	6.73	5
湖南	1117.49	11	3.36	1.21	12
辽宁	985.59	12	2.97	3.55	7
福建	966.44	13	2.91	6.77	4
安徽	942.86	14	2.84	1.10	13
陕西	797.67	15	2.40	-7.75	30
黑龙江	796.96	16	2.40	2.53	9
山西	767.01	17	2.31	10.38	2
重庆	751.75	18	2.26	-0.75	20
江西	644.80	19	1.94	-0.86	21
广西	539.38	20	1.62	7.64	3
吉林	520.78	21	1.57	-0.25	18
天津	506.36	22	1.52	-0.29	19
新疆	456.89	23	1.37	2.32	10
内蒙古	440.18	24	1.32	-15.85	31
云南	428.13	25	1.29	-7.06	28
甘肃	359.33	26	1.08	5.31	6
贵州	281.60	27	0.85	-1.63	22
宁夏	145.79	28	0.44	2.05	11
海南	124.27	29	0.37	-7.05	27
青海	62.03	30	0.19	3.28	8
西藏	12.54	31	0.04	-0.16	17
集团、总公司本级	6.92	—	0.02	-20.91	—
全国合计	33229.06	—	100.00	-0.30	—

　　注：本表数据口径为保险业执行《关于印发〈保险合同相关会计处理规定〉的通知》后口径。集团、总公司本级业务是指集团、总公司直接开展的业务，不计入任何地区。由于计算的四舍五入原因，各地区之和与合计略有差异。

从保费增速来看，16 个省（区、市）均为正增长，但除山西外，增速较 2020 年度均有所放缓。北京、山西、广西保费增速位列前三，各自的增速分别达到 11.92%、10.38% 和 7.64%，均高于全国平均增速。山东、陕西、内蒙古保费增速居后三位，增速分别为 -7.14%、-7.75% 和 -15.85%。

从险种构成来看，寿险方面，广东以 2921.44 亿元的原保费规模位居第一，同比减少 4.61%；江苏以 2345 亿元的原保费收入位居第二，同比减少 0.15%；山东实现原保费收入 1683.15 亿元，排名第三，同比减少 10.16%。健康险方面，广东以 1078.91 亿元的原保费收入继续保持第一，同比增长 3.61%；排名第二的山东实现原保费收入 702.79 亿元，同比减少 0.93%；江苏排名第三，实现原保费收入 609.55 亿元，同比增长 4.02%。人身意外险方面，广东依然以 183.47 亿元的保费规模保持第一，同比增长 4.47%；江苏排名第二，实现原保费收入 94.38 亿元，同比增长 8.06%；山东排名第三，实现原保费收入 80.17 亿元，同比增长 9.93%。

（二）赔付支出

2021 年，人身保险业务发生赔款与给付支出 7921 亿元，较 2020 年增加 969 亿元，同比增加 13.94%。其中，寿险业务给付金额 3540.25 亿元，同比下降 4.71%，占比 44.69%，这主要与产品结构调整后满期给付的减少有关；健康险业务赔款与给付支出 4028.50 亿元，同比增长 37.91%，增幅较 2020 年进一步扩大，占比 50.86%；意外险业务赔款支出 352.39 亿元，同比增长 11.50%，占比 4.45%（见图 3-6）。2021 年人身保险业务各月累计赔付支出与上年同期的对比情况如图 3-7 所示。

（三）退保情况

2021 年，人身保险市场退保问题引起关注。五大上市险企中，中国人寿退保金 415.8 亿元，同比增加 24.96%；平安寿险退保金 529.09 亿元，同比增加 43.46%；太保寿险退保金 223.3 亿元，同比增加 54.84%；新华保险退保金 177.86 亿元，同比增加 45.1%；人保寿险退保金 242.9 亿元，同比降低 48.81%。

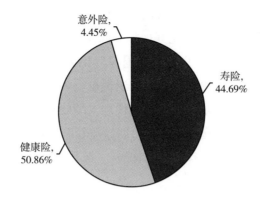

图 3-6　2021 年人身保险业务分险种赔付支出比例

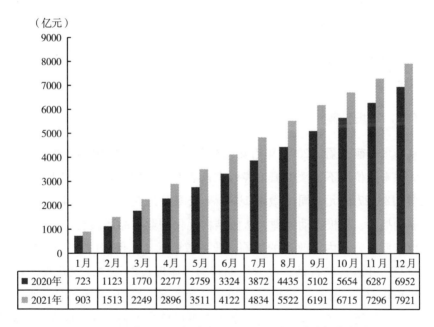

（亿元）	1月	2月	3月	4月	5月	6月	7月	8月	9月	10月	11月	12月
2020年	723	1123	1770	2277	2759	3324	3872	4435	5102	5654	6287	6952
2021年	903	1513	2249	2896	3511	4122	4834	5522	6191	6715	7296	7921

图 3-7　2020 年、2021 年人身保险业务月度累计赔付支出对比

从市场整体来看，退保金增加的原因主要包括以下四方面。第一，部分险企受经营理念和产品设计的影响，难以避免遭遇退保额高增长。例如典型的"长险短做"，尽管其表面上是长期产品，但实际上其在设计时仍将其当作短期产品经营，也对退保率有所预期。第二，非正常退保对险企整体退保率影响较大。"代理退保"产业链已成保险业毒瘤，不仅扰乱保险公司的正

常经营秩序，更损害了保险消费者的合法权益。2021 年 7 月 13 日《中国银保监会关于银行业保险业常态化开展扫黑除恶斗争有关工作的通知》发布，首次将"误导或怂恿保险客户非正常退保"纳入银行业保险业扫黑除恶范围。第三，代理人队伍大幅缩水带来的退保也较多。一些寿险的购买有相当部分并非出于真实保障需求，而是出于代理人绩效考核等因素，当这些代理人离开保险行业，大多会选择退保。第四，随着医疗险尤其是"惠民保"的大发展，部分长期险客户选择"退长保短"，减轻缴费压力。

二、竞争态势

（一）经营主体数量

截至 2021 年末，全国保险市场共有人身险公司 91 家。① 其中，中资人身险公司 63 家，外资人身险公司 28 家。

（二）市场份额

从市场份额来看，2021 年市场份额排名前三的公司中国人寿、平安寿险、太保寿险位次不变。中国人寿依靠核心寿险业务的续期保费支持，实现总保费 6183.27 亿元，同比微增 1%。平安寿险近两年通过"渠道＋产品"双轮驱动战略，积极推动代理人队伍结构优化和业务品质改善，受寿险行业周期性转型及公司内部改革的影响，业务依然承压，保费收入下降 4%。太保寿险全面开启长航行动，改变短期行为、体现长期导向，保费收入稳定，同比增长 0.6%。相较于 2020 年，2021 年第 4 名至第 10 名的排名有所变化，新华保险维持第 4 名不变，华夏人寿由于重组事宜未公布保费收入，泰康人寿由第 7 名升至第 5 名，太平人寿维持第 6 名不变，人保寿险由第 8 名升至第 7 名，中邮人寿由第 9 名升至第 8 名，富德生命超过前海人寿，由第 11 名升至第 9 名，前海人寿维持第 10 名不变。

从增速来看，原保费收入增速最快的三家保险公司分别为小康人寿（原

---

① 此处统计不含"国寿存续"。

中法人寿）、瑞华健康和鼎诚人寿，增速分别为 36664.71%、1119.80% 和
750.27%。由于股东不断出现变动，中法人寿连续亏损 11 年，2021 年经由
中国银保监会审核批准更名为小康人寿，在完成股东变更及增资后业务得以
重启。瑞华健康成立仅四年，保费规模尚处于成长期，作为目前规模保费最
小的专业健康险公司，在专业健康险公司中增速最快。受业务转型等因素的
影响，部分保险公司保费收入负增长，原保费收入负增长的公司有 15 家①，
其中增速负增长最大的三家为三峡人寿、昆仑健康和和泰人寿，增速分别为
−43.38%、−42.31% 和 −37.56%。其中，昆仑健康当前战略明确定位"期
缴转型、价值为先"，专注调整业务结构、减少趸交业务，在这个过程中与
之前同期相比保费规模下滑明显，但新业务价值提升明显；三峡人寿个险的
分红寿险和团险中的意外伤害险、健康险下滑明显；和泰人寿保费负增长的
原因为分红险收入大幅压缩。总体而言，大型险企的保费增速低于中小险企。

外资人身险公司业务规模基本稳定，2021 年的市场份额为 10.74%，较
2020 年提高 0.71 个百分点，其中工银安盛、友邦人寿和恒大人寿依旧占据
外资人身险公司市场份额的前三（见图 3 -8 和表 3 -2）。

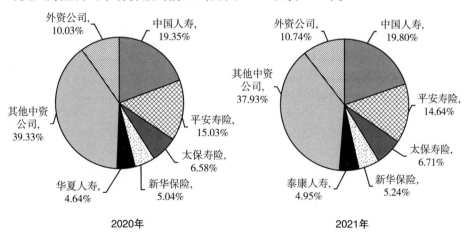

图 3 -8　2020 年、2021 年人身险公司市场份额

---

① 不含华夏人寿、天安人寿、和谐健康、大家养老、国寿存续以及其他没有保险业务收入的养
老险公司。

表 3 - 2 　　　　　　　　2019 ~ 2021 年人身险公司市场份额

公司名称	2021 年市场份额排名			2021 年原保险保费（亿元）	市场份额（%）		
	总体	中资	外资		2021 年	2020 年	2019 年
中国人寿	1	1	—	6183.27	19.80	19.35	19.18
平安寿险	2	2	—	4570.35	14.64	15.03	16.67
太保寿险	3	3	—	2096.10	6.71	6.58	7.17
新华保险	4	4	—	1634.70	5.24	5.04	4.66
泰康人寿	5	5	—	1544.28	4.95	4.64	6.17
太平人寿	6	6	—	1486.95	4.76	4.56	4.74
人保寿险	7	7	—	968.47	3.10	4.54	4.42
中邮人寿	8	8	—	858.09	2.75	3.04	3.31
富德生命	9	9	—	807.50	2.59	2.59	2.58
前海人寿	10	10	—	718.41	2.30	2.47	2.28
阳光人寿	11	11	—	608.27	1.95	1.92	1.73
百年人寿	12	12	—	568.30	1.82	1.90	1.42
信泰人寿	13	13	—	489.90	1.57	1.74	1.62
建信人寿	14	14	—	477.41	1.53	1.70	1.54
大家人寿	15	15	—	472.81	1.51	1.48	1.76
工银安盛	16	—	1	465.74	1.49	1.45	1.78
友邦人寿	17	—	2	453.30	1.45	1.43	0.71
恒大人寿	18	—	3	401.72	1.29	1.35	0.99
国华人寿	19	16	—	378.41	1.21	1.22	1.12
人保健康	20	17	—	358.16	1.15	1.03	1.27
农银人寿	21	18	—	294.00	0.94	1.02	0.76
合众人寿	22	19	—	280.86	0.90	0.97	1.22
中信保诚	23	—	4	268.28	0.86	0.84	0.78
君康人寿	24	20	—	239.32	0.77	0.83	0.80
平安养老	25	21	—	220.22	0.71	0.76	0.17
招商信诺	26	—	5	218.17	0.70	0.74	0.72
上海人寿	27	22	—	204.50	0.65	0.62	0.61
泰康养老	28	23	—	192.81	0.62	0.60	0.57
中意人寿	29	—	6	186.97	0.60	0.53	0.43
利安人寿	30	24	—	183.06	0.59	0.48	0.49
英大人寿	31	25	—	176.92	0.57	0.48	0.49
交银人寿	32	—	7	169.41	0.54	0.47	0.33

续表

公司名称	2021 年市场份额排名			2021 年原保险保费（亿元）	市场份额（%）		
	总体	中资	外资		2021 年	2020 年	2019 年
中美联泰	33	—	8	155.98	0.50	0.46	0.38
中银三星	34	—	9	143.39	0.46	0.46	0.44
光大永明	35	26	—	140.88	0.45	0.43	0.40
中融人寿	36	27	—	138.21	0.44	0.40	0.42
中宏人寿	37	—	10	134.10	0.43	0.39	0.34
幸福人寿	38	28	—	131.28	0.42	0.39	0.27
珠江人寿	39	29	—	130.92	0.42	0.37	0.34
招商仁和	40	30	—	123.74	0.40	0.37	0.30
民生人寿	41	31	—	122.04	0.39	0.31	0.32
平安健康	42	—	11	112.33	0.36	0.30	0.28
长城人寿	43	32	—	111.01	0.36	0.29	0.21
中英人寿	44	—	12	107.52	0.34	0.29	0.21
弘康人寿	45	33	—	94.18	0.30	0.28	0.27
渤海人寿	46	34	—	88.78	0.28	0.27	0.11
中荷人寿	47	—	13	84.37	0.27	0.26	0.43
横琴人寿	48	35	—	67.86	0.22	0.25	0.18
太平养老	49	36	—	67.11	0.21	0.23	0.11
信美人寿	50	37	—	65.25	0.21	0.21	0.20
同方全球	51	—	14	65.11	0.21	0.20	0.18
华泰人寿	52	—	15	64.74	0.21	0.20	0.21
东吴人寿	53	38	—	63.67	0.20	0.20	0.17
财信人寿	54	39	—	62.51	0.20	0.19	0.19
中德安联	55	—	16	56.28	0.18	0.19	0.17
恒安标准	56	—	17	55.43	0.18	0.14	0.13
中华人寿	57	40	—	51.64	0.17	0.11	0.12
昆仑健康	58	41	—	48.55	0.16	0.10	0.03
爱心人寿	59	42	—	45.57	0.15	0.10	0.07
北京人寿	60	43	—	45.47	0.15	0.09	0.09
北大方正	61	—	18	37.25	0.12	0.09	0.10
复星联合	62	44	—	37.14	0.12	0.08	0.14
国联人寿	63	45	—	34.61	0.11	0.08	0.04
陆家嘴国泰	64	—	19	33.68	0.11	0.08	0.06

续表

公司名称	2021 年市场份额排名			2021 年原保险保费（亿元）	市场份额（%）		
	总体	中资	外资		2021 年	2020 年	2019 年
复星保德信	65	—	20	32.30	0.10	0.06	0.05
国宝人寿	66	46	—	26.47	0.08	0.06	0.04
华贵人寿	67	47	—	25.15	0.08	0.06	0.03
汇丰人寿	68	—	21	24.46	0.08	0.06	0.05
长生人寿	69	—	22	23.96	0.08	0.06	0.06
国富人寿	70	48	—	21.54	0.07	0.06	0.07
鼎诚人寿	71	—	23	15.73	0.05	0.06	0.04
德华安顾	72	—	24	13.83	0.04	0.05	0.02
瑞华健康	73	49	—	12.32	0.04	0.03	0.03
瑞泰人寿	74	—	25	12.26	0.04	0.03	0.03
和泰人寿	75	50	—	11.22	0.04	0.03	0.03
中韩人寿	76	—	26	9.71	0.03	0.03	0.02
海保人寿	77	51	—	8.73	0.03	0.03	0.02
三峡人寿	78	52	—	6.24	0.02	0.03	0.02
君龙人寿	79	—	27	5.70	0.02	0.02	0.02
太保健康	80	53	—	4.86	0.02	0.01	0.01
小康人寿	81	—	28	0.25	0.00	0.01	0.01
华汇人寿	82	54	—	0.07	0.00	0.01	0.00
华夏人寿	83	55	—	—	—	—	—
天安人寿	84	56	—	—	—	—	—
和谐健康	85	57	—	—	—	—	—
大家养老	86	58	—	—	—	—	—
国寿养老	87	59	—	—	—	—	—
长江养老	88	60	—	—	—	—	—
新华养老	89	61	—	—	—	—	—
人保养老	90	62	—	—	—	—	—
恒安养老	91	63	—	—	—	—	—

注：（1）市场份额的计算依据各人身险公司原保险保费收入；（2）"—"表示此单元格无信息；（3）"0.00"表示此数值大于零，由于小数位数保留限制，因而显示不完整；（4）部分机构目前处于风险处置阶段，未披露信息。

资料来源：中国银保监会与各保险公司 2021 年年报。

2021 年，保费规模超过 1000 亿元的有中国人寿等六家保险公司，市场份额合计从 2020 年的 59.75% 下降至 56.23%，减少 3.52 个百分点；保费规模在 100 亿元至 1000 亿元之间的百亿收入规模公司从 2020 年的 33 家增加至 2021 年的 38 家，市场份额合计从 2020 年的 34.90% 上涨至 2021 年的 39.20%，较 2020 年增加 4.30 个百分点；保费规模低于 100 亿元的有 38 家公司，市场份额合计 4.57%，较 2020 年减少 0.78 个百分点（见表 3-3）。可以看出，千亿规模的领头集团地位略有下降，百亿规模的保险公司不论从数量上还是从市场份额上，都延续了上升势头。

表 3-3 2020 年、2021 年人身险公司保费收入分布情况

保费规模	公司数目		市场份额合计（%）	
	2021 年	2020 年	2021 年	2020 年
>1000 亿元	6	7	56.23	59.75
100 亿元至 1000 亿元	38	33	39.20	34.90
<100 亿元	38	47	4.57	5.35

注：不包含未披露信息及无保险业务收入的公司。

2021 年，全国共有 28 家外资人身险公司，其中，首家从合资转外商独资的寿险公司中德安联完成股东变更。从原保费规模来看，工银安盛凭借特有的银行渠道继续发力，超过友邦人寿和恒大人寿实现原保费收入 465.74 亿元，位居外资人身险公司榜首；友邦人寿共实现原保费收入 453.3 亿元，位居第二；恒大人寿实现原保费收入 401.72 亿元，排名第三。排名最后的是小康人寿，原保费收入为 0.25 亿元，相较 2020 年的 6.8 万元显著提升，上升 36664.71%。原因在于 2020 年底中法人寿增资方案获批，核心偿付能力明显改善，业务经营和保费收入经过一段时间后开始恢复。

（三）市场集中度

2021 年，人身险市场集中度略有上升，保费规模前 3 名、前 5 名、前 10 名的人身险公司市场份额综合分别为 41.15%、51.34% 和 66.83%，分别较上一年上升了 0.19 个、0.69 个和 -1.01 个百分点。中国人寿、平安寿险、太保寿险个人代理渠道优势依然明显，大力发展长期储蓄型和保障型业务，市场份额

稳固。随着监管政策不断收紧，部分中小公司产品切换和渠道调整仍然面临较大困难。以原保险保费收入计算，2012~2021 年人身保险市场 CR3 如表 3-4 所示。

表 3-4　　　　　　2012~2021 年国内人身保险市场集中度　　　　　　单位:%

年份	市场份额前三（从高到低）	集中度（CR3）
2012	中国人寿、平安寿险、新华保险	55.2
2013	中国人寿、平安寿险、新华保险	53.7
2014	中国人寿、平安寿险、新华保险	48.5
2015	中国人寿、平安寿险、新华保险	43.2
2016	中国人寿、平安寿险、太保寿险	38.9
2017	中国人寿、平安寿险、安邦人寿	41.1
2018	中国人寿、平安寿险、太保寿险	45.1
2019	中国人寿、平安寿险、太保寿险	43.0
2020	中国人寿、平安寿险、太保寿险	41.0
2021	中国人寿、平安寿险、太保寿险	41.2

寿险市场近年格局不断变化，此前，寿险市场集中度自 2017 年开始出现了近十年来的首次"回升"。这主要是由于监管开始限制中短期业务，引导行业发展风险保障和长期储蓄业务等，中小险企受到较大影响。而大型险企基于业务基础和优势，如代理人队伍优势、机构网络优势、服务能力、品牌和资源优势等，更适应行业的变化，因此大公司市场份额开始收复。市场份额向大公司聚集的趋势持续到 2018 年。2019 年开始，寿险市场集中度重新降低，2020 年再次降低，2021 年基本持平，其原因包括新一轮的开放政策，如对外资的开放、竞争中性等，给予外资险企和中小险企新的空间。几家大型险企受个险代理人流失以及业务转型的影响，业务增速大多不及行业平均水平。中小险企则在经历了一年多的转型和调整之后开始适应，同时中短期业务的阶段性销售也有所放松，由此实现了不错的业绩增长。

三、发展程度

(一) 保险密度

2021 年，因保费略有下降，人身保险市场保险密度为 2352 元/人，较2020 年减少了 9 元/人（见图 3-9），增速较上年下降了 7 个百分点。

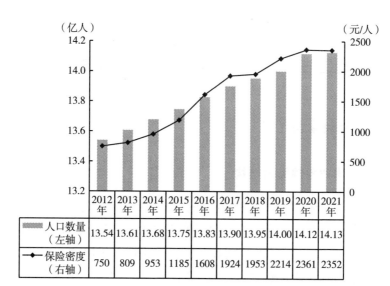

图 3 - 9　2012 ~ 2021 年我国人身保险市场保险密度变化情况

资料来源：人口数据来自国家统计局网站。

（二）保险深度

2021 年，人身险保费增速低于 GDP 增速，人身保险市场保险深度由 2020 年的 3.28% 降至 2.91%（见图 3 - 10）。

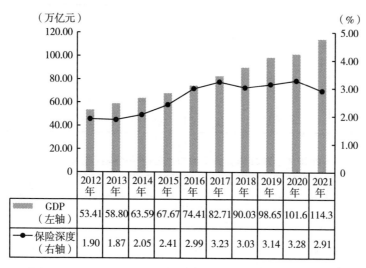

图 3 - 10　2012 ~ 2021 年我国人身保险市场保险深度变化情况

资料来源：GDP 数据来自国家统计局网站。

第二节　2021 年人身保险市场业务经营

一、业务规模与结构

(一) 总体业务规模与结构

2021 年，由于行业处于转型攻坚期，加之新冠肺炎疫情仍然持续，行业增长有所放缓。全年寿险业务实现原保险保费收入 23571.85 亿元，较 2020年减少了 410.09 亿元，同比下降 1.71%，增速较上年回落 7.11 个百分点；健康险业务实现原保险保费收入 8447.02 亿元，较 2020 年增加 274.31 亿元，同比增长 3.36%，增速较上年回落 12.3 个百分点；人身意外险业务实现原保险保费收入 1210.19 亿元，较 2020 年增加 36.08 亿元，同比增加 3.07%。三大险种中，健康险业务的增速大幅回落，人身意外险增速有所提升，而寿险业务增长遇阻，增速为负（见表 3-5 和表 3-6）。

表 3-5　　2020 年、2021 年人身保险市场分险种保费收入及增速

险种	保费规模排名		保费收入（亿元）		保费增速（%）
	2021 年	2020 年	2021 年	2020 年	
寿险	1	1	23571.85	23981.94	-1.71
健康险	2	2	8447.02	8172.71	3.36
人身意外险	3	3	1210.19	1174.11	3.07
合计	—	—	33229.06	33328.76	-0.30

表 3-6　　2020 年、2021 年人身保险市场各险种的保费收入占比　　单位:%

险种	2021 年	2020 年
寿险	70.94	71.96
健康险	25.42	24.52
人身意外险	3.64	3.52
合计	100.00	100.00

业务结构方面，转型调整下个险为主的渠道结构正加速调整。从五大 A 股上市险企来看，2021 年中国人寿、平安寿险、太保寿险、新华保险、人保寿险的个险新单保费收入分别实现 1015.2 亿元、935.1 亿元、292.3 亿元、184.8 亿元、175.9 亿元，同比分别变动 -15.2%、-5.9%、-0.2%、-12.3%、-18.3%，各家均承压，其中平安寿险和太保寿险个险新单增速由上半年正增长转为全年负增长。①

从个险新单占新单比例来看，各家持续下滑，其中平安寿险降幅最小，且为唯一一家占比仍超 60% 的上市险企；太保寿险下降幅度最大，由 2020 年的 70.1% 下降至 2021 年的 59.8%，反映出转型过程中公司渠道结构的加速调整。②

从续期业务来看，续期业务增速有所分化，部分公司已出现负增长。2021 年中国人寿、新华保险、人保寿险续期保费收入同比增长，占总保费比重有所提升；平安寿险和太保寿险因率先启动个险渠道转型，长险新单业务承压更早，续期业务增速下滑。

（二）渠道业务规模与结构

银行代理渠道方面，人身险公司银保业务全年累计实现原保险保费收入 11990.99 亿元，较 2020 年同比增长 18.63%，连续四年增长。原保险保费收入持续站稳万亿规模，超过人身险公司保费收入总量的 1/3，业务占比同比上升 3.73 个百分点。

受疫情及转型等因素的影响，百万代理人离职，人身险公司重新关注并大力推动银保业务发展。2021 年各家公司更加注重优化业务结构和内涵价值增长，不断扩大期交业务体量，实现了新单与期交业务的同步提升。银保渠道全年实现新单原保险保费收入 7040.86 亿元，同比增长 15.05%。其中，新单期交原保险保费收入 2677.56 亿元，同比增长 19.04%；趸交原保险保费收入 4363.30 亿元，同比增长 12.73%。银行保险重新成为保险业新单主渠道。从产品构成来看，寿险业务稳定增长，其中普通寿险保费收入占比持续提升。

---

①② 根据各公司年报数据整理。

2021 年寿险业务实现新单原保险保费收入 6947.03 亿元，占全年新单原保险保费收入的 98.67%，同比增长 15.24%；健康险增速放缓，新单原保险保费收入 93.83 亿元，同比增长 2.38%。寿险业务中，分红寿险新单原保险保费收入 4298.79 亿元，同比增长 9.67%；普通寿险新单原保险保费收入 2641.52 亿元，同比增长 25.75%。[①]

2021 年人身险公司经营银保业务的主体保持稳定，共有 84 家人身险公司开展该业务，与 2020 年机构数量一致。五大上市险企在银保渠道上的表现突出，中国人寿、人保寿险和新华保险的银保渠道保费收入居前，分别达 493.26 亿元、427.25 亿元和 407.37 亿元；之后为平安寿险及健康险，银保渠道保费收入为 247.05 亿元；太保寿险的银保渠道保费规模相对较小，为 74.57 亿元。从银保渠道保费增速来看，太保寿险银保渠道的保险业务收入同比大增 233.5%，排名第一；中国人寿、人保寿险和平安寿险及健康险银保渠道保费收入也同比齐增，依次为 19.6%、18.9% 和 12.14%；新华保险银保渠道保费增速为 2.5%。从银保渠道保费规模占比来看，人保寿险占比最高，达到 44.1%；新华保险、中国人寿、平安寿险及健康险和太保寿险占比分别为 24.9%、8%、4.35% 和 3.52%。[②]

对于中小保险公司而言，银保渠道更是毋庸置疑的主渠道。银行系险企具有先天优势，2021 年 10 家银行系险企合计实现净利润 97.61 亿元，同比增长 13.15%；合计实现保费收入 3126.28 亿元，同比增长 9.23%。很多中小保险公司如前海人寿银保规模保费在公司总规模保费占比已超过 90%。[③]

银行保险的优势资源主要集中在国有大型银行，同时，股份制商业银行保险代销的规模也迅速增长。2021 年工商银行代理销售个人保险 1082 亿元；农业银行实现代理保险保费 1152 亿元，全年代理期缴保费同比增长 11%；邮储银行代理期交新单保费 789.44 亿元，保障型产品新单保费 1050.31 亿元。从代理业务手续费看，建设银行、中国银行、交通银行 2021 年代理业务手续费收入分别为 192.83 亿元、298.75 亿元、56.64 亿元，同比分别增长 11.04%、

① 中国保险行业协会：《2021 年银行代理渠道业务发展报告》，2022 年 6 月 6 日。

②③ 财经五月花：《寿险公司加码银保销售，扫除沉疴有待模式创新》，https://baijiahao.baidu.com/s?id=1734525360309002999&wfr=spider&for=pc，2022 年 6 月 2 日。

17.77%、34.86%。招行实现手续费及佣金净收入为944.47亿元，同比增长18.82%，其中，该行代理保险收入82.15亿元，同比增长42.8%。①

银保渠道在政策方面也迎来利好。2021年11月，中国银保监会《人身保险销售管理办法（征求意见稿）》指出，保险公司与商业银行开展保险销售合作过程中，可以选定专属合作网点开展深度合作。这意味着11年前被明令禁止的险企驻点销售有望重启，银保渠道价值有望迎来更高增长。

互联网人身保险渠道方面，业务继续保持平稳增长，全年累计实现规模保费2916.7亿元，较2020年同比增长38.2%。险种方面，寿险仍为主力险种，其中人寿保险实现规模保费1899.3亿元，较上年同比增长61.9%；占比65.1%，较上年同比增长近10个百分点。年金保险实现规模保费414.3亿元，较上年同比下降15.5%；占比14.2%，较上年同比下降9个百分点。健康险继续保持增长态势，实现连续六年稳定增长，占比18.9%，较上年同比上升1.1个百分点。其中，费用报销型医疗保险累计实现规模保费347.8亿元，同比增长51.8%，占互联网健康保险总规模保费的63.1%；重大疾病保险实现规模保费120.7亿元，同比增长38%，占比21.9%。意外险占比较上年有所下滑，为1.8%。

互联网人身保险市场经营主体基本稳定，共有60家人身险公司开展互联网保险业务，占保险业协会人身保险会员公司总数的65.9%，较2020年减少1家。其中，中资公司38家，外资公司22家，占比分别为63.3%和36.7%。从规模保费情况来看，中资公司仍占据主导地位，其市场份额达83.2%，较2020年下降1个百分点，外资公司市场份额为16.8%。规模保费增速方面，35家公司的规模保费实现不同程度的正增长。互联网人身险业务市场集中度同比下降，前三大公司的规模保费市场份额为28.9%，前五大公司为45.2%，前十大公司为73.4%。与2020年相比，市场份额均出现下降。其中，排名第一的中邮人寿，累计实现规模保费334.8亿元，市场份额占比11.5%，较2020年略有下降；其次是国华人寿，市场份额占比8.5%。两者合计市场份额占比20.2%，较2020年下降10个百分点。排名第三至六位的公司，市场份额在7%~9%之

① 中国经济网：《银保渠道保险产品受捧程度超预期 银行借力推动业务转型或成新趋势》https：//baijiahao.baidu.com/s?id=1730127620258774561&wfr=spider&for=pc，2022年4月15日。

间；排名第七至十位的公司，市场份额在3%~7%之间。①

寿险电销渠道方面，行业规模保费继续下滑，全年累计实现规模保费123.3亿元，同比下滑9.3%，与2020年相比，下滑幅度减小。与上年相比，有5家公司实现规模保费正增长，其他公司均出现不同程度的下滑。从产品方面来看，仅主力险种年金保险实现正增长，累计实现规模保费70.5亿元，较上年同比增长10.7%，占比57.2%，仍为主力险种。人寿保险实现规模保费22.7亿元，较上年同比下滑20.6%，占比18.4%，较2020年同比下降2.6个百分点，但仍为第二大险种。健康险实现规模保费18.1亿元，较上年同比下滑32%，占比14.7%。意外险实现规模保费为12亿元，较上年同比下滑29.8%，占比9.7%。而年金保险方面，自2019年起，在寿险电销其他险种增长乏力的情况下，年金保险一直保持平稳持续增长。2021年，寿险非养老年金保险实现规模保费68.6亿元，较2020年同比增长10.5%，养老年金保险实现规模保费1.9亿元，同比增长18.8%。

2021年，经营寿险电销业务的保险公司数量保持稳定，共有21家人身险公司开展寿险电销业务，其中中资公司12家、外资公司9家，占比分别为57%和43%。集中度方面，与互联网人身险渠道不同，前三大、前五大和前十大公司的规模保费市场份额分别为66.6%、78.3%和93.0%，与2020年相比，前三大市场份额略有下降，前五大和前十大市场份额均有所上升。其中，排名第一的平安人寿累计实现规模保费61.6亿元，市场份额达到50%，较上年提高0.5个百分点，与排名第二的招商信诺人寿合计占据60.1%的市场份额。排名第三至五位的公司，市场份额在5%~7%之间；排名第六至十位的公司，市场份额在2%~5%之间。从规模保费排名前十位的公司情况来看，平安人寿和招商信诺人寿已连续五年稳居前两位；排名第三至十位的公司与2020年保持一致，但名次和市场份额与2020年相比略有变化，其中太平人寿自第五位升至第三位，北大方正人寿自第九位升至第六位。

从渠道经营看，自建机构仍占据主导地位。2021年，16家公司通过自建机构共实现规模保费76.3亿元，同比下滑10.2%，占寿险电销总规模保费

① 中国保险行业协会：《2021年度人身险公司互联网保险业务经营情况分析报告》，2022年3月2日。

的 61.9%，占比较 2020 年略有下降。18 家公司通过合作机构共实现规模保费 47 亿元，同比下滑 7.8%，占寿险电销总规模保费的 38.1%。平安人寿、财信人寿和国华人寿仅通过自建机构开展业务；富德生命人寿、中宏人寿、同方全球人寿、交银人寿和中银三星人寿仅通过合作机构开展业务。

2021 年寿险电销行业销售人力持续下滑，截至 2021 年 12 月末，寿险电销总销售人力为 52307 人，较 2020 年底同比减少 18.7%。[①]

（三）地区业务规模与结构

2021 年，东部地区人身保险市场实现原保险保费收入 19200.73 亿元，增速为 0.54%。其中，健康险的增速仍较为突出，达 5.03%；寿险转为负增长，增速为 -1.04%；人身意外险转为正增长，增速为 3.56%。中部地区人身保险市场实现原保险保费收入 8098.54 亿元，增速为 -0.03%。其中，健康险的增速为 1.98%，与 2020 年相比大幅下滑；寿险、意外险增速分别为 -0.85% 和 1.75%。西部地区人身保险市场实现原保险保费收入 5922.86 亿元，下降 3.25%，寿险、健康险和意外险的保费增速分别为 -5.04%、0.64% 和 3.02%（见表 3 -7）。从保费收入的规模来看，东部地区人身保险市场依旧居于首位，中部、西部地区人身保险市场位列第二、第三，但规模差距仍然存在。从保费收入的增速来看，东部最高，达 0.54%；其次是中部地区，为 -0.03%；西部地区保费有明显下降，为 -3.25%。从保费收入的占比来看，东部地区在三大险种中均占据了过半份额，其次是中部地区，最后是西部地区（见表 3 -8）。

表 3 -7　　　　　　2020 年、2021 年地区人身保险市场保费收入　　　　单位：亿元

险种	东部地区		中部地区		西部地区	
	2021 年	2020 年	2021 年	2020 年	2021 年	2020 年
寿险	13814.19	13958.90	5677.33	5726.25	4080.32	4296.76
健康险	4682.43	4458.33	2168.30	2126.22	1591.91	1582.79
人身意外险	704.11	679.93	252.91	248.57	249.63	242.31
合计	19200.73	19097.16	8098.54	8101.04	5922.86	6121.86

注：不含全国本级。

---

① 中国保险行业协会：《2021 年度寿险电话营销行业经营情况分析报告》，2022 年 3 月 21 日。

险种	2021 年			2020 年		
	东部地区	中部地区	西部地区	东部地区	中部地区	西部地区
寿险	58.60	24.09	17.31	58.21	23.88	17.92
健康险	55.46	25.68	18.87	54.59	26.03	19.38
人身意外险	58.35	20.96	20.69	58.07	21.23	20.70

表 3 - 8 　　　　　2020 年、2021 年地区人身保险市场保费收入比重　　　单位:%

注：不含全国本级。

二、主要险种经营情况

(一) 寿险

2021 年寿险业务保费规模呈现下降态势。全年寿险业务累计实现原保险保费收入 23572 亿元，较上年减少 410 亿元，同比下降 1.71%，增速较 2020 年的 5.40% 有明显回落（见图 3 - 11）；受疫情影响，本年累计新增保单 0.78 亿件，同比减少 7.87%；本年累计新增保额 31.76 万亿元，同比减少 11.57%。

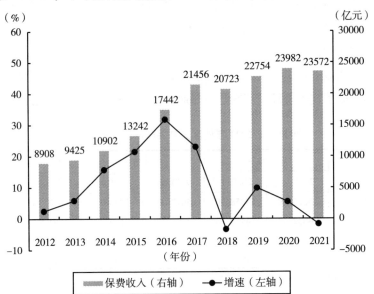

图 3 - 11　2012 ~ 2021 年寿险业务保费收入和增幅对比

产品结构方面，保户投资款本年新增交费6478.52亿元，同比减少8.03%；投资连结保险独立账户本年新增交费695.08亿元，同比增加46.95%。

（二）健康险

2021年是健康保险发展具有特殊意义的一年：1月，旧定义下的重疾险全面退市，开启新定义重疾险的新纪元；同月，《中国银保监会关于规范短期健康保险业务有关问题的通知》发布，银保监会开始规范短期健康险市场发展，一大批短期健康险整改、退市；6月，《中国银保监会办公厅关于规范保险公司城市定制型商业医疗保险业务的通知》发布，对保险公司开展城市定制型商业医疗保险业务提出了规范要求。

如图3-12所示，2021年健康险累计实现原保险保费收入8447亿元，保费占比从2013年的10.02%提升至2021年的25.42%。保费收入同比增长3.36%，增速进一步下降，较2020年回落12.3个百分点，回落幅度较大；签单数量119.82亿件，同比减少17.82%；提供风险保障2110.98万亿元，同比增长15.16%。可以看出，2021年人身险保费增长主要是靠健康险拉动

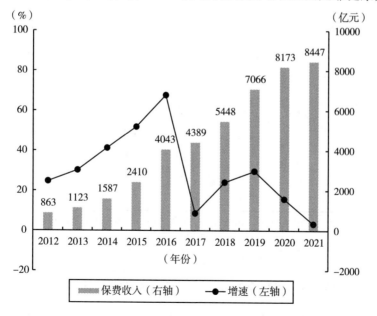

图3-12　2012~2021年健康险业务保费收入和增幅对比

的，基本与 2020 年的增长趋势类似。

无论是财产险公司还是人身险公司，都将健康险作为重要着力点。在财产险和寿险均为负增长的情况下，健康险仍然维持增长态势。其中，财产险公司健康险保费收入同比增长较高，达 23.7%，健康险已成为财产险公司第二大险种，仅次于车险；而人身险公司在总体保费负增长的情况下，健康险保费同比微增 0.14%。

与 2018～2020 年持续两位数的增长相比，2021 年健康险增速较低，增长遇到"瓶颈"。人身险公司方面，重疾险在 2021 年保费收入约 4574.6 亿元，占健康险保费收入的 52%，同比下滑 6.7%，出现了自 2016 年以来首次同比负增长的情况。[①] 究其原因，除了代理人数量急剧下降，同时疫情持续使得代理人展业受阻之外，各地推出的惠民保等一些短期医疗险对长期的重疾险也形成了替代效应。

（三）人身意外险

如图 3-13 所示，人身意外险保费规模较 2020 年有所提升，全年人身意

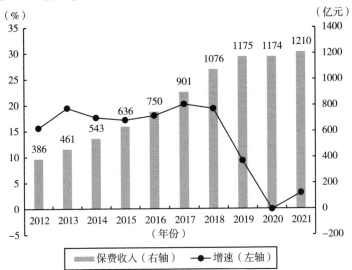

图 3-13　2012～2021 年人身意外险业务保费收入和增幅对比

---

① 《健康险增长乏力 险企要牢牢把握"慢病次标体"这一蓝海市场》，中国保险网，2022 年5 月 19 日。

外险累计实现原保险保费收入 1210 亿元。意外险保费在 2020 年首次出现负增长后，增速有所回升，同比增加 3.07%；签单数量 54.16 亿件，同比减少 30.09%。意外险保额 3933.43 万亿元，同比增加 25.84%。

第三节 人身保险市场发展绩效、问题与展望

一、2021 年人身保险市场发展绩效

（一）总资产状况

人身险公司总资产规模继续扩大，截至 2021 年末，人身险公司总资产 213894.93 亿元，较 2020 年末增长 7.06%，增幅较 2020 年下降 10.76 个百分点，人身险公司总资产占全行业的比重基本维持不变，占比为 85.95%。

（二）利润状况

2021 年，人身险公司净利润大幅下降，全年实现净利润 1566 亿元，同比下降 39%。五家上市险企人身险业务贡献了行业过半的利润，净利润排名前十位的公司的利润总和占比达到 91.11%，如图 3-14 所示。

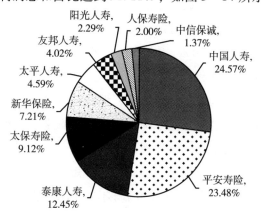

图 3-14 2021 年寿险公司净利润前十位公司的占比情况
资料来源：各公司年报。

人身险公司净利润下降的原因，一是行业整体保费收入与投资收益增速放缓；二是行业退保金及健康险部分业务赔付支出快速增加；三是保险合同准备金计量基础（750日移动平均十年期国债到期收益率）变动，2021年国债到期收益率下行，导致普通寿险业务的准备金折现率下行，人身险公司继续增提准备金。事实上，很多险企营业利润同比下降较多，但受益于所得税税费大幅下降，才使得净利润实现了微增。

二、2021 年人身保险市场发展问题

2021年人身保险市场处于艰难的转型阶段，需要关注的问题和风险主要表现在以下三个方面：第一，人身险公司新业务价值增长乏力；第二，重疾险发展受阻；第三，健康险业务风险不容忽视。

（一）人身险公司新业务价值增长乏力

2021年对人身险公司来说是艰难的一年，行业转型尚在进行中，新冠肺炎疫情影响依然持续，寿险业务发展面临多方挑战。在这一年，很多公司遭遇了一定程度的经营困境，寻求转型突破的焦虑日益浓重，如何实现提质、增效、降本，是全行业的共性目标。保费收入占比近一半的几大A股上市险企承压明显。总体上看，比起几年前两位数的增长，上市人身险公司保费增速普遍较低，中国人寿、平安寿险、太保寿险、新华保险和人保寿险的保费增速分别为0.99%、−4.00%、0.55%、2.48%和0.69%。[①] 头部险企保费增速承压，主要源自需求和供给两侧的压力。从需求侧来看，新冠肺炎疫情影响仍在持续，居民收入增长有所放缓，保险需求释放趋缓，对商业保险特别是长期储蓄型业务的消费意愿下降。从供给侧看来，一是人口数量的红利消退，代理人规模持续下降，以代理人规模驱动业务发展的传统经营模式受到挑战，市场主体虽然在向提升产能转型，但短期内效果还未体现；二是产品同质化情况依然严重，供给覆盖面不够广，风险保障功能发挥不够充分。

---

① 根据各公司年报数据整理。

此外，太保寿险新单保费虽然增幅较大，但有相当一部分是依靠短期储蓄型产品，存在新单结构回调的问题。这些因素都使得被称为行业增长引擎的新业务价值增长乏力。

在上述原因中，代理人大幅脱落问题备受关注。近年来，人身险市场正在经历代理人"专业化、职业化"的全面转型，受此影响，头部人身险公司中，中国人寿、平安寿险及健康险、太保寿险、新华保险、人保寿险五家公司 2021 年的代理人数量较上年末减少了 160 余万人。[①] 全行业来看，截至 2021 年底，全国保险公司在保险中介监管信息系统执业登记的销售人员 641.9 万人，而在 2020 年末该系统执业登记的代理制销售人员为 842.8 万人，即全行业代理人减少了 200 余万人，降幅约 31%。代理人的流失导致个险新单保费面临挑战，这在很大程度上使得新单保费增长乏力，加之保单结构影响，新业务价值大幅下滑。中国人寿、平安寿险、太保寿险、新华保险和人保寿险的个险新单保费收入均为负增长，同比分别下滑 15.2%、5.9%、0.2%、12.3% 和 18.3%；寿险新业务价值分别为 447.8 亿元、379.0 亿元、134.1 亿元、59.8 亿元和 32.27 亿元，同比分别下降 23.3%、23.6%、24.8%、34.9% 和 40.6%。[②]

与上述五家公司不同，另两家上市险企则是另一番表现。太平集团子公司太平人寿 2021 年原保费收入同比增长 3.0%，新单期缴保费收入同比增长 13.5%，新业务价值实现正增长，全年新业务价值 74.4 亿元人民币，同比增长 0.7%；专注做寿险业务的友邦保险，2021 年新业务价值上升 18%，且内地业务成为集团新业务价值的最大贡献者，友邦保险新业务价值总值 33.66 亿美元，来自内地的新业务价值贡献占比高达 31%，排名第一。[③] 两家公司代理人数量变化不大，且活跃代理人比例增加，绩优人力提升，同时注重高产能的优先策略，显著吸引优秀人才加盟。

新业务价值对保单继续率、净利润等主要指标都会产生影响。面对压力，

① 新浪财经：《人身险公司谋变！个险新单保费下滑明显，代理人大规模流失》，https：//baiji-ahao. baidu. com/s?id = 1729321985683835316&wfr = spider&for = pc，2022 年 4 月 6 日。

② 根据各公司年报数据整理。

③ 和讯网：《年报观察①｜友邦：NBV 增长曲线 V 形反转，内地市场贡献突出》，https：//baiji-ahao. baidu. com/s?id = 1727361419485536543&wfr = spider&for = pc，2022 年 3 月 15 日。

各家人身险公司也都在积极优化人力发展策略，改善人力质量和结构，通过转型获得发展空间。

（二）重疾险发展受阻

2021 年，重疾险领域迎来较大挑战。重疾险一直是健康险体系中的主力，销售势头较好，近年来保费占比都超过 60%。2021 年，我国重疾险新定义规则开始实施，自 2021 年 2 月 1 日起，保险行业开始销售基于《重大疾病保险的疾病定义使用规范（2020 年修订版）》开发的重疾险，而 2007 年开始使用的重疾险旧定义正式退出了历史舞台。自 2 月起，各大险企纷纷推出了新规下的重疾险产品，一方面，各公司着力于推出更具性价比的产品，在中症以及特大疾病的病种及保额、重症赔付次数等保险责任方面进行发力；另一方面，许多险企也在产品中添加健康管理等增值服务以提升产品附加值。然而，重疾险在开启新定义时代后，却进入了一个持续低迷期，这也在一定程度上导致健康险第一季度至第四季度的保费增速分别为 16.1%、−2.3%、−2.9%、−3.0%，先涨后跌的态势明显。

之所以出现这一状况，首先，在年初重疾定义新旧切换的过渡期内，重疾险销售模式是借助老定义产品停售而开展的，代理人大多向客户宣传老定义产品具备"绝对优势"，"广撒网、快成交"是这个阶段的销售特点。这种短期内非常见效的炒停售"超卖"反而消耗了后期的正常销售，因为对消费者的引导相对粗放，导致很多原本可以通过更精细化的营销获取的客户在这个阶段被浪费，或者说很多客户的第一张重疾险保单是在一种不适当引导的情况下购买的，这些客户由于接收了"旧定义重疾险最好"的信息，在新定义时代很难再次挖掘和拓展。其次，经济下行压力下保险消费存在降级现象，加之普惠型健康险的大力推出，使得普惠型健康险和百万医疗更受欢迎，重疾险则受到冷遇。最后，重疾险的销售非常依赖代理人，除近年来代理人数量急剧减少的原因之外，头部公司代理人的销售方式和销售目标上都较为传统，销售方式比较依赖线下展业，销售目标上存在很多"人情保单"的现象，这些方式在疫情影响以及投保主力向消费更为理性的"90 后"过渡的过程中逐渐难以奏效。

重疾险是长期保障型业务，也是人身险的支柱性业务，其新业务价值率最高，是目前人身险公司最大的盈利来源。在消费者提高保障水平的需求下，重疾险还有很大市场空间，保险公司如何适应新形势和新环境，进一步创新产品形态、拓展附加服务，成为行业焦点。

（三）健康险业务风险不容忽视

2021 年，健康险保费增速大幅度放缓，赔付支出却大幅增加，达到4028.50 亿元，相比于 2020 年的 2921.16 亿元，同比增长了 37.91%。相较于 3.35% 的保费增长，健康险的业务风险不容忽视，盈利情况也不容乐观。如果健康险赔付增速一直高于保费增速，保险公司将面临较大压力。

赔付支出同比大增的原因，一是 2020 年同期基数较低，尤其是 2020 年上半年，因突发疫情，很多人未就医；二是惠民保、短期健康险等业务保费快速增长，赔付支出也呈现高速增长。具体到各险种的业务风险，费率可调的长期医疗险处于发展初期，应对所面临的医疗费用通胀、选择性退保、过度医疗等风险管控能力不足。

一方面，2021 年在各地快速发展的"惠民保"业务，有的由于不进行核保、执行统一费率，不排除个别地方因参保人逆选择导致项目可持续性承压。部分地方政府部门还设置了业务最低赔付水平要求，保险公司有可能出现亏损。商业长期护理保险业务规模较小，缺乏有效的风险管理和经营经验。

另一方面，2021 年个人短期健康险业务综合赔付率却处于较低水平，这易使消费者产生不够"实惠"的感觉。截至 2022 年 3 月 21 日，共有 110 家保险公司披露了 2021 年个人短期健康险业务整体综合赔付率，包括 70 家人身险公司和 40 家财产险公司。其中，70 家人身险公司平均综合赔付率为42.4%，40 家财产险公司平均综合赔付率为 38.29%，逾七成险企综合赔付率不超过 50%，超过两成险企赔付率甚至低于 20%。人身险公司中，仅 8 家险企的综合赔付率在 50%~100% 之间。[①] 个人短期健康险赔付数据还表现出两个特点：一是财险公司中处于高赔付率区间的险企数量明显高于人身险公

---

① 和讯网：《110 年险企短期健康险赔付率大透视：平均仅 40%，只 23 家超 50%》，https：//baijiahao.baidu.com/s?id = 1728018688562599026&wfr = spider&for = pc，2022 年 3 月 22 日。

司；二是健康险业务占比越高、规模越大的公司，其赔付率往往越稳定，中小公司由于业务规模小，受到单个赔案的影响较大，综合赔付率面临较大波动性。人身险公司中，有3家险企的综合赔付率都超过了100%，分别为和泰人寿、恒大人寿以及上海人寿，均为成立时间较短、规模较小的险企，容易受到单个赔案以及产品迭代升级的影响。从2021年行业整体的个人短期健康险业务综合赔付率情况来看，"低赔付率"依然是普遍现象。

短期健康险赔付率偏低的原因是，一方面，短期健康险用户群体集中在30~45岁年龄段，这一群体理赔发生率低，导致整体赔付率较低；另一方面，目前市场上大多数短期健康险产品方案都是在扣除一定免赔额后对剩余的合理医疗费用进行报销，根据国家统计局数据，2020年人均卫生总费用5146.4元，比上年增长约10%，远低于市场上普遍的1万元或2万元免赔额。[①]

2022年1月，中国银保监会人身险部向各公司下发了《关于印发商业健康保险发展问题和建议报告的通知》，指出目前市场上的健康险存在风险保障能力不足、专业经营水平不高、业务风险等问题。[②] 因此，健康险的可持续发展问题应特别予以关注，保险公司应多加考虑业务经营的稳健性，例如定价基础是否合理、风险标的选择是否审慎等，同时也应积极推进改革，如争取与医疗机构实现信息共享、扩大参保人群及投保持续性等。

三、2022年人身保险市场发展展望

2022年，经济社会发展过程中的不确定性依然较大，长寿时代下，中国社会老龄化程度加深，整个社会结构、产业布局、生活观念等都将发生深刻变化，银发经济为寿险业发展带来养老、医疗等新机遇。随着经济的发展，人们对健康美好生活的需求更加迫切，对个性化、多样化保险服务的需求不

---

① 每日经济新闻：《去年超半数险企短期健康险赔付率不到40%！人均卫生费用远低于免赔额，续保仅50%，传统百万医疗险已接近尾声》，https：//baijiahao. baidu. com/s? id = 1728255223716667604&wfr = spider&for = pc，2022年3月25日。

② 中国经营报：《独家｜银保监会：商业健康险存在风险保障能力不足、专业经营水平不高等问题》，https：//baijiahao. baidu. com/s? id = 1722118047724047378&wfr = spider&for = pc，2022年1月16日。

断增加。科技创新改变了传统的业务模式和逻辑，大量新的风险课题亟待解决。监管部门对保险主体的精细化、规范化管理也提出了更高的要求。我国经济"十四五"开局良好，个人养老金和商业健康保险发展被提升到国家战略高度，这些都预示着保险业在面对行业转型挑战之余，也迎来了较好的发展机遇。

（一）养老保险发展迎来机遇

2022 年 1 月 17 日，国家统计局公布的数据显示，截至 2021 年底，我国 65 岁及以上人口为 20056 万人，占全国人口的 14.2%，参照国际通用标准，我国已经步入老龄社会。在"老龄化""少子化"趋势下，养老体系无疑是 2022 年寿险业一个重要的发力点。当前我国人口结构加速老龄化，叠加中国家庭结构趋于小型化，家庭养老负担不断加重，社会养老将成为重要补充，这意味着居民对养老保险和相关服务的需求更为迫切，养老产业需求将持续上升。2022 年 4 月 21 日，《国务院办公厅关于推动个人养老金发展的意见》（以下简称《意见》）印发，开启了个人养老金时代的大幕，《意见》提出"要推动发展适合中国国情、政府政策支持、个人自愿参加、市场化运营的个人养老金，与基本养老保险、企业（职业）年金相衔接，实现养老保险补充功能"，这意味着我国在多层次、多支柱养老保险体系建设上又前进了一步，第三支柱的发展进入"快车道"。

同时，行业也面临一定的挑战。首先，第三支柱的发展本身并非一帆风顺。近十年来，全球自愿性三支柱累积的养老资产在养老保障体系中的重要性并没有显著增加，在一些国家甚至还有下降的趋势。其原因主要为，养老基金对安全性要求较高，在低利率环境下，偏固收的资产配置在一定程度上降低了收益率预期，吸引力有所下降；同时，享受相应优惠需要满足一定的前置条件，导致参与成本高。根据目前我国个人账户养老金的设计，税收优惠主要体现在个人所得税层面，要享受相应税收优惠至少需要参加者理解四个核心设计要素：一是个人所得税政策与可享受税收优惠的额度；二是个人享受税收优惠的流程；三是资金积累过程中资金配置选择权与风险承担责任的归属；四是领取/继承的条件和模式。因此，虽然个人养老金对于行业来说是一个盼望已久的政策，但对于大多数普通投资者而言，还是一个十分新鲜的概念，涉及税收、投资、养老和保险等多方面的内容，投资期限又比较长，一般的投资者很难搞清楚其中的所有细节。因此，还需加强宣传，让更多人了解和接受个人养老金政策，方能使其真正发挥应有的作用。

其次，保险业还需面对不同行业间的竞争。政策允许银行、保险公司、基金公司等多种类型的主体参与产品的提供，涉及范围广、机构类型多，各种主体也各有其核心优势。根据目前的政策设计，银行会承担账户管理人的角色，公众对于银行储蓄、银行理财等产品也有更为广泛的理解，接受度更高；公募基金一般被认为具有良好的资产管理能力，特别是行业研究能力和权益资产投资能力。保险公司的比较优势在于管理个人生命周期"尾部"的长寿风险，在退休期具有更明显的优势；而在积累期，如果保险公司不能展示出更出色的资产管理能力，就很难在竞争中胜出。事实上，个人养老金账户积累的是长期资金，对流动性的要求会相对较低，影响个人决策更关键的因素还是产品的保值增值能力。①

如何参与国家多层次、多支柱养老保险体系建设，成为保险业"十四五"期间的一项重要工作，也是完善和深化保险业改革的重要部分。各大险企纷纷加快养老保险、医养产业布局。2021 年 6 月，专属商业养老保险在浙江省和重庆市开启试点，包括中国人寿、泰康人寿在内的六家大型险企参与其中，顶层设计加大力度，养老保险第三支柱建设加速推进；2021 年 9 月，中国银保监会批复同意筹备国民养老保险有限公司，其于 2022 年 3 月开业。这些都预示着行业正努力抓住机遇，全面推进保险产品与养老服务的融合，在多元化的养老保险产品体系中形成独特的优势。

（二）健康险探索专业经营水平的提高

新冠肺炎疫情以来，人们的健康保障意识逐渐增强，但伴随着健康保障意识的并不仅仅是单纯的健康保险需求，而是更为多样化的、综合的健康管理需求。因此，过去一些年的粗放营销模式越来越难以为继，健康险需要更大力度地提升专业经营水平。

---

① 锁凌燕：《个人养老金制来了，保险业怎么办》，载于《中国银行保险报》2022 年 4 月 29 日。

　　首先，随着健康管理服务时代的到来，健康险业务首先要规范发展，在规范的基础上创新。健康险发展所面临的挑战，从消费者的角度来看，是如何激发他们的有效需求以及帮助他们选择适合的产品；从保险公司的角度来看，是如何进行产品创新，如何提供能够配套的高质量服务，并让这些有效触达消费者需求。应对这些挑战，不仅需要产品设计与精算部门推出既能满足偿付能力监管要求，又能让消费者得到"实惠"的产品，而且需要营销人员了解客户的特定需求，能够为客户匹配适合的产品，并将可能的不同选择进行清晰讲解。产品越复杂，选择越丰富，越需要细致的解读，而不是千人一面地快速解释，这其实是浪费了消费者培育的机会，不利于保险需求的进一步挖掘。

　　其次，发展健康保险和提升差异化服务能力至关重要。健康保障是近年来国家政策重点支持的领域，《"健康中国 2030"规划纲要》提出，至 2030 年，全民医保体系成熟定型，现代商业健康保险服务业进一步发展，商业健康保险赔付支出占卫生总费用比重显著提高。[①] 这一领域也能够极大地体现"保险姓保"的特点，回归本源，发展重疾险等保障功能强的健康保险已成为行业共识。随着新媒体以及科技的发展，会让人们更加了解健康风险，从而寻找健康保险等保障工具，管控自身风险。这些都是发展健康保险的有利条件，保险公司要提供多层次的产品体系供消费者进行选择，针对不同年龄、职业、地区、收入水平的人群，可以进行更精细化的风险特征量化。激烈竞争下，保险公司也在不断地调整产品，调整有关服务，调整对消费者的认知。例如，针对细分客群的新型医疗险产品开始萌芽，市场主体提高了对慢病患者、老年人等细分客群的关注度，通过提供创新型产品及服务寻求业务增长点。

　　未来，"保单 + 服务"模式将成为保险业生命周期风险保障的一种主流模式，健康管理服务越优秀，产品吸引力也越大。这一模式使保险不再只是事后的"付款人"，还着力于帮助客户坚持健康生活方式，唤醒健康管理意识，并在风险保障基础上拓展相关服务。例如，将服务贯通诊疗全程：诊前，

① 《中共中央 国务院印发〈"健康中国 2030"规划纲要〉》，中国政府网，2016 年 10 月 25 日。

根据客户病情，推荐专家，帮助客户找到专家；诊中，协助安排专家门诊与病房，住院期间提供住院护工协助，帮助客户高效就诊；诊后，如客户需要复诊，则协助安排专家复诊门诊。整个服务流程中，门诊协助均有专业陪诊人员陪同就医，让客户就诊之路更通畅、更高效、更温暖。

整体看来，健康险是保险公司业务发展和创新的重要领域，险企不仅可以在一定程度上利用这样的服务吸引客户，从而提高保费收入，还可以在一定程度上降低赔付成本，提高承保利润。

（三）数字化转型发力

数字化转型是保险业向高质量发展转型的重要突破点。从宏观角度来看，保险数字化顺应了"数字经济"的大趋势。随着技术的不断演进，数字技术逐渐推动全球经济发展动能由传统经济向数字经济转换，数据成为土地、资本和劳动力等传统生产要素外，驱动经济社会发展的新引擎。对我国而言，经济结构调整和产业升级正面临生产要素成本上升、人口老龄化以及资源环境制约等挑战，数字经济则被认为是应对增长新挑战的有效手段。

2022年1月，《中国银保监会办公厅关于银行业保险业数字化转型的指导意见》发布，从顶层规划的高度全面推进银行业保险业数字化转型。此外，《银行保险机构信息科技外包风险监管办法》《金融科技发展规划（2022—2025年）》《金融标准化"十四五"发展规划》等一系列文件，明确了保险数字化转型的目标和任务，为保险数字化转型发展提供了坚实的政策支撑。寿险业数字化转型将进入2.0时代，新算法丰富新科技，新科技激活新场景，并渗透到业务运营全流程，赋能客户经营全周期。在数字化的发展浪潮之下，保险产品和服务形式将发生巨大变化，以智能化为核心，在销售模式探索、风险精准防范、生态服务创新等维度迎来新的数字化应用，从而进一步改善客户的服务体验。

在销售模式探索方面，已不再是简单的销售渠道转变，AI坐席的作用将逐渐突出，销售前台将是AI线上及线下相辅相成的模式，由此精准地获得客户，挖掘客户的真实需求，为客户提供个性化的产品和服务；同时，建立数字化大中台，管理全流程提升活动率；在大数据底层的基础上，可建立影响因子数据库，构建 AI 智能模型，打造画像图谱体系。

在风险精准防范方面，随着大数据、深度学习等数字技术的应用，数据及预测模型将成为保险公司控制风险的重要支持。传统模式下粗线条的风险识别逐渐被基于多维数据的深度学习结果所取代，精细化的风险甄别极大地减少了道德风险与逆选择的困扰。借助 AI 技术，寿险业对消费者的理解向"熟悉的陌生人"转变，不仅对当前的风险层级进行深入描绘，而且对未来的风险转变倾向进行预判，由此对潜在客户的可承保性进行多层级划分，逐渐实现对风险的提前预警以及对风险的过程化管控。

在生态服务创新方面，围绕风险管理，在风险保障的核心之外，探索对损失控制的整合。例如在健康险领域，可提供精细化、个性化、全覆盖的客户健康管理服务，降低疾病发生概率及诊疗赔付。此外，还可形成健康管理、疾病预防、线下诊疗、药品销售、保险赔付、后续随访管理的医疗服务闭环，包括通过签约医生构建完善的健康管理网络，通过信息技术服务公司达成数据共享，对用户数据进行整合，实现控费目标的同时，发掘数据价值，为全方位保险产品的开发储备资源，形成新业务增长点。同时，全方位的新产品有助于提高消费者风险保障意识，引导其风险管理理念，最终实现良性循环。

当然，在数字化转型过程中也应意识到，客观新技术的使用是一方面，而主观对保险业是一个长期经营的、以稳健发展为特点的行业的认识是更重要的方面，这也有助于降低经营模式的巨大改变可能伴随的战略风险、合规风险、模型风险以及网络安全风险等不确定性。只有稳步推进系统搭建、前瞻布局，才能把握住数字化转型的"风口"，实现跨越式成功转型。

参考文献

[1]《2021 年寿险公司保费收入排行榜出炉》，圈中人保险网，2022 年 3 月 1 日。

[2] 锁凌燕：《个人养老金制来了，保险业怎么办》，载于《中国银行保险报》2022 年 4 月 29 日。

[3]《银保渠道保险产品受捧程度超预期，银行借力推动业务转型或成

新趋势》，中国经济网，2022 年 4 月 15 日。

　　[4] 中国保险会计研究中心：《2021 年我国保险业人身险市场财务数据分析》，2022 年 5 月 16 日。

　　[5] 中国保险行业协会：《2021 年度人身险公司互联网保险业务经营情况分析报告》，2022 年 3 月 21 日。

　　[6] 中国保险行业协会：《2021 年度寿险电话营销行业经营情况分析报告》，2022 年 3 月 21 日。

　　[7] 中国保险行业协会：《2021 年度银行代理渠道业务发展报告》，2022 年 6 月 6 日。

　　[8]《中国银保监会办公厅关于银行业保险业数字化转型的指导意见》，2022 年 1 月 10 日。

第四章

保险资金运用

　　2021 年是金融市场又一个跌宕起伏的年份，这一年全球新冠肺炎疫情仍然不断反复，金融市场亦是大起大落，波动性丝毫不逊于 2020 年。美国资本市场得益于疫情的短期复苏和央行持续推出的刺激措施，全年保持较强的势头。但是，宽松货币政策带来了不断提升的通货膨胀率，让债券市场表现不佳。资源方面，世界各国经济逐渐恢复，各个大型经济体对资源的需求增加，石油和天然气等能源类的商品价格大幅上涨，主要工业金属商品价格也同步增长，贵金属产品价格则有所回落。中国市场受到较为稳健的货币政策影响，整体市场表现低于预期。综合来看，2021 年我国的保险资金运用仍然受到了较大挑战。在这样的背景下，保险资金运用余额为 23.23 万亿元，较 2020 年增长 7.10%，增速相比 2020 年有所降低。资产结构与前几年相比变化不大，债券投资占比仍保持较高比例，是保险资金运用中占比最高的资产。保险资金近年来的表现总体较为平稳，资产配置更为稳健，取得了不错的成绩。

　　虽然 2021 年保险资金规模持续增加，但保险资金规模的增速有所放缓。同时，全球的经济仍然受到新冠肺炎疫情的影响，波动较大，很多国家都面临较大的通货膨胀风险。在这样的宏观背景下，保险资金的运用需要继续立足主业，持续服务实体经济，配合国家整体战略，履行保险行业责任，同时开发拓展新业务，强化自身的投资能力。目前，资管新规的出台，让我国逐渐迈进大资管时代。未来保险资金要面临更大的挑战，需要从自身做起，发挥保险资金长期稳定的特点，提高风险管控能力，充分运用长期投资的经验，争取提高第三方业务的综合竞争力。

本章内容分为三节。第一节讨论 2021 年保险资金运用的外部环境；第二节分析我国保险资金在 2021 年的实际运用情况和特点；第三节对 2022 年保险资金所面临的机遇和挑战进行展望。①

第一节　2021 年保险资金运用的外部环境

2021 年，全球经济和贸易仍然受新冠肺炎疫情的影响。年初的德尔塔和年末的奥密克戎新毒株的侵袭让很多国家的经济恢复受挫，全球遭遇诸多痛点问题，其中比较突出的包括供应链危机、能源危机和通胀危机。受疫情影响，2021 年全球债务持续攀升，发达经济体的债务增长尤其惊人。由此引发的是新一轮的加息过程，截至 2021 年 12 月，先后已有 30 多个国家加息，主要央行，如美联储、英国央行和欧洲央行相继公布了利率决议，带来的直接后果就是全球整体的通胀率持续创新高。这也使得 2021 年的经济差序格局更凸显。相比 2020 年而言，全球经济开始复苏，但各国步伐不一。美国经济复苏领先于其他发达经济体，2021 年底时已恢复至疫情前水平。欧洲经济则是先跌后涨，触底反弹，但下半年受供应链危机、能源价格攀升和疫情复燃影响，经济增长势头出现下降。亚太经济体和新兴经济体的发展则有喜有忧。

国内方面，宏观经济持续稳定恢复，经济发展和疫情防控保持全球领先地位，根据国家统计局公开数据，2021 年全年国内生产总值 1143670 亿元，按不变价格计算，比 2020 年增长 8.1%，两年平均增长 5.1%。在资本市场方面，A 股市场整体大势平稳，内部却跌宕起伏，结构性机会轮动涌现。债券市场则走出了一波中型牛市，这对投资债券占比较大的保险资金而言是个好消息。人民币汇率在合理均衡的水平上保持基本稳定，全年表现相对稳健。

总体来看，2021 年的全球宏观经济开始企稳，大类资产市场，尤其是债

---

① 除特别说明外，本章数据均来源于中国银保监会。由于四舍五入等原因，个别计算值略有出入。

券市场稳中有升，对保险资金的运用而言是相对温和的环境。但未来的疫情发展和资本市场还存在着较大的不确定性，保险资金的运用仍然存在着较大的不确定性风险，需要积极应对。

一、国际宏观经济环境

（一）基础经济环境

2021年全球的经济发展与新冠肺炎疫情的发展有着较为直接的联系。整体来看，全球经济主要面临供应链危机、能源危机和通胀危机这三大问题。但由于各国纷纷采取了较为宽松的货币政策和财政政策，整体经济水平在2021年得到了较大程度的恢复。由于2020年的经济基数较低，全球2021年的经济增速达到6.1%，创近48年来最快增速。

表4-1显示了2014~2022年全球主要经济体的实际GDP增长率和中期预测。美国、英国等发达经济体都出现了不同程度的复苏，全球GDP平均水平增长约6.1%，总体向好。国际货币基金组织（IMF）对GDP未来的走势也比较乐观，预计2022年的全球GDP增速为3.6%，基本和疫情前的增速持平。综合来看，全球的经济发展正在从疫情的影响中逐渐恢复，但仍处于低谷，在未来很长一段时间内增速仍将放缓。

表4-1　　　　　全球主要经济体的实际GDP增长率及中期预测　　　　单位：%

主要经济体	2014年	2015年	2016年	2017年	2018年	2019年	2020年	2021年	2022E
全球	3.6	3.4	3.4	3.8	3.6	2.9	-3.5	6.1	3.6
发达经济体	2.1	2.3	1.7	2.4	2.2	1.7	-4.9	5.2	3.3
美国	2.5	2.9	1.6	2.2	2.9	2.3	-3.4	5.7	3.7
欧元区	1.4	2.1	2.0	2.4	1.8	1.2	-7.2	5.3	2.8
日本	0.4	1.2	0.6	1.9	0.8	0.6	-5.1	1.6	2.4
新兴市场和发展中经济体	4.7	4.3	4.6	4.8	4.5	3.7	-2.4	6.8	3.8
中国	7.3	6.9	6.7	6.8	6.6	6.1	2.3	8.1	4.4
印度	7.4	8.0	8.2	7.2	7.1	4.2	-8.0	8.9	8.2

资料来源：IMF, World Economic Outlook（April 2022）.

从大趋势来看，2021 年的经济复苏主要依赖的是各国较为宽松的货币政策和财政政策，这一趋势在未来无法延续。再剔除疫情导致的低基数影响，未来全球经济增速可能还不如疫情之前的水平。另外，由于此次疫情造成的经济复苏非常不均衡，美国、英国等发达经济体的经济比较优势更为突出，资本更倾向于向发达经济体流入，这对我国保险资金的投资将提出更高的挑战，也增加了全球范围内投资的风险。

从通货膨胀的角度来看，2021 年的通货膨胀比较明显，如表 4 - 2 所示，2021 年全年 CPI 同比上涨 6.4%，预计 2022 年仍将继续高速增长。

表 4 - 2　　　　　　全球主要经济体的 CPI 增长率及中期预测　　　　单位:%

主要经济体	2014 年	2015 年	2016 年	2017 年	2018 年	2019 年	2020 年	2021 年	2022E
全球	3.8	3.3	2.9	3.1	3.3	3.6	3.2	6.4	6.8
发达经济体	1.4	0.3	0.8	1.7	2.0	1.4	0.8	5.3	4.4
欧元区	0.4	0.2	0.2	1.5	1.8	1.2	0.8	5.0	4.2
美国	1.6	0.1	1.3	2.1	2.4	1.8	1.2	7.4	5.3
日本	2.8	0.8	-0.1	10.5	1.0	0.5	-0.1	0.4	1.1
新兴市场和发展中经济体	4.7	4.7	4.2	4.3	4.8	5.0	5.0	7.3	8.5
中国	2.0	1.4	2.0	1.6	2.1	2.9	2.4	1.8	2.5
印度	5.8	4.9	4.5	3.6	3.5	4.5	4.9	5.1	5.7

资料来源：IMF Datamapper.

分经济发展程度来看，发达经济体 2021 年全年平均通胀率 5.3%，相比 2020 年有了大幅增加。这主要是由不断上涨的能源价格和供应链中断所导致的。尤其是美国与很多新兴和发展中的经济体，通货膨胀率均超过 7%。2022 年随着疫情的缓解，各国经济将逐渐恢复正常，供应链和能源危机将有所缓解，但通货膨胀仍将持续一段时间。根据 IMF 在 2022 年 4 月的最新预测，全球通胀在 2022 年仍将持续，可能到 2023 年才会消退。同时，为了管控通胀，很多国家可能采用收缩的货币政策，这会使资本从新兴市场流向投资回报率更高的发达经济体。而对于我国保险资金而言，国内和一些新兴经济体的投资机会将减少，风险则相应增加，需要及时挑战资产结构，尤其是海外投资部分。

（二）全球大类资产市场发展状况

中国保险资金近年来的主要投资方向为债券、股票及金融产品、银行存款和股权投资等。因此，全球大类资产市场的表现会严重影响保险资金运用当年的收益水平。2021年中国A股市场可谓跌宕起伏，各种概念层出不穷，但整体大势相对平稳。欧美股市则普遍上扬，法国CAC40和标普500均大幅上涨。这主要是因为偏松的流动性环境让风险资产更受青睐，同时低利率环境让商品和股指领涨。由于产业链的危机，一些上游品种和原材料的价格也出现了大幅上涨，其中原油期货年内涨幅超过40%，黄金则在风险偏好的影响下表现不佳。

1. 股市：欧美股市普遍上涨，亚太市场整体偏弱

2021年的股票市场对于保险资金的海外投资来说可谓涨势喜人。从图4-1可以看出，欧美主要股指均走出了较强的势头。主要原因是欧美主要央行维持超宽松的货币政策，金融市场也拥有充裕的流动性环境。同时，欧美经济

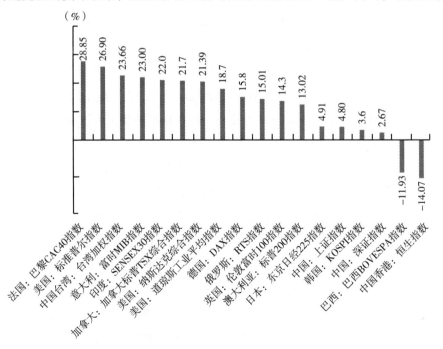

图4-1　2021年全球主要股票指数的走势（美元计价）

资料来源：Wind资讯。

均较 2020 年出现了较为明显的复苏，市场信心得到修复。标准普尔指数更是上涨达到 26.9%，超过了纳斯达克指数，主要是因为美国通货膨胀率一直处于高位。市场预计 2022 年将有两到三次加息，这对高市盈率的科技股影响较大，于是投资者更倾向于一些相对传统的环境。这使得 2021 年非科技类的股票受到了更多的青睐。在新兴经济体方面，不同国家的表现则分化严重，印度 SENSEX30 指数、俄罗斯 RTS 指数涨幅明显，部分亚太区主要股指则小幅上涨，而巴西 IBOVESPA 指数则明显下跌。中国的市场则表现平稳，上证指数和深证指数分别上涨 4.8% 和 2.7%，但其中结构性行情不断，板块轮转较快。

2. 债市：债券市场震荡下行，基本处于波动态势

2021 年初，在宽松的货币政策和大规模财政政策的刺激下，全球经济复苏加速，但 2021 年底的新冠肺炎病毒变异给全球经济带来了很多不确定性。同时，世界各国通货膨胀加剧迫使各国央行开始收紧货币政策，这使得债券市场收益率总体上震荡下行。

在收益率方面，2021 年收益率较 2020 年有所提升。美国 10 年期国债收益率宽幅波动，主要受到疫情不断反复的影响，美国 10 年期国债收益率全年的整体波幅达到 80bp 左右。欧元区公债收益率依然保持在负利率区间，走势基本呈现与 10 年期美债收益率一致的波动态势。日本因为采用了收益率曲线控制政策，10 年期国债收益率波动较小，基本在零利率上方波动。中国的情况和其他新兴经济体类似，整体呈波动态势，震荡下行。由于保险资金通常在债券市场投资比例较大，这一定程度上影响了保险资金总体的收益情况。

3. 大宗商品：全球经济复苏，大宗商品先涨后跌

2021 年，随着全球经济的复苏，需求驱动大宗商品价格在上半年持续上涨，大宗商品基本延续 2020 年涨势，部分产品甚至涨破多年新高后高位调整震荡。10 月之后，需求端逐渐疲软，加之俄罗斯加大对欧洲天然气的供给，使得能源紧缺问题出现了大幅缓解。很多工业产品出现了大幅下跌，使得包括黄金和白银等贵金属在内的大宗商品也出现较大幅度的下跌。

4. 外汇：人民币汇率震荡上行，对大部分货币保持升值

2021 年人民币单边上涨的态势有所缓解，全年呈震荡态势，年均汇率中间价有较大涨幅。这受益于出口高增长景气，货物贸易结售汇顺差明显增加，

与服务贸易、直接投资共同推升银行结售汇总顺差。这有利于保险资金的境外投资。对比美元，2021 年的 1～8 月，伴随美元指数的震荡走强，人民币中间价呈现先涨后跌再涨再跌的"W"型走势；9～12 月，人民币中间价持续走高。2021 年人民币中间价累计上涨 2.3%，最高升至 6.3498∶1，最低贬至 6.5713∶1，最大振幅为 3.5%，远远低于 2020 年的 9.3%，也明显低于其他主要储备货币的最大振幅，表明人民币汇率在主要货币中保持了基本稳定。对其他主要货币而言，人民币也大多普涨。尤其是对欧元和日元，人民币都出现了较大的升值，分别为 10.0% 和 12.4%。图 4－2 显示了 2021 年底全球各主要货币兑人民币的汇率的变动情况，人民币相对大部分发达国家和地区的货币保持了升值的态势。

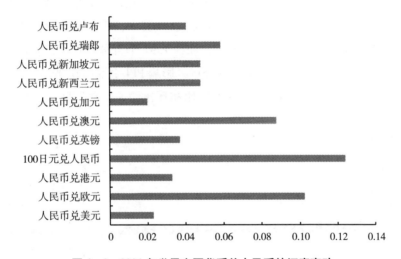

图 4－2 2021 年世界主要货币兑人民币的汇率变动
资料来源：Wind 资讯。

综上所述，2021 年全球仍然受到新冠肺炎疫情的影响，虽然经济有所复苏，但疫情的反复使得经济整体不确定性较强。由于世界各国均采用了不同宽松程度的财政和货币政策，造成债券市场整体波动，对于保险资金的海外投资而言机会不多。大宗商品年初出现较大增幅，年底回落，这对保险资金的投资影响不大。人民币继续保持对主要经济体的货币升值态势。总体而言，因为疫情带来的各种不确定性仍然存在，贸易恢复依然受到影响，使得保险资金在 2021 年的海外投资仍然较为艰难。

二、国内宏观经济环境

（一）基本经济环境

2021 年，我国 GDP 总量有所恢复，整体比较平稳，国内生产总值达114.4 万亿元，按不变价格计算，比上年增长 8.1%，实现了年初制定的全年增长 6% 以上的预期目标。2021 年，居民消费价格指数（CPI）上涨 0.9%，涨幅较上年回落 1.6 个百分点。其中，食品价格由上年上涨 10.6% 转为下降1.4%，影响 CPI 下降约 0.26 个百分点；非食品价格上涨 1.4%，涨幅比上年扩大 1.0 个百分点，影响 CPI 上涨约 1.17 个百分点。工业生产者出厂价格指数（PPI）由上年下降 1.8% 转为上涨 8.1%。其中，生产资料价格由上年下降 2.7% 转为上涨 10.7%，影响 PPI 上涨约 7.97 个百分点；生活资料价格上涨 0.4%，涨幅较上年回落 0.1 个百分点，影响 PPI 上涨约 0.09 个百分点。

图 4-3 显示了我国 GDP 的季度同比和环比增速。数据显示，2021 年经

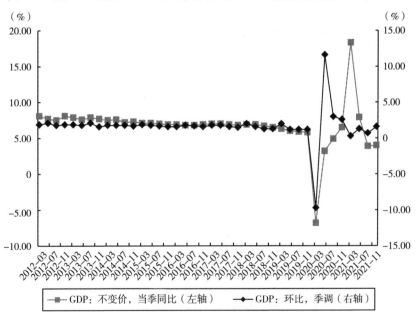

图 4-3 中国实际 GDP 季度增长率

资料来源：Wind 资讯。

济增长率在第一季度同比有了较大幅度的反弹，同比增幅 18.3%，这主要是因为 2020 年第一季度受疫情影响较大所造成的。第二、第三、第四季度相对稳定，同比分别上涨 7.9%、4.9% 和 4.0%，环比则较为平稳。最终全年经济增长 8.1%，GDP 总量突破 110 万亿元。

（二）国内大类资产市场发展状况

1. 股票：股票市场表现平稳，结构性机会轮动

2021 年 A 股整体大势平稳，内部却跌宕起伏，结构性机会轮动涌现。沪指全年累计上涨 4.80%，深成指上涨 2.67%，创业板指上涨 12.02%，科创 50 指数涨 0.37%；沪深 300 指数则累计跌 5.2%，上证 50 指数下跌 10.06%。上证指数时隔 28 年后再次收获年线三连阳，年内振幅仅有 12.1%，创下历年以来最低。这说明整体市场发展较为平稳。板块方面，2021 年结构性行情很明显，在碳中和及能源危机的大背景下，绿色电力、资源股成为 2021 年 A 股市场资金关注的重点。按照申万一级行业的分类，电力行业年内上涨 47.86%，最为抢眼，有色金属以 40.47% 的涨幅排名第二。传统家电行业则跌幅较大，银行金融、房地产和社会服务行业跌幅也超过 10%。

国内主要股票市场指数的变动情况如图 4-4 所示。具体来看，上证综指 2021 年累计涨幅为 4.8%，振幅仅有 12.1%，全年表现较为稳定，波动不大。深证成指涨幅 2.7%，相比 2020 年的 38.7% 有了大幅回落。由于房地产、银行金融等传统行业跌幅较大，沪深 300 指数全年下跌 5.2%。创业板指数和中小盘综指则维持了近年来较高的涨幅，全年上涨分别为 4.6% 和 12.0%，虽然低于 2019 年和 2020 年的水平，但仍然维持了较高的增幅。随着股票市场的上涨，上市公司数量和企业规模也有所增加，但也出现了较大的分化。据 Wind 数据库统计，截至 2021 年底，中国 A 股市场沪深两市总市值已经达到 99.08 万亿元。其中有 4685 家上市公司，超过 1 万亿元的上市公司有 6 家，超过 1000 亿元的上市公司也有 170 家，总市值占两市总市值的 50%。这说明中国 A 股市场两极分化严重，预计这种趋势在未来几年将进一步极端分化。这对保险资金的股票投资提出了严峻挑战，对行业判断的失误可能会让资金受到较大的损失。同时，2021 年较快的板块

轮动和传统行业的下跌也增加了保险资金的投资风险。保险资金属于长期投资，对顺周期的行业投资比例较大，而新兴科技行业由于风险较大，保险资金的投资占比一般较小。这使得 2021 年保险资金的整体收益率较为一般，股票投资占比也有所下降。

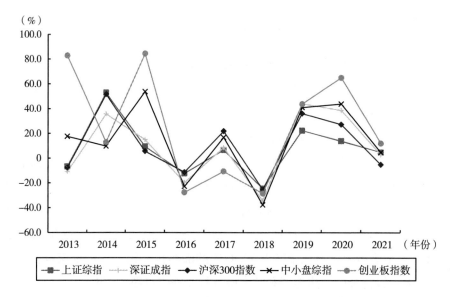

图 4 – 4　2013 ~ 2021 年国内主要股票指数变动情况
资料来源：上海证券交易所、Wind 资讯。

2. 债券：10 年期国债收益率震荡下行，债市全年表现走强

由于债券一直是保险资金投资占比最大的标的资产，国内债券市场的行情会在很大程度上影响保险资金收益的整体表现。2021 年初，债券市场一直在预期经济修复和担忧资金面收紧的大环境下运行，10 年期国债收益率震荡下行。此后，受到资金宽松、信用快速收缩的特征影响，市场配置力量持续下推利率。同时，7 月份降准使得量化宽松预期再次上升，信用收缩也未见好转。这使得下半年收益率持续走低。这也让债券市场在 2021 年走出了一个小牛行情，但不同品种的表现略有差异。其中，利率债和高等级的信用债表现相对更好一些，不用债券之间的信用利差进一步分化。一些中低级别的信用债受到信用风险和估值压力的影响比较严重。一些行业在行业周期和强监管的影响下，出现了较大的违约风险。2021 年全年来看，违约债券合计 148

只，违约债券余额规模达到1595.93亿元。从公开数据来看，2021年违约的信用债券金额和支数，虽然相较2020年有所下降，但是部分违约的发行人属于高评级企业，对于信用债券市场的冲击更加明显。

2021年国内主要债券指数的年度变化状况如表4-3所示。数据显示，主要债券品种在2021年指数有所上升，但整体表现比较稳定。其中，中债综合指数全价和净价指数变动分别为2.2%和1.5%，比2020年有了一定的提高。信用债全价和净价指数的涨幅分别为1.5%和0.1%，与上一年基本持平。但与此同时，信用债券市场在2021年还是出现了多起违约事件，仍然呈现高发态势。连续两年信用违约事件频出，这也许会成为未来的趋势，信用债分化将更为严重。从总体上看，由于我国经济下行压力增大，债券市场资产配置相较其他大类资产具有明显优势，保险资金仍然会保持较高的配置水平。

表4-3　　　　　　　2017~2021年国内主要债券指数变动情况　　　　单位:%

指数名称		2021年	2020年	2019年	2018年	2017年
中债综合指数	全价指数	2.2	1.3	5.3	-5.0	-1.2
	净价指数	1.5	0.5	5.2	-5.2	-1.3
中债中期票据	全价指数	1.9	1.4	4.0	-1.7	-2.1
	净价指数	0.7	0.2	2.7	-2.7	-3.1
中债固定利率企业债	全价指数	1.1	1.1	2.4	-9.8	-7.9
	净价指数	0.8	0.9	2.4	-10.2	-8.4
中债信用债	全价指数	1.5	1.5	3.6	-2.9	-2.4
	净价指数	0.1	0.3	2.3	-4.1	-3.8
中债地方政府债券	全价指数	2.6	1.8	4.7	-3.4	0.5
	净价指数	2.2	1.3	4.2	-3.9	-0.8
上证企业债指数（全价）		4.1	4.4	5.5	5.7	2.1

资料来源：中国债券信息网网站、Wind资讯。

3. 基金：各类基金表现趋势基本一致，股票型基金明显回落

随着2020年的基金牛市，基金市场越来越受到重视。2021年的基金规模有了大幅上涨，根据Wind数据，截至2021年末，中国公募基金市场总计

9175 只产品，资产管理规模超过 25.5 万亿元，基金数量在 2017～2021 年翻了一番，资产管理规模增幅已超过 120%。从收益率来看，2021 年的基金表现分化严重，大部分基金收益率一般，波动不大，相比 2020 年有了较大的回落，也有部分基金仍然保持了较高的收益水平。主要是因为 2020 年基金表现过于抢眼，尤其是"抱团股"的表现，而 2021 年由于板块轮动效应，很难有基金长期保持大涨，全年整体表现一般。

国内主要基金指数的变动状况如表 4－4 所示。各类基金走势也与其标的资产的走势保持一致，股票型基金在 2021 年表现有所回落，但全年 8.0% 的收益率也算中规中矩。由于债券市场表现不错，2021 年混合型基金的收益也不错。具体来看，股票型基金和混合型基金的涨幅分别为 8.0% 和 8.4%，均超过上证综合指数的涨幅，基本反映了股票型基金的正常水平。债券型基金指数和普通债券型基金指数分别涨幅为 4.8% 和 3.7%，均优于 2020 年的水平，与债券市场在 2021 年走势相符；QDII 基金指数上涨 1.0%，收益率有了较大幅度的下降。货币型基金指数上涨 2.2%，相比 2020 年有所恢复，市场上的流动性充足，货币性基金的收益水平并不理想。总体上看，中证基金指数上涨 4.4%，说明 2021 年股票市场整体收益水平较好，仍然处于较为活跃的态势。

表 4－4　　　　　　　　　　　国内主要基金指数变动情况　　　　　　　　　　单位:%

指数名称	2021 年	2020 年	2019 年	2018 年	2017 年
中证基金指数	4.4	19.8	19.3	-8.4	7.3
股票型基金指数	8.0	46.3	39.2	-19.3	9.3
混合型基金指数	8.4	17.1	23.4	-15.4	10.1
债券型基金指数	4.8	4.2	4.1	5.4	1.6
ETF 基金指数	6.3	23.1	30.8	-20.4	15.6
货币市场基金指数	2.2	2.0	2.6	3.6	3.8
QDII 基金指数	1.0	13.8	20.6	-7.4	19.0
中证主动股票型基金指数	5.3	63.0	46.8	-23.6	10.1
中证被动股票型基金指数	1.5	30.0	32.4	-14.0	8.4
中证普通混合型基金指数	0.7	55.3	39.1	-19.8	12.1
中证普通债券型基金指数	3.7	2.7	3.7	5.9	1.8

资料来源：中证指数公司网站、Wind 资讯。

综上所述，2021 年我国动态清零的疫情防控措施让经济得到了较快的恢复。全年 GDP 保持着较快的增长速度，增幅达到 8.1%。股票市场表现不如 2020 年，板块轮动风格转换比较快，上证综指 2021 年累计涨幅 4.8%，振幅仅 12.1%，全年表现较为稳定，波动不大。债券市场表现不错，这对于保险资金的收益率而言是个好现象。总体上看，2021 年的国内宏观经济和大类资产市场表现稳定向好，但是疫情的影响仍在，国内和国际市场的大幅波动对保险资金运用而言还存在着较大的风险，未来仍要合理进行资产配置，在寻找投资机会的同时控制风险，做好风险管理。

第二节　2021 年保险资金运用的基本情况与特点

一、保险资金运用的基本情况

2021 年新冠肺炎疫情的影响仍未散去，全球经济仍在复苏的过程之中。但中国由于坚持动态清零的政策，整体经济相比 2020 年有了较强的反弹，GDP 增速 8.1%，资本市场的表现也相对稳定。这使得 2021 年保险行业的规模有所上升，总规模达到 24.89 万亿元，较 2020 年增长 6.83%，增速相比 2020 年有所降低；保险资金运用余额为 23.23 万亿元，较 2020 年增长 7.10%；净资产 2.93 万亿元，较 2020 年增长 6.55%。整体水平增长平稳。具体来看，2021 年人身险公司总资产 21.39 万亿元，较年初增长 7.06%；产险公司总资产 2.45 万亿元，较年初增长 4.70%；再保险公司总资产 6057.00 亿元，较年初增长 22.22%；资产管理公司总资产 1030.00 亿元，较年初增长 35.35%。资产结构总体稳定，变化不大，固定收益类投资仍是配置主力，但同时资产配置也在向多元化配置的方向发展。另类投资产品规模持续提升，品种不断丰富。

（一）保费收入有所降低，保险行业总规模增长略有放缓

从整个行业趋势看，从 2017 年开始，保险行业总资产的增速明显放

缓，虽然在 2019 年和 2020 年总资产增速达到了两位数，但相比 2009～2016 年年均约 20% 的增长已经出现了大幅回落。2021 年的资产规模增速更是大幅下跌，仅有 6.8%。2012～2021 年保险公司总资产的变化情况如图 4-5 所示，从中可以看出，虽然保险公司的总资产规模在持续增长，但增速呈较为明显的下降趋势。这一方面说明我国保险行业进入了相对稳定的发展阶段，另一方面也显示了未来行业发展面临着较大的风险和不确定性。2021 年中国资本市场虽然大势平稳，结构性机会不断轮转涌现，但对于保险资金投资而言，收益率并不是十分理想，这可能是造成整体规模增速放缓的原因之一。周边市场的投资环境喜忧参半，欧美股市普遍上扬，亚太市场整体表现偏弱。而长期低利率环境，更是显著地拖累了保险资金的投资收益率。随着低利率时代，甚至是负利率时代的来临，保险公司需要尽力去发挥自身长期性的特点，利用相对较好的规模和渠道效应，增强自身的资产负债管理能力，通过调整资产机构，优化资产配置来保持稳定的增长。

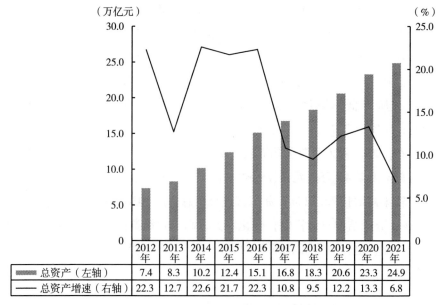

	2012年	2013年	2014年	2015年	2016年	2017年	2018年	2019年	2020年	2021年
总资产（左轴）	7.4	8.3	10.2	12.4	15.1	16.8	18.3	20.6	23.3	24.9
总资产增速（右轴）	22.3	12.7	22.6	21.7	22.3	10.8	9.5	12.2	13.3	6.8

图 4-5　2012～2021 年保险行业总资产及增速情况

资料来源：中国银保监会。

从保险行业的保费收入来看，2021 年保险行业原保费收入为 4.49 万亿元，同比降低 0.79%，相比 2020 年 6.12% 的增速，出现了由正转负。

具体分项目来看，2021 年人身险保费收入 3.32 万亿元，增速 -0.30%，与 2020 年人身险保费收入增速 7.53% 相比，出现了较大幅度的回落。其中，寿险业务实现原保险保费收入 2.36 万亿元，健康险业务实现 8447 亿元，意外险业务实现 1210 亿元。我们发现占比最大的寿险业务保费收入在 2021 年增速仅为 -1.71%，而 2020 年全年寿险业务保费收入增速为 5.40%。2021 年底，寿险保费在整个人身险保费中的占比为 70.94%，占比持续下降。同时，健康险保费收入仍保持正增长，但增速降低，2021 年增速为 3.35%，且健康险占整个人身险保费的比重从 2020 年的 24.52% 提升至 2021 年底的 25.42%，占比持续增加。

财产险 2021 年全年累计实现原保险保费收入 1.17 万亿元，保费收入增速 -2.16%，较 2020 年 -0.09% 的收入增速有大幅下降。其中，企业财产保险、家庭财产保险、机动车辆保险、工程保险、责任保险、保证保险和农业保险在 2021 年分别实现原保险保费收入 520 亿元、98 亿元、7773 亿元、144 亿元、1088 亿元、521 亿元和 976 亿元。财产险公司经营的健康险和意外险分别实现原保险保费收入 1378 亿元和 627 亿元。可以看出，健康险和意外险业务延续了前几年的发展势头，在 2021 年增速依然很快，累积实现原保险保费收入同比增长分别为 23.70% 和 15.90%。其余险种中，农业保险和责任保险均实现双位数增长，分别同比增长 19.75% 和 12.99%；企业财产保险、家庭财产保险和工程保险均实现个位数增长，累积实现原保险保费收入同比增长分别为 6.12%、7.69% 和 4.35%；保证保险保费相比 2020 年持续萎缩，同比大幅下降 24.38%；机动车辆保险的保费则进一步下滑，同比下降 5.72%。作为财产险公司的主要保费收入来源，机动车辆保险保费的下降对整体保费收入有着较大的影响。

赔付支出方面，2021 年行业原保险赔付支出 1.56 万亿元，按可比口径增长 14.12%。其中，人身险业务累计赔付支出 7921 亿元，按可比口径赔付支出增长 9.96%；财产险业务累计赔付支出 7688 亿元，按可比口径赔付支出增长 13.55%。

保险金额方面，2021 年保险金额 12146.2 万亿元，按可比口径增长 40.71%。其中，按可比口径，人身险业务保险金额和财产险业务保险金额分别增长 5.01% 和 45.53%。

总体来说，保险行业的保费收入在 2021 年有所下降，赔付支出和保险金额则有所上升，整体相对稳定。保险行业的体量虽然仍然持续增长，但总规模的增速有所放缓，这使得保险资金规模的增幅也相对放缓。

（二）资产结构总体保持稳定，债券投资比例创新高

保险行业 2021 年资金运用余额的情况如图 4－6 所示。与行业总资产类似，保险行业的资金运用余额在 2021 年持续增长。根据中国银保监会公布的数据，2021 年保险资金运用余额为 23.2 万亿元，较年初增长 7.1%。相比 2020 年，增幅有了较大幅度的下降，近十年首次低于 10%，创出近十年的新低。

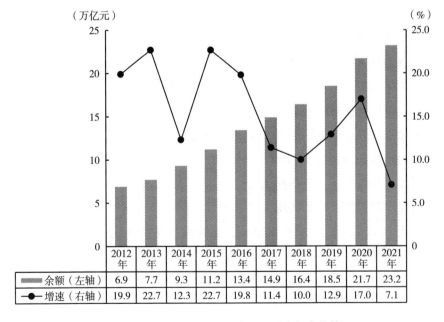

	2012年	2013年	2014年	2015年	2016年	2017年	2018年	2019年	2020年	2021年
余额（左轴）	6.9	7.7	9.3	11.2	13.4	14.9	16.4	18.5	21.7	23.2
增速（右轴）	19.9	22.7	12.3	22.7	19.8	11.4	10.0	12.9	17.0	7.1

图 4－6 2011～2020 年保险资金运用余额变化情况

资料来源：中国银保监会。

根据中国保险资产管理业协会对行业内 194 家保险集团（控股）公司和保险公司的调研结果，2020 年和 2021 年保险资金大类资产配置结构如

表 4 - 5 所示。2021 年保险资金的主要配置方向还是债券类产品，占比 41.7%（其中利率债 26.03%，信用债 15.65%），较上一年末上升约 2.7%。而股票类产品和金融产品投资占比则有所下降，分别为 8.6% 和 13.8%。这与 2021 年股票市场波动较大有一定关系。

表 4 - 5   **2020 ~ 2021 年保险资金大类资产配置结构**   单位:%

资金配置	2020 年占比	2021 年占比	变动
现金及流动性资产	4.0	3.9	- 0.1
银行存款	10.1	9.1	- 1.0
债券	39.0	41.7	2.7
股票	8.6	7.1	- 1.5
公募基金（不含货基）	4.3	4.9	0.6
金融产品	13.8	12.9	- 0.9
组合类产品	4.6	4.7	0.1
股权投资	8.4	8.0	- 0.4
其他权益类投资	2.1	2.8	0.7
其他投资	5.1	4.9	- 0.2
合计	100.0	100.0	

注：数据样本为同时参加 2020 年和 2021 年调研的 188 家公司。

资料来源：中国保险资产管理业协会。

在资产规模方面，2021 年保险公司可投资资产规模增长率为 12.52%。除股票、信托计划和其他金融产品规模下降，其余各类主要资产的投资规模均有不同程度增长。2020 ~ 2022 年保险资金大类资产配置结构如表 4 - 6 所示，其中利率债规模在 2021 年增长幅度达到了 35.9%。由于近年来保险行业的一系列新规使得保险业面临日益加剧的资产荒，尤其是优质资产更是难以寻找。而偿二代新规对保险投资信用债的资质产生了一定的影响，信用债久期越高，各个评级之间的风险因子差距越大，这造成了保险资金会尽量避免配置较低等级的信用债，优先选择对资本占用较少的利率债或高等级的信用债。同时，在长期利率下行的大环境下，一些超长期的利率债对保险资金的吸引力很大，从资产负债管理的角度看更是具有较好的投资价值，这使得保险资金不断加大利率债配置，逐渐拉开了利率债和信用债的规模差。

116

表 4 - 6   2020 ~ 2021 年保险资金大类资产配置结构

资金配置	2020 年（亿元）	2021 年（亿元）	规模增速（%）	2020 年占比（%）	2021 年占比（%）	占比变化（百分点）
现金及流动性资产	7659	8441	10.2	4.00	3.90	-0.10
银行存款	19154	19489	1.8	10.10	9.10	-1.00
债券						
利率债	40993	55710	35.9	21.60	26.00	4.40
信用债	33214	33490	0.8	17.50	15.70	-1.80
股票	16447	15090	-8.3	8.65	7.05	-1.60
公募基金（不含货基）	8204	10567	28.8	4.31	4.94	0.62
债权投资计划	9970	12260	23.0	5.24	5.73	0.49
信托计划	14813	14081	-4.9	7.79	6.58	-1.21
其他金融产品	1412	1335	-5.5	0.74	0.62	-0.12
组合类产品	8704	10156	16.7	4.58	4.75	0.17
股权投资	15933	17024	6.9	8.38	7.96	-0.42
其他权益类投资	4082	5996	46.9	2.15	2.80	0.66
投资性房地产	3543	3994	12.7	1.86	1.87	0.00
境外投资	4216	4248	0.8	2.22	1.99	-0.23
其他投资	1828	2107	15.3	0.96	0.98	0.02
总计	190171	213988	12.5	100.00	100.00	0.00

注：数据样本为同时参加 2020 年和 2021 年调研的 188 家公司。

资料来源：中国保险资产管理业协会。

除债权类产品外，2021 年保险资金在公募基金（不含货基）和债权投资计划上的占比也有较大幅度的增加，分别为 28.81% 和 22.97%。主要是因为保险资金在加大对实体经济的支持。而且相比股权投资计划，债权投资计划更具安全性和稳定性，与保险资金对久期、资金安全、流动性、收益性等要求匹配度较高。加大对债权投资计划的配置，不仅有利于保险行业为实体经济解决融资需求，也符合保险资金长期配置的需求，可以改善保险资产负债匹配状况，分散投资风险。

（三）保险资产管理行业发展相对稳定，经营业绩并不理想

中国保险资产管理业协会数据显示，截至 2021 年底，保险资产管理公司合计35家，相比2020年增加8家，其中包含保险资产管理公司27家，具有存量保险资金业务的机构8家。国寿投资控股有限公司和人保资本投资管理有限公司于2021年由具有存量保险资金业务的机构正式变更为保险资产管理公司。整体来看，全行业资本实力有所增强，但是经营业绩却并不理想。在已经披露了年报的31家保险资管公司中，累积总资产合计为2299.84亿元，同比增长13.76%；2021年共实现了营业收入649.70亿元，同比减少11.63%；净利润164.59亿元，同比减少22.70%。从资产规模来看，国寿投资、国寿资产、泰康资产、中再资产和平安资管均超100亿元，分别为251.10亿元、170.09亿元、158.73亿元、149.36亿元和108.53亿元。工银安盛资管、长城财富资管、永诚资产和交银康联资管的资产规模均未超3亿元。从增速角度来看，工银安盛资管增幅最大，2021年公司资产同比增长43.08%。中信保诚资管、招商信诺资管资产规模分别为7.21亿元、6.61亿元，同比增长35.62%、29.79%。中再资产、人保资本、光大永明资产、永诚资产、平安资管的资产规模较2020年末有较大幅度的下滑。从利润角度来看，大部分公司都实现了盈利，只有16家公司的净利润增长率为正。这一方面说明目前保险资管公司的发展规模稳步增长，另一方面也说明保险资管在投资端面临较大的挑战。整体资管市场中"二八效应"较为明显，头部资管公司依靠出众的投资能力和较大的规模获得了较大的利润和大部分的市场份额，尾部的公司在未来的运营上将会更加困难。未来保险资管公司很可能会出现进一步优化整合，调整业务结构，只有资源投入更多和风险管理更好的公司才能获得更大的市场和更好的发展。

（四）保险资金另类投资产品规模持续攀升，出现更多可投资品种

近年来，随着大资管的趋势，中国银保监会逐步放开对保险资金投资品类和投资比例的限制，并提高了保险资金对另类投资的比例上限。从保险资金运用来看，以另类投资为代表的其他投资是保险资金的重要投资方向。一方面，通过另类投资，保险资金可以更直接发挥支持国家重大基础设施项目建设的作用，为国家发展重大项目提供稳定的资金来源。另一方面，另类投资产品的期限一般较长，收益率较高，这和保险资金久期长和绝对收益特征

不谋而合,有助于实现保险资金的绝对收益目标。尤其是在经济低增长和低利率的投资环境下,保险资金可以发挥长期稳定的特征,选择一些资质好、信用高的基础设施和不动产项目进行投资。对诸如养老健康服务业、科技创新行业等新兴市场也可以提前布局,以期获得长期的绝对收益。目前,以另类投资为代表的其他投资的最主要构成是非标资产,具体包括债权投资计划、信托产品、银行理财产品、部分保险资管公司产品、券商资管计划、项目资产支持计划等。当然,另类投资产品的风险相比固定收益类产品要高出很多,加之投资期限较长,潜在问题很多。尤其是2021年以来,强信用主体融资成本较前几年显著下行,优质的另类投资资产愈发难以寻找。传统偏好上,"强交易对手+保债/信托+底层核心资产"均好的产品数量很少,保险资金在投资上需要更加谨慎,根据公司特点适当取舍,注意防范投资过程中的法律风险和操作风险,并控制风险总量。

根据中国保险资产管理业协会最新可得数据,截至2021年8月,保险资管累计发起设立各类债权、股权投资计划2126只,合计备案(注册)规模48676.07亿元。其中,注册保险私募基金45只,合计规模3772.27亿元;债权投资计划登记(注册)2004只,规模41287.71亿元;股权投资计划登记(注册)77只,规模3616.09亿元。2021年1~8月,保险资产管理机构注册债权投资计划和股权投资计划共324只,合计注册规模6546.47亿元,相比2020年同期增幅达67.67%。具体来看,债权投资计划319只,规模6269.77亿元,规模同比增加64.30%;股权投资计划5只,规模276.70亿元,规模同比增加213.72%。保险私募基金管理机构共注册8只保险私募基金,合计注册规模570.02亿元,规模同比减少49.65%。在计划数量和合计注册规模金额上都已经超过了2020年全年的水平。同时,保险资金在另类投资方面也有了较大的突破,品种和领域都在不断丰富、扩展。

尤其是在经济下行和低利率的市场环境下,保险资金一直在努力寻找久期较长的产品来填补资产负债的缺口。虽然目前保险资金的主流投资品种还是债券、银行存款等固定收益类产品,但近几年已经有了较为明显的改变趋势。从另类投资产品规模持续攀升,出现更多更丰富的可投资品种上可见一斑。长期来看，保险资金未来会继续增加权益类资产和另类资产的投资比例，优化保险资金的投资配置比例，以期在资产端获得更高的回报。

二、保险资金运用的新特点和新动向

2021年保险资金的运用还表现出一些新动向和新特点。

（一）保险资管新规促进保险资管公司规范化运作

自2019年11月向社会公开征求意见后，中国银保监会在2020年发布了保险资管新规《保险资产管理产品管理暂行办法》。在2021年12月又颁布了《保险资产管理公司管理规定（征求意见稿）》，一步一个台阶，以此来强化对保险资产管理公司的监管，促进保险资产管理行业高质量发展。近年来，在大资管的背景下，监管部门一直在不断调整对保险资金运用的政策，发展目标是积极发挥保险资金长期投资的优势，丰富保险资金的投资品种，扩大保险资金参与资本市场投资的渠道，并支持保险资金依托各类专业机构参与资本市场。

此次《保险资产管理公司管理规定（征求意见稿）》主要在五个方面对保险资管公司的规范化运作提出了要求。一是新增了有关公司治理的部分，从总体要求、股东义务、激励约束机制、股东会及董事会监事会要求、专业委员会设置、独立董事制度、董事监事要求、高管兼职管理等多方面进行了全面的要求，尤其强调了对公司治理监管的制度约束。二是强调了风险管理的内容，从风险管理体系、风险管理要求、内控审计、子公司风险管理、关联交易管理、从业人员管理、风险准备金、应急管理等部分进行了全方位的修补，这对完善保险资管公司审计流程和提高风控水平有着重要的意义。三是优化了保险资管公司的股权设计，对一些作为保险资管公司股东的境内外保险公司持股放松了要求，不再限制外资保险公司持股比例上限。不区分境内外股东，均采用一致的资质审核条件，这有利于吸引国际上优秀的保险公司和保险资管公司，从资金规模上和投资技术上都有助于我国保险资管行业的发展。四是优化经营原则及相关要求，增加了受托管理各类资金的基本要求，明确强调要建立托管机制，对资产独立性等问题进行了完善，明确了禁止开展诸如通道业务等不当行为，这有助于保险资管公司未来的审慎经营。五是增补监管手段和违规约束，对分级监管、信息披露、重大事项报告等内容做出了明确要求，便于未来监管部门进行监督检查和采取适当的监管措施。

综合来看，此次推出的最新规定是监管部门促进保险资产管理公司高质量发展方面的新思路。不仅增补了之前的制度空白，也明确了机构的功能定位和关键岗位的管理。尤其是在强调信息披露和外部审计等方面，引导多方面共同监督，防控保险资管公司的潜在风险。在大资管背景下，保险资产管理公司的长期价值投资属性优势不断凸显。此时出台相应的管理规定有助于保险资管行业的健康发展，对持续稳定我国资本市场、助力实体经济发展、推动社会财富稳定增值等方面都有着重要意义。

（二）偿二代二期工程对保险资金运用提出更高要求

2015 年，《保险公司偿付能力监管规则》（以下简称偿二代）出台，提出构建三支柱监管体系：定量资本要求、定性监管要求和市场约束机制，实现了以风险为导向的监管体系转变，并设置了 17 项监管规则。2021 年 12 月，中国银保监会发布《保险公司偿付能力监管规则（Ⅱ）》（以下简称"偿二代新规"），标志着偿二代二期工程建设顺利完成。偿二代二期工程建设工作于 2017 年 9 月启动，是补齐监管制度短板的重要举措，对于防范和化解保险业风险、维护保险市场安全稳定运行、推动保险业高质量发展、保护保险消费者利益都具有重要意义。2021 年，偿二代二期工程对监管规则进行了全面优化升级，针对保险资金运用存在的多层嵌套等问题，要求按照"全面穿透、穿透到底"的原则，识别资金最终投向。这对保险资金的运用提出了更高的要求，需要保险公司完善自身的风险管理流程，强化风险管控能力。

在这次偿二代新规的优化过程中，通过完善利率风险的计量方法，引导保险公司在资金运用方面加强资产负债匹配管理，保持险资投资导向与险资的投资规律达到一致。保险资金的两大特点就是长期性和负债性。由于保险资金的大部分都来自于未来需要赔给投保人的负债，所以保险资金的投资不仅要考虑长期平均收益率，还要考虑充足的流动性。只有长期平均收益率高的资产，才有可能带来较高回报。同时，保险资金的长期性要求保险投资品种平均期限比较长。因此，保险资金通常会以较大比例投资到固定收益类产品中，这样可以保证相对稳定的长期收益，之后再利用小比例的另类投资来提高长期平均收益率。而偿二代新规中，长期股权投资的实际资本要求和最低资本要求有所增加，目的就是引导保险资金增加对股票投资和股权投资的比例。因为在低利率环境下，大量配置固定收益类产品虽然会获得相对稳定的收益率，但流动性会受到影响。通过增加实际资本要求和最低资本要求，经流动性调整的长期股票投资的收益率更好，保险资金会相应地提高投资比例。

在另类投资方面，保险资金近年来的投资比例有所上升，这是保险资金应对经济下行和低利率环境所作出的主动对策。但伴随而来的是潜在的投资风险。由于金融创新的发展，另类投资的种类和资产组合多种多样，一方面丰富了投资市场，给保险资金提供了更多的选择空间；另一方面也隐含着不少的潜在风险，部分资产组合的目的就是为了掩盖风险和规避监管。偿二代新规针对这一问题要求识别底层资产风险并计量最低资本。这有助于保险资金有针对性地识别、计量风险，并最终在偿付能力上加以体现。

除此以外，偿二代新规还对保险资金在投资和支持国家战略投资时给予了一定的支持，通过适当降低最低资本要求，设置调控性特征因子等措施，鼓励保险资金支持国家战略投资。例如，对农业保险业务设置调控性特征因子，对专业科技保险公司的保险风险最低资本给予10%的折扣，对长寿风险最低资本给予10%的折扣，对保险公司投资的绿色债券的信用风险最低资本给予10%的折扣；等等。

总体来看，偿二代新规更注重风险实质、政策导向和市场规律，使偿付能力监管的有效性上了一个新台阶。其最大的变化在于让保险最低资本与资产负债匹配、流动性、投资风险等挂钩，对资金运用提出了更高要求，使得保险公司在投资组合规划时需要进行更细致的考量。

（三）保险资金运用监管不断完善，引导保险资金投资方向

近年来，保险资金运用监管法规体系不断完善，出台了很多相关规章和规范性文件。这些规定覆盖了资产负债管理、大类资产比例、投资管理能力、品种投资规范、保险资产管理公司和保险资管产品监管等诸多相关领域，保证了保险资金运用的长期规范发展。2021年，中国银保监会先后发布了多项保险资金投资相关的政策规定，主要目的是为了引导保险资金对一些重点领域的支持，尤其是制造业和战略新兴产业等实体经济领域，切实提升支持和服务实体经济的能力。

2021年9月，《中国银保监会办公厅关于资产支持计划和保险私募基金登记有关事项的通知》发布，规定保险资产管理机构可以发起设立资产支持计划，实行初次申报核准、后续产品登记。通过简化流程，有利于提高保险私募基金发行效率。此举旨在持续深入落实国务院"放管服"工作部署，进一步深化保险资金运用市场化改革，提高服务实体经济质效。11月，《中国银保监会办公厅关于保险资金投资公开募集基础设施证券投资基金有关事项的通知》发布，允许保险资金投资公募REITs，并明确了相关投资规范和监管要求。基础设施基金是以基础设施项目作为底层资产，项目运营周期较长，强制派息分红，能够较好匹配保险资金长期配置需求，为保险资金参与基础设施建设提供了新的投资工具。12月，《中国银保监会办公厅关于保险资金参与证券出借业务有关事项的通知》发布，进一步深化保险资金运用市场化改革，规范保险资金参与证券出借业务行为，有效防范风险。

通过这一系列规范保险资金投资的政策，更多风险收益特征符合保险资金需求的金融产品被纳入可投资范围，给保险资金提供了更灵活的操作空间和更丰富的投资选择。可以看出，整体的监管思路是让保险资金在依法合规、风险可控、商业可持续的原则下，满足多元化的需求。例如，允许保险资金投资公募基础设施证券投资基金，不仅为保险资金提供了一个长期稳定的投资方向，也可以利用保险资金的特点加大对先进制造业和战略新兴产业的长期资金支持。同时，适度放宽保险资金投资创业投资基金和股权投资基金，可以提高保险资金的潜在收益水平，并丰富产业基金和

科创类基金长期的资金来源。

　　未来在保险资金运用领域，监管部门将会继续坚持稳中求进的工作方向，持续深化保险资金运用市场化改革，并且通过监管政策的调整引导保险资金加大对重点领域的支持，发挥保险资金长期稳定的特点，最终起到持续服务实体经济的作用。

第三节　2022年保险资金运用面临的机遇与挑战

　　2021年，虽然全球新冠肺炎疫情的阴影尚未完全退去，但随着疫苗接种率的上升，世界各国的经济均有所恢复。这一年，中国疫情防控工作出色，国内经济顶住压力，全年实际增速8.1%，增量超过3万亿美元。GDP总额首超欧盟，稳居世界第二大经济体。在这一年中，中国资本市场持续推进深化改革，包括提速注册制、施行退市新规、设立北交所、监管"零容忍"执法等政策先后出台。相对稳定的资本市场给了保险资金一些机会。自2020年以来，我国的资本市场一直在不断调整的过程中，资管新规出台，保险资金市场化改革持续深化，未来这个市场会逐步走向成熟。保险资管机构要继续关注未来的市场环境变化，发挥保险资金特点，强化资源投入和投资能力的建设。同时，保险资管要立足主业，继续优化业务，持续服务实体行业，提高保险资金自身的竞争力，走好专业化发展的道路。

　　整体来看，2021年保险业原保费收入4.49万亿元，相比2020年有所下降，同比减少0.88%，近六年增速已经呈下降趋势；保险资金运用余额23.23万亿元，同比增速仅为7.1%，相比2020年有了大幅下滑，是近十年的新低。从数据上可以看出，2021年中国保险市场的整体规模和资金运用都有所下降，这在一定程度上受到了新冠肺炎疫情的影响，但更主要的原因是全球经济下行、国际交易放缓。中国的保险市场相比于国际发达保险市场的差距还很大，还有很长的路要走。尤其是在当前大资管的环境下，保险资金必须发挥自身的特点，才能更好地生存和发展。展望2022年，在大资管时代和低利率环境的背景下，未来保险资金运用需要做好以下三方面的工作。

（一）立足主业，持续服务实体经济，履行保险资金的责任

2021 年监管部门分别从偿付能力监管和资产管理产品两个方面对保险资金运用进行了调整，从不同的角度引导保险资金的投资方向，主要目的就是让保险资金能持续服务实体行业，切实履行保险资金的责任。

2021 年 12 月，中国银保监会颁布《保险公司偿付能力监管规则（Ⅱ）》，其中就要求要引导保险业回归保障本源、专注主业。在新发布的 20 项保险公司偿付能力监管规则中，不仅降低了对专属养老保险、政策性农业保险等的资本要求，还降低了专业科技保险公司、保险公司绿色债券投资、保险资金支持国家战略的投资资产的资本要求，从资本要求的方面鼓励保险资金加大对实体行业的投资规模，增强保险业服务实体经济的能力。

同时，随着我国大资管时代的到来，保险资金在投资选择和投资组合上拥有更大的操作空间，可投资项目逐渐增多，可投资比例范围也越来越宽，当然也面临银行、证券、信托等行业的挑战。2021 年，中国银保监会先后发布《保险资产管理产品管理暂行办法》及配套实施细则，整体对标《关于规范金融机构资产管理业务的指导意见》。其中从法规框架、治理机制、标准规范三个层次，坚持严控风险的底线思维，坚持服务实体经济的导向，稳步增强行业创新的深度和广度，推动保险资管行业立足自身特色，融入大资管市场发展趋势，进而实现高质量发展。

随着 2021 年资管新规过渡期的结束，2022 年资管新规将正式实施。资管新规的实施，将让保险资金和其他资管主体站在同一起跑线，保险资金也将逐步"入市"与其他资管主体同台竞技。近年来，保险资金运用余额中权益类投资的比例稳步提升，股票、证券投资基金、股权投资占比逐年递增，保险资金长期投资优势将成为保险业服务实体经济的重要途径。长期以来，保险资金一直是国家重大基础建设设施的重要资金提供者，一直为建设与服务国家实体经济发挥着重要作用。在当前的经济环境下，这一作用将更加重要，保险资金在风险管理、精算、渠道等方面有着天然优势，支持实体经济发展、服务国家的宏观发展战略是保险资金的责任与担当。一方面，保险资金的特征与实体经济融资需求高度契合。保险资金长期投资、大规模的特点与

国家实体经济和基础设施的大体量资金需求契合，同时保险资金的收入来源相对稳定，投资风格也比较稳健，这些特点也很适合对接实体经济和服务创新创业等方面的投资。另一方面，保险行业本身就具有经济补偿和社会责任等方面的功能，保险资金服务实体经济是遵循本源，也是保险业自身的社会担当。

具体来看，保险资金参与和支持实体经济发展可以分为三种渠道。首先，直接融资。通过购买债券、投资股票、直接投资等金融方式，直接向实体经济企业进行投资。随着近年来监管部门投资政策的放开，这一渠道将具有更多的机会。其次，间接融资。间接融资的主要方式是通过银行存款再由银行向实体经济发放贷款给实体行业。虽然这个主动权不在保险资金，但从近些年保险资金在存款上的占比来看，保险资金仍然有较大的比例会进行银行存款。存款资金可以间接投资给实体行业。最后，项目融资，即另类投资。保险资金通过购买股权、债券、资产支持计划或私募基金等方式投资实体经济。通过这些另类投资的方式，险资可以缩短整体的资金链条，更加精准高效地支持实体经济。这在近些年的保险资金运用方式上已经初现端倪，尤其是资产支持计划和私募基金，虽然整体占比仍然不大，但整体规模有上升的趋势，说明保险资金在尝试不同的投资模式。

总体来看，保险资金将会持续发挥自身长期投资的优势，坚持服务实体经济这一大方向不动摇。同时，随着基本养老金、社保基金等更加长期的保险资金被纳入可投资范围内，保险机构将会更好地引导长期保险资金对接实体经济，履行社会责任，服务民生建设。

（二）配合国家社会保障体系建设，积极布局养老产业

近年来利率中枢不断下行，权益类投资难度加大，这一趋势在疫情后显得更加明显。这给保险资金的配置和运用提出了很大的挑战。保险资金在未来要发挥自身的特点和优势，进一步丰富资产配置结构，寻找新的突破口。其中养老产业投资将是符合未来经济发展且适合保险资金投资的一个理想方向。

首先，随着我国老龄化问题的逐年加剧，人口年龄结构发生了重大变化，养老产业市场潜在规模巨大。根据第七次人口普查的数据显示，截至2020年，我国60岁及以上老年人口达到2.64亿人，占总人口数的18.70%，

65 岁以上老年人口也达到 1.9 亿人，占总人口的 13.5%，中国已经进入了深度老龄化社会。在未来 10 年内，我国将进入超级老龄化。如此快速的老龄化进程，使得我国养老产业需求出现了迅猛增长。尤其是随着"60 后""70 后"人群慢慢进入老年阶段，他们相比"40 后""50 后"具有更高的储蓄能力和消费能力。在养老观念方面，他们也抱有更为开放的心态，对机构养老的接受度更高，将成为养老市场的主要消费力量。同时，中国的养老模式随着少子化、"空巢"化的趋势也开始慢慢转变，传统的依赖子女照料的居家养老模式已经开始向社区养老和机构养老的模式转变。老年人消费观念的转变也让他们对除生活基本需求外的精神需求、情感交流、文化娱乐等方面有了更高的要求，这都需要专业的养老机构提供更加完善的养老服务设施和更加丰富且多样化的养老专业服务。因此，从需求角度来看，养老行业这一长期发展趋势是很适合保险资金的长期关注的。

其次，从养老产业的投资回报角度分析，其回收期长、投资收益稳定的特点也很适合保险资金投资。保险公司资金最显著的特征就是长期性和稳定性，所以在投资端也需要寻找具备稳定回报的投资标的。从国际经验来看，养老产业的长期回报率比较稳定。从美国养老不动产投资信托基金（Real Estate Investment Trusts，REITs）的数据来看，其长期年均投资回报在 10% 以上。虽然短期会受到市场波动的影响，但整体较为稳定。细分的话，其中还可以分为资产增值收益和运营收益两部分。资产增值收益主要依赖养老地产的价格升值，这部分我国目前的行业较为成熟，整体的收益率水平要略高于国际平均水平。运营收益主要靠持有型养老物业项目，如泰康之家的养老社区，通过"入门费+会费"的形式获得收益。从目前国内养老产业的实践经验来看，仍处于运营初期，实践操作中还存在较大问题，这使得增值潜在收益存在一定的不确定性，尚未达到成熟期的稳定水平。但综合来看，养老产业的资产增值收益和运营收益之和相对稳定。同时，由于养老产业在我国现阶段还有一定的税收补贴和政策支持，这使得其长期投资回报在资本市场上具有一定的竞争力。保险资金投资养老产业可以覆盖其长期的负债成本。虽然养老社区前期的投资规模较大，但很多公司会采用"入门费"的方式来覆盖部分前期投资。当养老社区进入稳定运营阶段之后，可以提供较为稳定的长期回报，具有较长的久期，完美匹配保险资金的长期负债。这对保险公司的资产负债管理有正向的作用。

最后，养老资产的投资有利于保险公司扩大其品牌优势和属地优势。由于养老产业具有重资产的特征，在前期投资和开发阶段耗时较长，投资回报周期较长，这在一定程度上增加了投资的风险，并不适合所有类型的资金。然而，保险资金久期长、稳定性强的特点和养老资产的投资特征刚好吻合。相对于其他养老产业的投资者，保险公司在当地或全国具有较好的声誉，品牌信誉度高，更容易获得客户的信任，附属的保险产品也可以对客户提供附加的保障。同时，保险公司在当地的销售网和已有客户资源也可以发挥其属地优势，降低展业成本。反过来，良好的养老产业发展，也会增强保险公司的品牌优势和属地优势，增强保险公司在当地的声誉，并对保险公司主业起到助推作用。

养老服务行业具有较强的劳动密集型属性，随着我国人口老龄化进程的加剧，人口抚养比上升，养老服务的价格将进一步上升。因此，老年人群的实际支付能力将决定未来养老产业的规模。保险公司可以利用合理的保险产品帮助客户进行全生命周期的财富规划，以此提升老年人群的财富水平和支付能力。老年人群支付能力的提升又会进一步促进养老服务业和养老产业的发展，扩大行业规模，从而形成良性循环。保险公司不仅通过销售保险产品提高了保费规模，还为保险资金提供了优质的长期投资方向。同时也为社会保障体系建设提供了资金支持，履行了保险行业的社会责任。

（三）开发拓展新业务，强化投资能力

之前提到的服务实体经济和配合国家社会保障建设都是保险资金对社会的贡献，是保险行业履行社会责任很重要的一部分。而对于行业本身的发展而言，现阶段不仅要面临社会经济环境的不断变化，还要应对同类型行业越来越多的挑战。因此，保险行业未来需要从自身出发，进一步开发和拓展新的业务，在保险资金运用上要寻找潜在的投资机会，强化资金管理能力和投资能力。

近年来，长期低利率环境已经成为我国经济发展的常态，市场上的"优

质资产"越来越少，这给保险资金运用提出了非常大的挑战。虽然现阶段保险资金的主要投资标的仍然是债券产品，市场风险相对较低，但近几年债券利率的不断下行使得保险资金的收益率并不尽如人意，保险资金在资产配置上的投资压力不断增加。面对当前的经济形势和投资环境，中国银保监会已经在不断调整和完善监管政策，一方面为了进一步增强保险资金的长期投资能力，另一方面也为了防范保险资金在投资过程中可能存在的风险。

目前保险资金的投资模式中仍然以债券类产品为主，根据中国保险资产管理业协会公布的数据，2021年全年，保险债权投资计划注册规模接近1万亿元，涉及市政、交通、能源等重点领域。截至2021年底，债权投资计划在存续另类产品中的占比超过90%。相比之下，虽然近年来股权投资计划和私募基金的增长速度很快，但规模占比仍然较低，暂时只能起到辅助的作用。为了获得更高的收益水平，未来保险资金应该进一步增加股票和股权投资占比。2021年，中国保险资产管理业协会基于行业调研形成的《2021中国保险资产管理业发展报告》中发布了保险公司的股权投资整体情况及直接股权投资情况。调研数据显示，截至2020年末，保险公司股权投资规模为1.67万亿元，占总投资资产的8.31%，仅次于债券、金融产品、银行存款和股票，为第五大资产配置类别。从资产类别来看，未上市企业股权中保险类企业和非保险类企业投资规模分别为3605.43亿元、7066.93亿元，占股权投资资产的比例分别为21.55%和42.23%；股权投资基金中保险系股权投资基金和非保险系股权投资基金规模分别为1046.97亿元、3806.00亿元，占股权投资资产比例分别为6.26%和22.74%；股权投资计划规模为1208.48亿元，占比为7.22%。虽然只是调研数据，但从中可以看出中国保险资金股权投资的一个大致方向。我国经济近年来很重要的一个发展方向就是产业政策和转型升级，保险资金也应该及时顺应这一个趋势，将资源向符合我国产业发展的重点领域配置，尤其是一些新兴的创新型企业。

通过寻找新的投资机会，增强自身投资能力，保险资金在做好风险管理的前提下，可以增加股权投资占比。这不仅可以提升保险资金运用效率，提高保险资金投资收益率，也可以服务于我国的实体经济建设，加大对高端制造、绿色科技和小微企业的支持，促进我国的产业转型和升级，助力科技强国的宏观政策。

总体来看，我国保险资金的运用已经进入相对稳定的时期。虽然来自内部监管政策的变化和外部投资环境的挑战仍然存在，但近年来保险资金无论是从整体规模还是从配置结构来看，都变化不大，基本能够满足保险行业的发展需求。未来保险资金运用还需要继续坚持做好风险管理策略，通过合理的资产配置结构，达到保险公司资产负债匹配的需求。在长期利率下行的大背景下，坚持服务实体经济，配合国家整体发展策略。

参考文献

［1］中国保险资产管理业协会:《2021~2022 年保险资产管理业综合调研数据》，中国保险资产管理业协会官方公众号，2021 年。

［2］中国保险资产管理业协会:《2021 中国保险资产管理业发展报告》，中国财政经济出版社 2021 年版。

［3］中国银保监会:《保险公司偿付能力监管规则（Ⅱ）》，2021 年。

［4］中国银保监会:《保险资产管理公司管理规定（征求意见稿）》，2021 年。

［5］中国银保监会:《中国银保监会办公厅关于保险资金参与证券出借业务有关事项的通知》，2021 年。

［6］中国银保监会:《中国银保监会办公厅关于保险资金投资公开募集基础设施证券投资基金有关事项的通知》，2021 年。

［7］中国银保监会:《中国银保监会办公厅关于资产支持计划和保险私募基金登记有关事项的通知》，2021 年。

［8］International Monetary Fund:World Economic Outlook（April 2022），https://www.imf.org/external/datamapper/datasets/WEO.

第五章

全球保险和再保险市场

在全球化时代，各保险市场间有着千丝万缕的联系。这种联系不仅表现为金融业普遍具备跨国经营、产品定价技术交流等特征，还体现为保险业特有的、主要通过再保险业务完成的市场间风险交换和分散。巨灾风险、长寿风险是当前保险业面临的重要挑战，这些风险的特性要求其在全球范围内分散，这为全球保险和再保险市场的形成和发展提供了额外的内生激励。从全球视角看中国保险和再保险业，也有助于更好地理解和判断中国保险业所处的发展阶段，准确识别面临的潜在机遇和挑战。

本章共分三节。第一节全面回顾全球保险业 2020 年市场发展概况，并简述 2021 年与展望 2022 年的市场发展情况。第二节回顾 2020 年全球再保险市场的发展和变化，从市场集中度、头部公司排名变化等方面探讨再保险市场的竞争态势，分析总体盈利状况和承保绩效，并介绍中国再保险市场的发展现状。第三节探讨当前全球保险和再保险市场的热点话题，包括保险业加速数字化转型、保险业在网络安全风险保障中发挥的作用、保险业提升 ESG（environmental、social、governance）方向关注度，以及保险业在新冠肺炎疫情背景下展现的韧性。

第一节　全球保险市场的发展概况

本节首先回顾了 2020 年全球保险业的发展概况，包括各地区保费收入的分布及其增长情况、全球各地区和部分国家的保险密度和保险深度排名，以及全球商业保险的费率水平趋势等。在此基础上，本节还将简述全球寿险和非寿险市场在 2021 年的发展情况，并展望 2022 年的发展态势。

一、全球保险业保费收入

2020 年全球保险业的直接保费收入为 62870 亿美元，依然维持在 6 万亿美元之上，相较 2019 年实际增长 -1.3%。其中，寿险保费收入 27974 亿美元，增长 -4.4%，相比于 2019 年 2.2% 的增长率大幅下降；非寿险保费收入 34896 亿美元，增长 1.5%，低于 2019 年 3.5% 的增长率。①

从保费收入的地区分布情况来看，不均衡态势明显，经济发达程度不同的经济体之间保费收入差异显著。2020 年各地区保费收入占全球保险市场的份额如图 5-1 所示。北美市场与欧非中东发达市场的保费规模保持领先，分别占全球的 42.53% 和 24.51%；亚太发达市场和亚太新兴市场位于第二梯队，保费规模占比分别为 14.37% 和 13.54%；拉丁美洲市场和欧非中东新兴

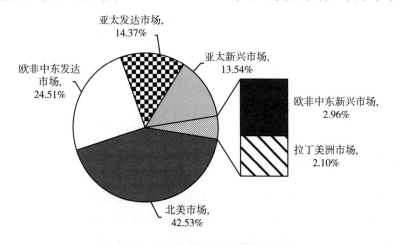

图 5-1　2020 年各地区保费收入份额
注：由于四舍五入等原因，个别计算值略有出入，下同。
资料来源：《世界保险业：加速复苏》，*Sigma*，2021 年第 3 期。

---

① 《世界保险业：加速复苏》，*Sigma*，2021 年第 3 期，https://www.swissre.com/institute/research/sigma-research/sigma-2021-03.html。

市场共占全球市场份额的 5.06%，处于第三梯队。① 按照市场发达程度划分，发达市场与新兴市场的保费规模差距明显。发达市场保费收入占全球的81.41%，相较于 2019 年保持稳定；新兴市场实现了 0.8% 的保费收入增长率，但总量仅占全球的 18.60%，较上年提高了 0.14 个百分点。

2020 年全球保费收入排名前十的国家（地区）如表 5 -1 所示，较 2019年无变动。美国以超过 40% 的市场份额高居榜首，扣除通货膨胀后的增长率较 2019 年下降 1.4 个百分点，连续三年实现正增长。中国以 10.43% 的市场份额位居第二，扣除通货膨胀后的增长率达 3.6%，虽然不及 2019 年 9% 的增长率，但对比其他国家和地区仍表现强势。

表 5 -1　　　　　　　2020 年全球保费收入前十位国家（地区）

排名	国家（地区）	保费收入（10 亿美元）	名义增长率（%）	扣除通货膨胀后增长率（%）	全球市场份额（%）
1	美国	2531	1.8	0.6	40.25
2	中国	656	6.2	3.6	10.43
3	日本	415	-3.0	-5.4	6.6
4	英国	338	-7.0	-8.0	5.38
5	德国	259	3.8	1.2	4.11
6	法国	231	-11.2	-13.3	3.68
7	韩国	194	8.2	5.1	3.08
8	意大利	162	-4.0	-5.2	2.58
9	加拿大	143	6.4	6.8	2.28
10	中国台湾	113	-3.8	-7.8	1.80

资料来源：《世界保险业：加速复苏》，*Sigma*，2021 年第 3 期。

2020 年全球分险种保费按地区以及按经济体类型的分布情况如图 5 - 2和图 5 -3 所示。寿险方面，欧非中东发达市场以 8869 亿美元的保费规模保持全球第一，占全球寿险保费收入的 31.70%。北美市场和亚太发达市场分别以 6909 亿美元和 6015 亿美元的规模分居第二、第三位，市场份额分别为24.70% 和 21.50%。亚太新兴寿险市场位列第四，总规模为 4893 亿美元。拉

① 各市场具体包含的国家和地区详见 *Sigma* 2021 年第 3 期统计附录。

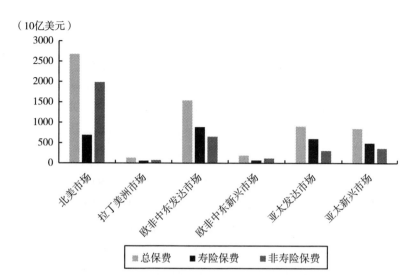

图 5 – 2　2020 年各地区和分险种保费收入

资料来源:《世界保险业:加速复苏》, *Sigma*, 2021 年第 3 期。

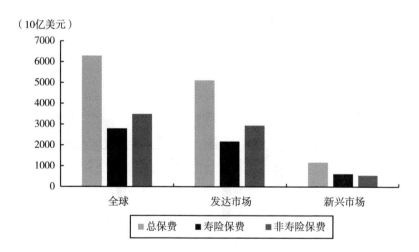

图 5 – 3　2020 年发达市场与新兴市场的保费收入

资料来源:《世界保险业:加速复苏》, *Sigma*, 2021 年第 3 期。

丁美洲市场和欧非中东新兴市场规模相对较小, 共占全球寿险保费收入的 4.61%。从市场发达程度看, 发达经济体寿险保费收入达 21793 亿美元, 占比 77.90%;新兴经济体寿险保费收入达到 6182 亿美元, 占比 15.78%。非寿险方面，北美市场以 56.83% 的份额领先，欧非中东发达市场以 18.74% 的份额紧随其后，亚太新兴市场（10.37%）和亚太发达市场（8.65%）分别位居第三、第四位。从市场发达程度看，发达经济体在非寿险市场占比84.22%，较上年上升 0.34 个百分点；新兴经济体非寿险保费收入份额为15.78%。

从保费收入增长情况看，2020 年全球增长率为 -1.3%。其中，发达市场增长 -1.8%，新兴市场增长 0.8%。分险种统计，全球寿险保费收入增长-4.4%，低于 2019 年 1.8% 的增长，且低于此前 10 年的平均值；非寿险增长 1.5%，低于前 10 年平均增长幅度。2020 年六大地区的保费增长率如图 5-4所示。北美市场增长 0.9%；欧非中东发达市场增长 -5.7%；拉丁美洲市场增长 -2.8%；欧非中东新兴市场增长 -3.0%；亚太发达市场则为 -2.6%。相比之下，亚太新兴市场则实现了 2.4% 的保费增长，是所有地区中最高的，主要由中国高达 3.6% 的增速拉动。而亚太新兴市场（不含中国）的增长率则

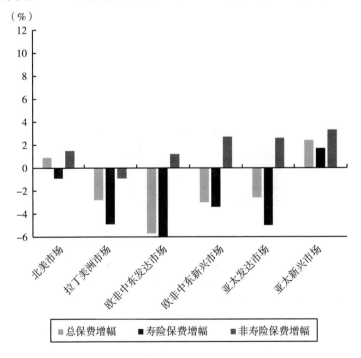

图 5-4　2020 年各地区保费收入变化率

资料来源：《世界保险业：加速复苏》，*Sigma*，2021 年第 3 期。

为-1.4%。

寿险业务方面，北美市场实现了-0.9%的增长率，保持了一定的韧性；拉丁美洲市场寿险保费增长-4.9%，相比2019年8.9%的强劲增长大幅下降；欧非中东新兴市场寿险保费增长-3.4%，较2019年-1.3%的增长率继续降低；欧非中东发达市场和亚太发达市场寿险增速分别为-9.5%和-5.0%，其中亚太地区的负增长主要由新冠肺炎疫情期间澳大利亚的不当销售指控[①]引起，消费者信心持续下降导致该国保费大幅减少。亚太新兴市场寿险保费增长1.7%，受益于主要市场（尤其是中国）的稳健增长。

非寿险业务方面，北美市场增长1.5%；拉丁美洲市场未能维持连续两年的微弱正增长，增长率下降至-0.9%；欧非中东发达市场非寿险市场保费取得1.2%的增长；欧非中东新兴市场非寿险增速为2.7%；亚太发达市场受益于韩国独特车险市场的增长[②]，维持了2.6%的增速；亚太新兴市场则受益于中国医疗险业务的增长，保持了3.3%的增长率，在世界范围内最高。

二、保险密度和保险深度

保险密度和保险深度是衡量一个国家（地区）的保险业发展水平的指标，被广泛应用于国际比较。保险密度即人均保费收入，保险深度即保费收入占国内（地区）生产总值的百分比。全球保险密度与保险深度排名前十位的国家（地区）和中国所处的位置如表5-2所示。

表5-2　　　　　　2020年全球保险密度和保险深度排名

密度排名	国家（地区）	保险密度（美元）	深度排名	国家（地区）	保险深度（%）
1	开曼群岛	11479	1	中国香港	20.8
2	中国香港	9746	2	中国台湾	17.4
3	美国	7673	3	开曼群岛	14.5

①　指澳洲联邦银行2011~2015年向客户不正当销售保险，被澳洲证券及投资委员会于2021年9月提起刑事指控。

②　2020年韩国非寿险保费增长6.6%，其中已完成费率市场化改革的车险市场增长大幅领先。

续表

密度排名	国家（地区）	保险密度（美元）	深度排名	国家（地区）	保险深度（%）
4	瑞士	7224	4	南非	13.7
5	丹麦	6521	5	美国	12.0
6	新加坡	5638	6	韩国	11.6
7	中国澳门	5593	7	英国	11.1
8	爱尔兰	5588	8	丹麦	11.0
9	芬兰	5218	9	芬兰	10.7
10	荷兰	5022	10	荷兰	9.6
42	中国	455	35	中国	4.5
	世界平均	809		世界平均	7.4

资料来源：《世界保险业：加速复苏》，*Sigma*，2021年第3期。

各地区保险业按照总保费、寿险保费和非寿险保费计算的保险密度和保险深度如图5-5和图5-6所示。保险密度的地区差距十分显著。以北美市场（7270美元）、欧非中东发达市场（3234美元）和亚太发达市场（3490美元）为代表的发达地区人均保费支出远远高于发展中国家（地区）。拉丁

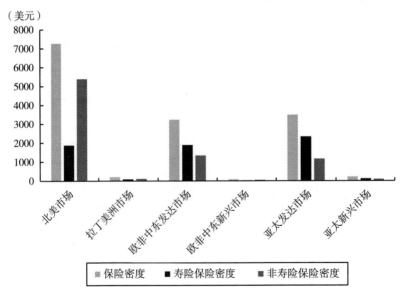

图5-5 2020年各地区保险密度

资料来源：《世界保险业：加速复苏》，*Sigma*，2021年第3期。

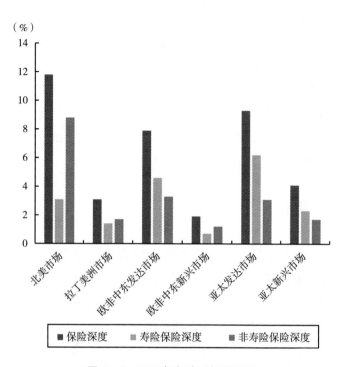

图 5 - 6　2020 年各地区保险深度

资料来源：《世界保险业：加速复苏》，*Sigma*，2021 年第 3 期。

美洲市场、欧非中东新兴市场和亚太新兴市场的保险密度分别为 203 美元、80 美元和 203 美元。

从保险密度看，北美市场、拉丁美洲市场和欧非中东新兴市场的非寿险人均保费支出均高于寿险；而欧非中东发达市场、亚太发达市场和亚太新兴市场的寿险人均保费支出高于非寿险。这与经济发达程度、老龄化水平以及消费习惯有关，其中，亚太发达市场对寿险产品的消费倾向性尤其明显。开曼群岛由于其独特的离岸金融中心地位，保险密度高达 11479 美元，位居榜首。中国市场保险密度为 455 美元，位列第 42，较 2019 年上升 4 位。

从保险深度看，北美市场、欧非中东发达市场和亚太发达市场的平均保险深度均高于 7%，分别为 11.8%、7.9% 和 9.3%，而拉丁美洲市场（3.1%）、欧非中东新兴市场（1.9%）和亚太新兴市场（4.1%）的保险深度相对较低，这说明保险在这些地区经济发展中的作用仍很有限，有较大的发展潜力。寿险深度最高的是亚太发达市场（6.2%），其次是欧非中东发达市场（4.6%）和北美市场（3.1%）；非寿险深度最高的是北美市场（8.8%），其次是欧非中东发达市场（3.3%）和亚太发达市场（3.1%）。中国香港以 20.8% 位居保险深度榜首，相比 2019 年排名上升 1 位，中国台湾则（17.4%）下降至第 2 位，开曼群岛（14.5%）连续两年都位列第 3。中国市场的保险深度为 4.5%，位列第 35，较 2019 年上升 3 位。

三、保险费率

保险价格指数是衡量世界主要保险市场商业保险费率的指标。达信数据①显示，截至 2020 年底，全球范围内商业保险费率水平连续六个季度同比增长，且同比涨幅不断扩大。2017～2021 年全球商业保险综合费率即价格指数的变化情况如图 5－7 所示。从全球范围来看，2017 年前三季度，全球商业保险价格水平保持了自 2016 年以来不断下降的趋势，但同比降幅逐渐缩小。2017 年第四季度至 2020 年底，商业保险价格水平将近提升了 20 倍，且增幅逐年扩大。2020 年前三季度，全球商业保险价格平均涨幅同比约为 17.6%；第四季度价格同比涨幅高达 21.6%，是自达信 2012 年开始收录数据以来的最高涨幅。2021 年以来，全球商业保险价格水平依然维持上涨态势，但增幅已有下降趋势。2021 年全年平均涨幅同比约为 15.1%，相较 2020 年的峰值明显下降。

2020 年分地区商业保险价格指数的变化率情况如图 5－8 所示。各地区相较于 2019 年均持续上涨，大洋洲涨幅最大，亚洲涨幅相对较小。总体来看，所有地区商业保险费率水平都有明显提升。其中，北美市场由于责任险的损失增加、勒索软件事件的频率和严重程度增加，2020 年的价格指数有所上升。拉丁美洲对复杂风险的承保能力下降，因此保险公司提升了价格。亚洲市场受到全球保险公司业绩不佳、承保能力下降的影响，价格有所提升。

---

① Marsh（2021），Global Insurance Market Index，https：//www.marsh.com/fr/en/services/insur-ance-market-and-placement/insights/global_insurance_market_index.html.

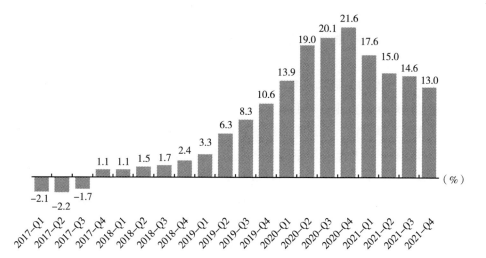

图 5 – 7　2017～2021 年全球商业保险价格指数同比变化率
资料来源：Marsh, Global Insurance Market Index, 2021.

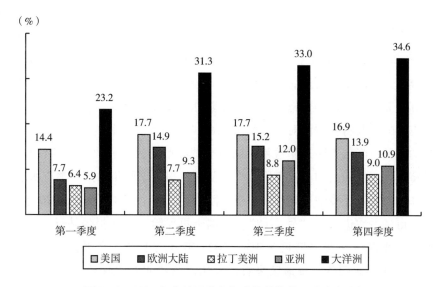

图 5 – 8　2020 年分地区商业保险价格指数同比变化率
资料来源：Marsh, Global Insurance Market Index, 2021.

大洋洲市场则因为意外事故索赔增加，并受新冠肺炎疫情影响医疗支出增加，出现社会通胀，因此也面临着价格指数提升的情况。

四、全球保险市场的发展与展望

2020 年暴发的新冠肺炎疫情不仅使得全球经济陷入了战后最严重的衰退，也给全球保险行业带来了巨大冲击，导致赔付率的飙升和保费增长率的下降。在疫情暴发前，全球保险市场正处于稳健增长的轨道上，而疫情危机使得全球保费的年均增长率下降近 3 个百分点。但总体来看，世界经济正在从疫情冲击中强劲反弹，未来仍有望实现增长。

寿险市场方面，2020 年疫情冲击导致全球寿险业务大受影响，全球寿险保费收入减少 4.5%。[①] 疫情危机使得居民购买力下降，持续的低利率环境又削弱了储蓄型产品的吸引力，这些因素都造成了寿险保费收入的减少。此外，2020 年上半年全球资本市场的波动也影响了寿险公司的盈利能力。但是，新冠肺炎疫情之后，受消费者风险意识增加、团体业务回升和数字互动增加等利好因素影响，保障类产品的需求有望迎来强劲增长。根据瑞士再保险公司预测，寿险保费增速将继续保持，2022 年和 2023 年的增长率将分别达到 2.9% 和 2.7%。地区趋势上，欧非中东发达市场的寿险保费将持续增长，其内在推动力来源于疫情过后法国保险公司投资连结业务和德国储蓄业务的强劲复苏；亚太发达市场也将达到高于平均水平的增长率，主要原因是在线和数字工具的普及将缓解面对面销售活动减少的问题。盈利能力上，新冠疫苗接种的普及将降低寿险理赔数量，同时全球股市的改善和政府债券收益率的上升将有利于保险公司的投资回报率，从而使得未来两年的盈利率有所改善。

非寿险市场受疫情影响程度小于寿险市场，一个重要原因是 2020 年非寿险业的市场费率进入了"硬周期"。据瑞士再保险 Sigma 报告估计，2021 年全球实际非寿险保费将增长 3.3%，2022 年将高于平均水平，达到 3.7%，2023 年出现小幅回落。按地区来看，发达市场的非寿险保费将于 2022 年和 2023 年恢复平均增长率，驱动因素包括经济复苏和商业险市场坚挺；而新兴市场在未来两年将实现高于总体趋势的强劲增长，中国依然将作为全球非寿

---

① 瑞再研究院：《全球保险业稳步复苏》，*Sigma*，2021 年第 3 期，https：//www.swissre.com/dam/jcr：ca792993-80ce-49d7-9e4f-7e298e399815/swiss-re-institute-sigma-3-2021.pdf。

险市场的增长引擎。受益于中国蓬勃发展的健康险市场，未来几年中国的非寿险保费将继续延续高增长的态势。此外，非寿险商业险定价上涨的势头预计将延续，因为所有险种都出现了由通胀引起的理赔上升的情况。

总体而言，全球保险市场在疫情的冲击下表现出了较强的韧性。随着疫苗接种加速推广，全球经济逐渐扫去疫情的阴霾，总保费收入在 2021 年恢复至危机前的水平。同时，随着全球进入后疫情时代，保险市场也面临着新的挑战。一方面，经济环境挑战依然严峻，各保险公司将进一步调整费率，加强核保管理，并更加重视成本管理以改善承保业绩。另外，新冠肺炎疫情的暴发也在一定程度上颠覆了保险公司的运营模式。疫情凸显了线上运营能力的重要性，保险公司纷纷加速了数字化进程。许多保险公司化危为机，加快推进各项战略举措，扩大网络安全等技术方面的投入，推进业务运营的创新发展。

第二节 全球再保险市场的发展概况

本节内容包括再保险和再保险市场的基本背景，全球再保险市场的规模、竞争状况、盈利状况、承保绩效，以及中国再保险市场的发展现状。市场全球化是再保险在全球范围内分散风险的客观需要，因此需要从全球视角研究再保险的行业情况。2020 年全球再保险保费收入维持增长态势，增速与 2019 年持平，市场结构稳中有变。全球再保险市场的净保费收入达 2451 亿美元，同比增长 11.5%，与 2019 年 11.6% 的增长率相比保持稳定。[①] 受新冠肺炎疫情等因素的影响，2020 年全球再保险市场盈利情况不佳，市场净利润、收入回报率、净资产收益率等盈利指标均大幅下降，成熟市场再保险公司的收益表现同样下滑。承保绩效方面，2020 年全球再保险市场综合成本率与 2019 年相比变差。同时，中国市场在全球再保险市场中的地位不断提升。根据中国银保监会发布的数据，2019 年中国境内的再保险（分）公司

---

① Top 40 Global Reinsurers and Reinsurers By Country, S&P Global Ratings, 2021.

分保业务保费收入共计 1878.9 亿元，同比增长 19%，相比 2019 年 15% 的增长率高出了 4 个百分点。中国的再保险公司不断壮大，共有 4 家注册地在中国的再保险公司位列毛保费收入全球排名前 50。

一、背景概况

再保险（reinsurance）也称分保，是指"保险人将其承担的保险业务，以分保形式部分转移给其他保险人"（《中华人民共和国保险法》第二十八条）。随着保险市场的发展，大量风险汇聚在保险公司，而由于地域和业务的限制，保险人无法实现有效的风险分散，因此产生了对再保险的需求。作为保险公司和再保险公司之间信息沟通和业务往来的重要桥梁，再保险经纪人在再保险市场中也发挥了重要作用。再保险经纪人主要提供再保险中介、咨询等服务，在评估原保险公司经营状况、产品和市场状况的基础上，代表原保险公司同再保险公司进行询价和谈判，帮助分出业务顺利进行，获得一定比例的再保险费作为佣金。

对于原保险公司而言，再保险的作用主要体现在以下三方面：一是再保险能够帮助原保险公司平抑经营波动，提升承保能力；二是再保险能够辅助原保险公司提升定价能力，并提供技术资源支持；三是再保险公司释放了保险公司的资本，保障偿付能力，为其业务拓展提供空间。此外，再保险在帮助原保险公司降低营收波动性的同时，能够降低其税务负担。对社会而言，再保险对于宏观经济也具有重要价值，有利于维护经济环境稳定，促进行业发展。

近年来，频发的重大灾害事件对全球再保险公司的资本充足率形成了不利冲击。2020 年，受美国冬季风暴、欧洲洪水以及美国飓风"艾达"影响，巨灾索赔额再度创下新高。特殊风险市场（如网络风险）也面临着更多挑战，2020 年以来的全球勒索病毒软件攻击数量飙升。长寿风险长期挑战着再保险经营，再保险公司的资本金要求普遍提升。此外，再保险市场的资本供给状况更加复杂，对优质业务的争夺也更加激烈。但同时，2022 年以来，新冠肺炎疫情的影响已经逐渐稳定，全球保险业正在逐步走出疫情的阴影。

2022 年 3 月，贝氏评级对全球再保险寿险市场和非寿险市场都给出了"稳定"① 的评级。

中国再保险市场虽然起步较晚，但发展强劲，改革开放 40 多年以来取得了巨大的成就。中国银保监会数据显示，中国市场再保险主体不断增多，从 1984 年到 2020 年，中国境内再保险（分）公司从 1 家增加到 12 家，登记有 500 余家离岸公司，100 余家从事再保经纪的经纪公司；中国再保险的规模也不断壮大，2021 年我国再保险公司的分保费收入约 1809 亿元人民币，赔付支出约 746 亿元人民币。

由于尚处于发展阶段，我国再保险业也存在一些问题。首先，我国再保险市场的发展程度落后于迅速发展的原保险市场。目前来看，我国专业再保险市场结构较为单一，中国再保险集团处于绝对控制地位，使得再保险有效供给不足，不利于保险市场进一步扩大。其次，我国再保险公司的国际竞争力仍有提升空间。目前中资再保险公司仍然将业务范围聚焦在本土市场，在业务分散度和承保专业度上，与全球其他再保险巨头相比仍有差距。最后，我国的再保险监管仍然不完善，目前仅有《再保险业务管理规定》，且仍未形成行业自治组织。

二、市 场 规 模

2020 年，全球再保险保费收入继续保持高速增长态势。贝氏评级数据显示，再保险毛保费收入全球排名前 50 的再保险公司毛保费收入总量，从 2019 年的 2912 亿美元增至 2020 年的 3215 亿美元，同比增长 10.4%，接近 2019 年 10.7% 的增长率。标普评级对全球 33 个国家（地区）的 118 家再保险机构进行了统计，数据显示，2020 年全球再保险净保费收入达 2451 亿美元，比 2019 年增长了 11.5%，与 2019 年 11.6% 的增长率不相上下。

就保费规模及其占比而言，美国、德国、瑞士和百慕大市场仍然保持着在全球再保险市场中的领先地位，共汇聚了全球超过 40% 的再保险机构，净

---

① 稳定：预计在未来 12 个月内，市场趋势将对在该细分市场运营的公司产生中性影响。

保费收入占全球市场的 2/3。如表 5 – 3 所示，欧洲再保险公司贡献了一半以上的全球再保保费，这与欧洲聚集了传统大型再保险公司直接相关，例如慕尼黑再保险、瑞士再保险、法国再保险、汉诺威再保险（以下简称欧洲"四大巨头"）以及劳合社市场。北美再保险市场吸纳了全球 1/3 的保费，依靠美国这一全球最大的直保市场和百慕大再保险市场实现迅速增长。亚太市场保费占比基本稳定，在新兴市场原保险保费增长的推动下，亚太再保险市场的竞争力稳步提升。从保费增长情况来看，与 2019 年相比，北美和亚太净保费收入增长显著，分别为 15.4% 和 10.3%；欧洲增长率为 9.5%，相比 2019 年 14.4% 的增长率出现下滑。

表 5 – 3 　　　　　　　2019 ~ 2020 年全球再保险净保费收入

国家（地区）	2020 年		2019 年		增长率（%）
	净保费收入（亿美元）	占比（%）	净保费收入（亿美元）	占比（%）	
美国	645	26.3	573	26.1	12.5
德国	564	23.0	481	21.9	17.3
瑞士	233	9.5	266	12.1	– 12.3
百慕大	196	8.0	155	7.1	26.2
其他	813	33.2	723	32.9	12.5
欧洲	1288	52.6	1176	53.5	9.5
北美	846	34.5	733	33.3	15.4
亚太	298	12.1	270	12.3	10.3
非洲	18	0.7	18	0.8	– 4.0
拉美	1	0.0	0	0.0	N/A
全球	2451	100.0	2198	100.0	11.5

注：全球数据由标普评级搜集的 33 个国家和地区的 118 家再保险机构的调查数据加总得到，其中尽可能排除了集团内部再保险安排的影响。

资料来源：S&P Global Ratings, Top 40 Global Reinsurers and Reinsurers By Country, 2021.

非寿险再保业务占全球再保险保费规模的 67%。贝氏评级的统计数据显示，2020 年全球非寿险再保实现净保费收入超过 1805 亿美元，同比增长 7.9%，与 2019 年 5.9% 的增长率相比明显上升。如图 5 – 9 所示，全球非寿险再保净保费收入呈现波动态势，自 2015 年持续低增长后，于 2017 年重回高增长，2018 年的增幅则轻微回落，2019 年小幅增长，而 2020 年又重回高速增长。欧洲"四大巨头"再保险公司的非寿险净保费收入占全球的近一半，而近年来欧洲"四大巨头"非寿险净保费收入增长低于全球水平，2015～2018 年其占比持续收缩，但 2019 年反弹至 43.4%，2020 年上升至 44.5%。

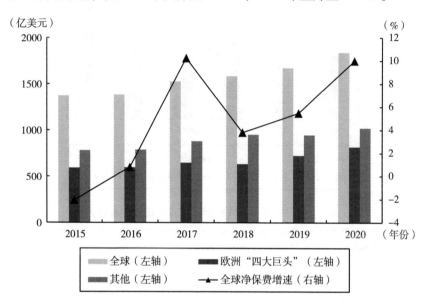

图 5-9　2015～2020 年非寿险再保市场净保费收入

资料来源：A. M. Best, Global Reinsurance Outlook Remains Stable in a More Uncertain World, 2021；A. M Best, Global Reinsurance Segment Review, 2015-2020.

　　寿险再保险市场规模占全球总再保保费的 33% 左右。如图 5-10 所示，根据标普评级和贝氏评级数据整理计算，可以得到 2020 年全球寿险再保净保费收入约 904 亿美元，与 2019 年相比增加了 13%，增长率低于 2019 年的 30.8%。与非寿险相比，寿险再保保费增长率波动幅度较大，全球寿险再保保费自 2015 年开始两度增减交替，2019 年增幅再次扩大。区别于非寿险，欧洲"四大巨头"的寿险净保费收入占全球的比重过半，居于明显的主导地位。然而与非寿险类似的是，该比重同样受到挤压，与 2015 年最高 67% 的占比相比，2020 年欧洲"四大巨头"寿险保费仅占全球的 51%。

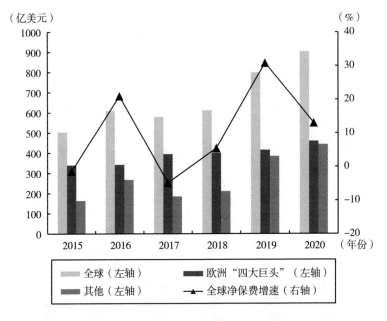

图 5 – 10　2015 ~ 2020 年寿险再保市场净保费收入

资料来源：A. M. Best, Global Reinsurance Outlook Remains Stable in a More Uncertain World, 2021; S&P Ratings, Global Reinsurance Highlights, 2015 – 2020.

三、竞争态势

再保险市场总体呈现"强者恒强"的局面，头部再保险公司竞争激烈，新兴再保险公司发展势头也十分强劲。如图 5 – 11 所示，本部分基于贝氏评级数据，计算各再保险公司毛保费的收入份额。

超大型再保险公司（排名 1 ~ 10 位）毛保费收入占前 50 家再保险公司的 70% 左右，以绝对优势主导整个市场，其余 40 家再保险公司共实现 1013 亿美元毛保费收入，占比 30% 左右。2020 年，超大型再保险公司市场份额降至 68.5%，自 2015 年来总体呈现出波动下降的趋势。大中型再保险公司（排名 11 ~ 20 位）份额不断波动，自 2015 年的 13.3% 提升至 2018 年的 17.2%，后在 2020 年下降至 16.4%。中小型保险公司（排名 21 ~ 50 位）的份额较为稳定。

如图 5 – 12 所示，超大型再保险公司中，慕尼黑再保险和瑞士再保险分

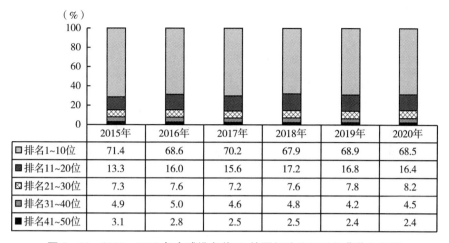

	2015年	2016年	2017年	2018年	2019年	2020年
□排名1~10位	71.4	68.6	70.2	67.9	68.9	68.5
■排名11~20位	13.3	16.0	15.6	17.2	16.8	16.4
⊠排名21~30位	7.3	7.6	7.2	7.6	7.8	8.2
▨排名31~40位	4.9	5.0	4.6	4.8	4.2	4.5
■排名41~50位	3.1	2.8	2.5	2.5	2.4	2.4

图 5-11　2015~2020 年全球排名前 50 的再保险公司毛保费收入份额

资料来源：A. M. Best, Global Reinsurance Outlook Remains Stable in a More Uncertain World, 2021; A. M. Best, Global Reinsurance Segment Review, 2015-2020.

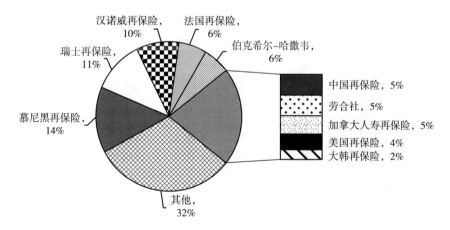

图 5-12　2020 年全球排名前 50 位的再保险公司毛保费收入份额

资料来源：A. M. Best, Global Reinsurance Outlook Remains Stable in a More Uncertain World, 2021.

别以 14% 和 11% 的市场份额保持"双雄"地位，分别达到 458 亿美元和 366 亿美元的毛保费收入。汉诺威再保险紧随其后，以 304 亿美元毛保费收入占全球 10% 的市场份额，并有逐年上升趋势。法国再保险、伯克希尔-哈撒韦、劳合社、加拿大人寿再保险维持传统优势，分别占据 5%~6% 的市场份额。中国再保险公司以 167 亿美元的毛保费收入维持 5% 的份额。美国再保险、大韩再保险紧随其后。

市场集中度（concentration ratio，CR）定义为前几大主体的市场份额占比，是反映垄断程度、市场竞争形势的重要量化指标。CR2 表示前两大市场主体（瑞士再保险、慕尼黑再保险）的市场份额占比，CR5 则表示前五大市场主体的市场份额。如图 5-13 所示，CR2 自 2015~2019 年呈现出持续下降的趋势，由 2015 年的 31.6% 持续下降至 2020 年的 25.6%。与此同时，CR5 呈现出波动下降的趋势，于 2017 年稍微反弹后又维持下降态势，2020 年降为 47.3%。可见，传统头部再保险公司的主导地位仍然明显，但大中型再保险公司逐渐通过并购及其他方式争取机会，未来再保市场的竞争格局仍在变化之中。

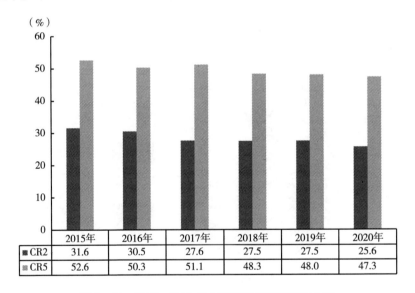

图 5-13　2015~2020 年全球再保险市场的集中度

资料来源：A. M. Best, Global Reinsurance Outlook Remains Stable in a More Uncertain World, 2021.

非寿险和寿险市场结构基本平稳，2020 年市场集中度均略有下滑。如图 5-14 所示，2020 年前十大非寿险再保公司的非寿险保费收入约 1374 亿美元，较 2019 年增长 8.6%。CR10 较 2019 年继续提升 1 个百分点。由于寿险比非寿险市场集中度更高，故统计前五名的市场份额更具有现实意义。如图 5-15 所示，2019 年 CR5 较 2018 年降低 3 个百分点至 59%，但 2020 年上

升至64%，扭转了连续两年的持续下降趋势。2020年，前五大寿险再保公司
寿险保费收入约691亿美元。

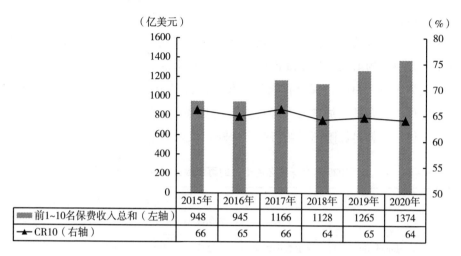

图 5 – 14　2015 ~ 2020 年全球非寿险保费排名前十位的再保险公司保费收入

资料来源：A. M. Best, Global Reinsurance Outlook Remains Stable in a More Uncertain World,
2021；A. M. Best, Global Reinsurance Segment Review, 2015 – 2020.

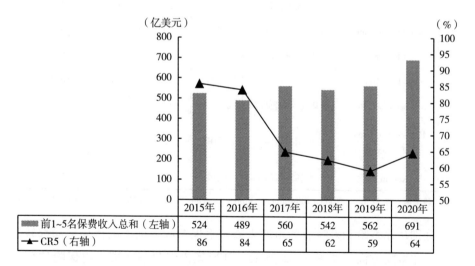

图 5 – 15　2015 ~ 2020 年全球寿险保费排名前五位的再保险公司保费收入

资料来源：A. M. Best, Global Reinsurance Outlook Remains Stable in a More Uncertain World,
2021；A. M. Best, Global Reinsurance Segment Review, 2015 – 2020.

从再保险公司排名来看，2020 年再保险毛保费收入前十位的再保险公司名单维持不变，但排名发生了变化。如表 5 – 4 所示，继瑞士再保险蝉联两年的榜首后，慕尼黑再保险凭借 21.1% 的毛保费增速实现反超，主要得益于寿险和非寿险业务的高增长。相比之下，位列第二的瑞士再保险毛保费收入出现了 – 13.4% 的增长。汉诺威再保险、法国再保险、伯克希尔 – 哈撒韦分列第三至第五位。中国再保险排名第六位，增速达到了 26.6%，相比 2019 年上升两位。劳合社、加拿大人寿再保险增长率仅为 10.2% 和 9.7%，排名均下降一位、大韩再保险超过帕特纳再保险，位列第十。

表 5 – 4　　　　　　2020 年全球排名前十位的再保险公司保费收入

排名	公司名称	公司名称（中文）	总部所在地	毛保费（亿美元）	净保费（亿美元）	增速（%）	排名变化
1	Munich Re	慕尼黑再保险	慕尼黑	458	431	21.1	+1
2	Swiss Re	瑞士再保险	瑞士	366	343	– 13.4	– 1
3	Hannover Re	汉诺威再保险	德国	304	262	20.2	——
4	SCOR	法国再保险	法国	201	179	9.9	——
5	Berkshire Hathaway	伯克希尔 – 哈撒韦	美国	192	192	19.3	——
6	China Re	中国再保险	中国	167	155	26.6	+2
7	Lloyd's	劳合社	英国	165	122	10.2	– 1
8	Canada Life Re	加拿大人寿再保险	加拿大	146	145	9.7	– 1
9	Reinsurance Group of America	美国再保险	美国	126	117	3.6	——
10	Korean Re	大韩再保险	韩国	78	54	11.7	+1

资料来源：A. M. Best, Global Reinsurance Outlook Remains Stable in a More Uncertain World, 2021.

分别从非寿险和寿险业务角度来看，毛保费收入前十的市场格局都较为稳定。非寿险方面，如表 5 – 5 所示，慕尼黑再保险超越瑞士再保险位列榜首，艾弗勒斯再保险上升一位至第七；大韩再保险上升一位至第八；中国再保险上升两位位列第九，首次进入全球前十；印度通用保险下跌三位至第十；美国再保险则跌出前十。第三位至第六位的四家再保险公司排名均无变化。

寿险方面，如表5-6所示，慕尼黑再保险超过瑞士再保险并位居榜首；由加拿大人寿、泛西人寿、伦敦人寿合并而来的加拿大人寿再保险一举位列第三；美国再保险位列第四；相应地，法国再保险、汉诺威再保险、帕特纳再保险的排名均下降两位；伯克希尔-哈撒韦、忠利保险公司排名下降一位；2019年榜上有名的太平再保险和中国再保险则未进入前十。

表5-5　　　2020年全球非寿险保费排名前十位的再保险公司保费收入

排名	公司名称	公司名称（中文）	总部所在地	毛保费（亿美元）	净保费（亿美元）	增速（%）	排名变化
1	Munich Re	慕尼黑再保险	慕尼黑	302	290	22.21	+1
2	Swiss Re	瑞士再保险	瑞士	215	206	-17.56	-1
3	Hannover Re	汉诺威再保险	德国	206	174	24.24	—
4	Lloyd's	劳合社	英国	165	122	10.23	—
5	Berkshire Hathaway	伯克希尔-哈撒韦	美国	133	133	19.99	—
6	SCOR	法国再保险	法国	88	77	9.87	—
7	Everest Re	艾弗勒斯再保险	百慕大	73	68	14.57	+1
8	Korean Re	大韩再保险	韩国	64	42	4.39	+1
9	China Reinsurance (Group) Corporation	中国再保险	中国	64	60	23.07	+2
10	General Insurance Corporation of India	印度通用保险	印度	63	56	-6.30	-3

资料来源：A. M. Best, Global Reinsurance Outlook Remains Stable in a More Uncertain World, 2021.

表5-6　　　2020年全球寿险保费排名前十位的再保险公司保费收入

排名	公司名称	公司名称（中文）	总部所在地	毛保费（亿美元）	净保费（亿美元）	增速（%）	排名变化
1	Munich Re	慕尼黑再保险	慕尼黑	156	141	18.95	+1
2	Swiss Re	瑞士再保险	瑞士	151	137	-6.61	-1
3	Canada Life Re	加拿大人寿再保险	加拿大	146	145	9.74	—

续表

排名	公司名称	公司名称（中文）	总部所在地	毛保费（亿美元）	净保费（亿美元）	增速（%）	排名变化
4	Reinsurance Group of America	美国再保险	美国	126	117	3.56	—
5	SCOR	法国再保险	法国	113	102	9.84	-2
6	Hannover Re	汉诺威再保险	德国	99	88	12.56	-2
7	Berkshire Hathaway	伯克希尔-哈撒韦	美国	59	59	17.78	-1
8	Assicurazioni Generali SpA	忠利保险公司	意大利	27	27	74.45	-1
9	Pacific LifeCorp	佰仕富人寿再保险	英国	23	18	10.18	—
10	Partner Re	帕特纳再保险	百慕大	15	15	0.40	-2

资料来源：A. M. Best, Global Reinsurance Outlook Remains Stable in a More Uncertain World, 2021.

四、盈利状况

探讨全球再保险公司的总体盈利状况，可以从净利润规模、收入回报率（return on revenue，ROR）、净资产收益率（return on equity，ROE）[①] 三个指标出发。净利润规模直观地展现了公司的基本盈利状况。如表 5-7 所示，2020 年全球再保险市场净利润与 2019 年相比大幅下跌，减少 70% 以上。

表 5-7　　　　　　2015~2020 年全球再保险公司净利润规模　　　单位：亿美元

再保险公司	2015 年	2016 年	2017 年	2018 年	2019 年	2020 年
全球	189	163	-7	22	209	57
欧洲"四大巨头"	100	82	24	46	57	20
美国和百慕大	57	55	-4	-11	119	50
劳合社	31	26	-27	-13	33	-12

资料来源：A. M. Best, Global Reinsurance Outlook Remains Stable in a More Uncertain World, 2021.

---

① 资产回报率（ROA）也是衡量盈利能力的重要指标，但由于寿险准备金远多于产险，所以寿险公司的 ROA 平均远小于产险公司，因此不适合用于比较以不同业务线为主的再保险公司。

除劳合社市场外，2020 年其余各市场都实现了正的盈利水平，但相比 2020 年均出现大幅下滑。欧洲"四大巨头"跌幅 65%，下降至 20 亿美元；美国和百慕大市场跌幅 58%，净利润 50 亿美元；劳合社在 2019 年扭亏为盈后，净利润下跌 136%，再次出现亏损，实现净利润 –12 亿美元。

再保险市场收入回报率评价了再保险业务的质量和经营的盈利情况。如图 5 – 16 所示，2020 年全球再保险收入回报率下降至 2.1%，比 2019 年下降 5.8 个百分点。从区域角度看，美国和百慕大市场相对强势，依然实现了高达 6.7% 的收入回报率。欧洲"四大巨头"的收入回报率降至 1.2%。相比之下，劳合社的收入回报率下跌 11.7 个百分点至 –3.1% 的水平，再次出现亏损。

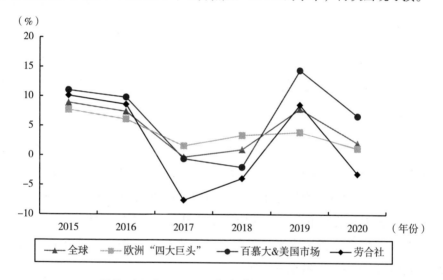

图 5 – 16　2015 ~ 2020 年全球再保险收入回报率

资料来源：A. M. Best, Global Reinsurance Outlook Remains Stable in a More Uncertain World, 2021；A. M. Best, Global Reinsurance Segment Review, 2020.

从公司层面来看，标普评级基于 2020 年净赚保费收入对全球再保险公司进行了排名，排名前十的再保险公司的收入回报率情况如表 5 – 8 所示。2020 年排名前十的再保险公司收入回报率大部分都低于 5%，仅有中国再保险实现 5.9%。瑞士再保险、伯克希尔 – 哈撒韦与劳合社维持亏损情况，亏损规模扩大。其余有收入回报率数据的公司均保持了盈利。中国再保险取得了 5.9% 的收入回报率，美国再保险、艾弗勒斯再保险、汉诺威再保险、法国再保险紧随其后。在榜的再保险公司收入回报率较上一年均出现了下滑。

表 5 - 8　　2015 ~ 2020 年全球排名前十位的再保险公司收入回报率情况

排名	公司名称	公司名称（中文）	2015 年	2016 年	2017 年	2018 年	2019 年	2020 年
1	Munich Re	慕尼黑再保险	12.8	7.0	- 1.5	9.0	5.9	0.4
2	Swiss Re	瑞士再保险	10.9	8.0	- 3.2	0.9	- 1.6	- 6.4
3	Hannover Re	汉诺威再保险	9.5	8.8	5.2	7.3	6.7	3.2
4	Berkshire Hathaway	伯克希尔 - 哈撒韦	N/A	N/A	N/A	N/A	- 9.0	- 14.4
5	SCOR	法国再保险	7.5	6.1	2.0	4.0	4.7	2.5
6	China Re	中国再保险	15.1	6.0	6.1	9.4	8.6	5.9
7	Lloyd's	劳合社	12.6	7.4	N/A	N/A	- 5.5	- 7.6
8	Reinsurance Group of America	美国再保险	8.0	8.3	8.4	7.9	7.7	4.3
9	Everest Re	艾弗勒斯再保险	22.1	19.4	4.3	- 1.6	11.5	3.5
10	Partner Re	帕特纳再保险	N/A	N/A	N/A	N/A	N/A	N/A

注：N/A 为缺少数据；排名基于 2020 年净赚保费收入。

资料来源：S&P Ratings, Global Reinsurance Highlights, 2015 - 2020.

净资产收益率代表了再保险市场股东投资回报的情况。如图 5 - 17 所示，2020 年全球再保险市场净资产收益率为 2.1%，与 2019 年相比下降了约 5.8 个百分点。细分市场的数据显示，在全球收益率下跌的情况下，欧洲"四大巨头"、百慕大和美国市场的跌幅均小于全球平均。欧洲"四大巨头"维持了 2.1% 的净资产收益率水平，美国市场和百慕大市场则维持在 6.7% 的水平。劳合社再次亏损，跌至 - 3.1%。

标普评级统计了 33 个国家（地区）118 家再保险公司的数据，计算得到 2020 年总计净资产收益率为 4.7%，较 2019 年下降约 0.8 个百分点。图 5 - 18 展示了 2020 年有代表性的 17 个国家（地区）的再保险净资产收益率。2020 年，百慕大以 11% 的净资产收益率领跑；中国台湾、加拿大、德国、中国大陆四地的净资产收益率均高于世界平均水平；韩国、法国、俄罗斯、日本、西班牙、南非保持了正收益率；中国香港、美国、瑞士、英国、澳大利亚和巴西的再保险公司净资产收益率为负。从增长情况来看，2020 年，巴西净资产收益率虽然相比上年提升 54%，但仍保持在末尾；美国净资产收益率较上年下跌 200%，持续为负；加拿大净资产收益率实现了 202% 的

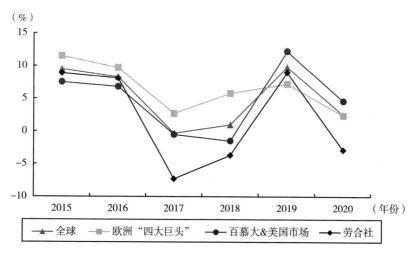

图 5 – 17 2015 ～ 2020 年全球再保险净资产收益率

资料来源：A. M. Best，Global Reinsurance Outlook Remains Stable in a More Uncertain World，2021.

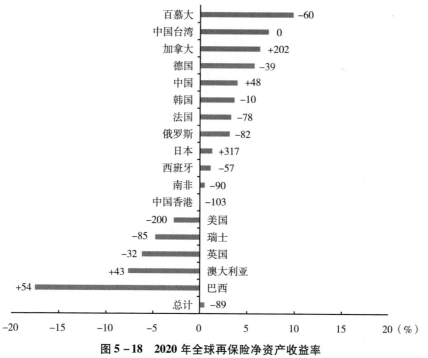

图 5 – 18 2020 年全球再保险净资产收益率

注：总计净资产收益率由 33 个国家（地区）118 家再保险机构的数据加总得到；标签数值为净资产收益率同比变化。

资料来源：S&P Ratings，Global Ratings Top 40 Global Reinsurers And Reinsurers By Country，2021.

增长，扭亏为盈；百慕大净资产收益率虽然下跌了 60%，但依然位居第一；中国净资产收益率水平为 4%，较上年上升 1.1 个百分点，提升至 48%。

总体而言，全球再保险市场净利润、收入回报率、净资产收益率反映的盈利趋势基本一致，但 2020 年全球再保险市场盈利的驱动力量已经由过去的欧洲"四大巨头"变为美国和百慕大市场。成熟市场再保险公司保持稳固的市场地位，收益稳健。同时，这也反映出一定的进入壁垒。2020 年 12 月，尽管考虑到新冠肺炎疫情大流行对世界范围内经济和保险运营的挑战，贝氏评级依然宣布将对全球再保险领域的展望维持在"稳定"的水平。

五、承保绩效

综合成本率以及构成综合成本率的赔付率、费用率是衡量保险公司承保绩效的重要指标。如图 5 - 19 所示，2020 年全球再保险市场平均综合成本率为 104.3%，与 2019 年的 99.9% 相比明显变差，平均赔付率大幅上升，平均费用率稍有下降。具体而言，世界再保险平均赔付率由 2019 年的 66.7% 上升至 72.7%，一改 2018 年和 2019 年稳中有降趋势，已经接近 2017 年的高点。平均费用率基本稳定，自 2015 年起小幅攀升后波动下降，2019 年降至 33.2% 的水平，2020 年继续下降至 31.6%，创五年来新低。

各个地区市场的承保绩效变化趋势与全球平均水平基本一致，2020 年综合成本率均有明显上升。如图 5 - 20 至图 5 - 23 所示，2020 年欧洲"四大巨头"平均综合成本率为 103.9%，维持在 100% 之上，并保持上升态势；平均赔付率较 2019 年上升 4.2 个百分点，高于全球平均水平；平均费用率稍有下降，低于全球平均水平。美国和百慕大地区平均综合成本率为 101.5%，较 2019 年上升了 4.6 个百分点，提升至 71.7%。劳合社平均综合成本率为 110.3%，远高于全球水平，较 2019 年有 8.2 个百分点的增高，综合成本率的升高也主要受平均赔付率上升的影响；平均费用率略有下降，为 37.2%，但依旧明显高于全球平均水平。亚洲再保险公司平均综合成本率为 105.9%，高于全球平均水平；平均赔付率增加约 5.3 个百分点至 78.6%；平均费用率提升约 0.2 个百分点，但总体平均费用率依然远低于世界平均水平。

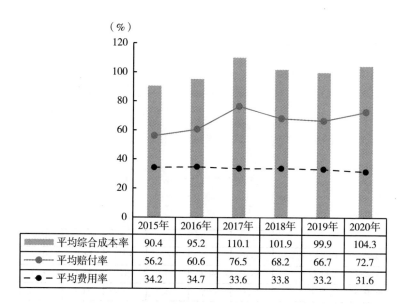

（%）

	2015年	2016年	2017年	2018年	2019年	2020年
平均综合成本率	90.4	95.2	110.1	101.9	99.9	104.3
平均赔付率	56.2	60.6	76.5	68.2	66.7	72.7
平均费用率	34.2	34.7	33.6	33.8	33.2	31.6

图5-19　2015~2020年全球再保险公司承保绩效

　　资料来源：A. M. Best, Global Reinsurance Outlook Remains Stable in a More Uncertain World, 2021；A. M. Best, Global Reinsurance Segment Review, 2015-2020.

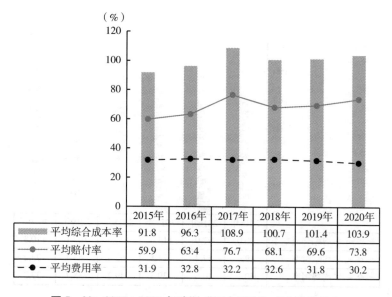

（%）

	2015年	2016年	2017年	2018年	2019年	2020年
平均综合成本率	91.8	96.3	108.9	100.7	101.4	103.9
平均赔付率	59.9	63.4	76.7	68.1	69.6	73.8
平均费用率	31.9	32.8	32.2	32.6	31.8	30.2

图5-20　2015~2020年欧洲"四大巨头"成本支出情况

　　资料来源：A. M. Best, Global Reinsurance Outlook Remains Stable in a More Uncertain World, 2021；A. M. Best, Global Reinsurance Segment Review, 2015-2020.

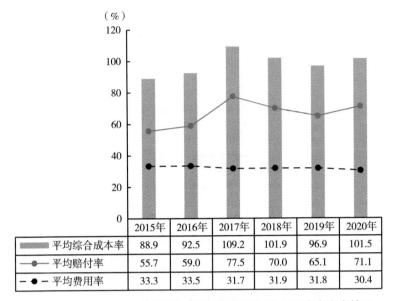

图 5 – 21　2015 ~ 2020 年美国和百慕大地区再保险公司成本支出情况

资料来源：A. M. Best，Global Reinsurance Outlook Remains Stable in a More Uncertain World，2021；A. M. Best，Global Reinsurance Segment Review，2015 – 2020.

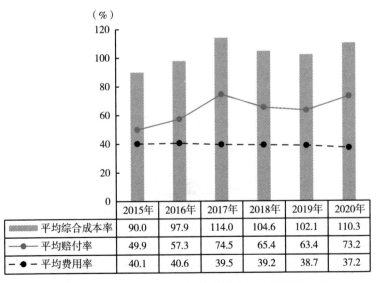

图 5 – 22　2015 ~ 2020 年劳合社成本支出情况

资料来源：A. M. Best，Global Reinsurance Outlook Remains Stable in a More Uncertain World，2021；A. M. Best，Global Reinsurance Segment Review，2015 – 2020.

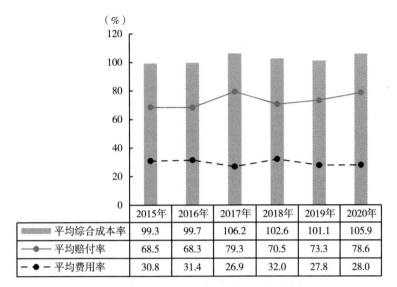

图 5 - 23　2015～2020 年亚洲再保险公司成本支出情况

资料来源：A. M. Best，Global Reinsurance Outlook Remains Stable in a More Uncertain World，2021；A. M. Best，Global Reinsurance Segment Review，2015 - 2020.

六、中国再保险市场

近年来，中国再保险市场发展强劲。如表 5 - 9 所示，2020 年中国境内的再保险（分）公司分保业务保费收入共 1878.9 亿元人民币，同比增长 19%。其中，中资再保险（分）公司实现分保费收入约 1250 亿元，同比增长 20%；外资再保险（分）公司实现分保费收入约 629 亿元，同比增长 18%。中资再保险公司保费收入占比 67%。

表 5 - 9　　　　　2019 年、2020 年中国境内再保险（分）公司业务情况

公司	2020 年分保费收入（亿元）	2019 年分保费收入（亿元）	同比增长（%）
中再寿	665.2	554.4	20
中再财	377.2	314.4	20
汉诺威再保险	180.5	138.8	30
瑞士再保险	177.5	160.3	11

续表

公司	2020 年分保费收入（亿元）	2019 年分保费收入（亿元）	同比增长（%）
慕尼黑再保险	132.7	105.7	26
前海再保险	102.7	65.0	58
法国再保险	68.5	63.9	7
德国通用再保险	58.5	53.9	9
太平再保险	52.8	51.7	2
人保再保险	51.9	57.6	-10
美国再保险	10.6	10.5	1
大韩再保险	0.8		
信利再保险	0.0		
总计	1878.9	1576.2	19

资料来源：中国银保监会。

2020 年毛保费收入排名前 50 位的再保险公司中，来自中国内地及中国香港的共有 4 家，分别为中国再保险（第 6 位）、太平再保险（第 29 位）、高峰再保险（第 30 位）以及前海再保险（第 34 位），中国再保险排名上升两位，前海再保险上升五位，高峰再保险上升一位，只有太平再保险下降三位。

2020 年，中国再保险集团分保费收入占中国境内再保险（分）公司总和的 55%，比例相较 2019 年不变，继续保持主导地位。2020 年，中国再保险集团再保险板块共实现分保费收入人民币 999 亿元，同比增长 18.6%，与 2019 年增速 8.8% 相比明显提高，接近 2018 年 17.0% 的增速。中再集团财产再保险业务分为境内和境外两部分。如图 5-24 所示，2020 年境内总分保费收入为 334 亿元，同比提升了 16%。境内业务仍然以机动车辆险为主，分保费收入占比维持在 29%；财产保险分保费收入同比提升 48%，达到总保费收入的 24%；农业保险略有减少，占比从 21% 下降到 16%；责任险、工程险以及其他险种保费收入继续稳定增长，为多样化产品布局提供可能。境外方面，2020 年共达成分保费收入 150 亿元，同比增长 6.9%，与 2019 年的 247.8% 的增速相比有所下降。境外业务主要包括非水险、特殊风险保险和责任险等，以短尾业务为主。

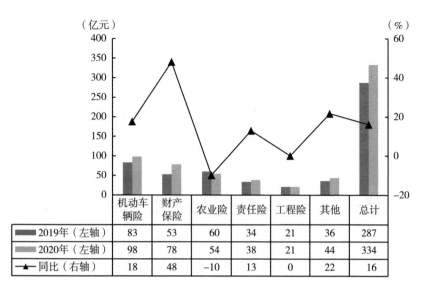

图 5 – 24 2019 ~ 2020 年中国财产再保险公司境内业务分保费收入

资料来源:《中国再保险(集团)股份有限公司 2020 年年度报告》。

中再寿险再保险业务同样分为境内和境外两个部分,前者主要包括保障型再保险、储蓄型再保险、财务再保险三个业务条线,后者则主要由储蓄型再保险业务构成。如图 5 – 25 所示,2020 年境内人身再保险业务分保费收入

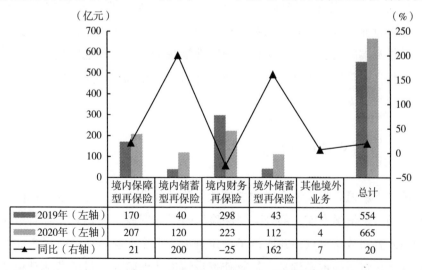

图 5 – 25 2019 ~ 2020 年中国人寿再保险公司分保费收入

资料来源:《中国再保险(集团)股份有限公司 2020 年年度报告》。

人民币 665 亿元，同比增长 20%。其中，保障型再保险业务 207 亿元，同比增长 21%；储蓄型再保险业务 120 亿元，同比增长 200%；财务再保险业务 223 亿元，同比下降 25%。境外人身再保险业务分保费收入共 115.39 亿元，同比增长 150%。境外储蓄再保险业务分保费收入共 112 亿元，同比增长 162%。境外业务以寿险为主，占比约 70%，也包括健康与意外险，共占比 30%。

第三节　全球保险和再保险市场的热点话题

新冠肺炎疫情仍在全球肆虐，在此背景下，保险业面临不少挑战与发展机遇，本节就其中的四个热点话题展开分析和讨论。第一，新冠肺炎疫情导致保险业加速数字化转型进程。随着数字化在保险价值链各环节的渗透，保险行业正形成由保险公司、科技巨头以及初创保险科技公司组成的保险科技生态圈。第二，新冠肺炎疫情带动了互联网交易的发展，其中出现的部分网络风险由网络安全保险提供保障，因此保险业面临着新的展业空间和由网络安全保险市场不完善带来的各种挑战。第三，国际保险业更加重视 ESG 问题，保险行业与各国监管部门共同推动可持续性保险发展，保险业期待获得承保及投资端的发展机会。第四，保险业展现韧性，在新冠肺炎疫情背景下加速增长，风险厌恶程度上升带来寿险保费收入增加，供应链危机推升全球企业风险管理需求。

一、保险业加速数字化转型

第一，新冠肺炎疫情全球肆虐导致保险业经营方式变化，推动保险业数字化转型。疫情暴发前，部分跨国保险集团（如安联、安盛）已经将数字化转型纳入公司战略重点，并取得了一定进展，但全保险行业彼时尚未完全认识到数字化转型的重要意义。新冠肺炎疫情迫使保险业大量经营活动由线下转向线上，如保险营销由线下见面推介变为线上推广，保险理赔查勘大量采用远程手段。消费者快速接受了这一转变①，因此数字化水平较高的保险公司在新冠肺炎疫情中占得优势。从全球来看，数字经济基础设施较好、数字经济渗透率较高地区的保险业应对疫情转型更加顺畅。

第二，数字化已渗透至保险价值链各环节，保险业正加大数字化转型投入，以期提升行业效益。最初保险业的数字化集中于产品销售以及用户交互，而随着保险业数字化转型的不断深入，保险价值链的各环节正在被深刻改变。在产品设计环节，数字化转型使得保险业能够精准地察觉消费者偏好，设计出更符合市场需求的保险产品；在保险销售环节，场景保险、精准营销和代理人赋能等技术使得销售效率得以提高；在承保与理赔环节，数字化转型提高了保险业的承保速度，简化了理赔流程，使保险业可以提供全天候智能客户服务，提升客户体验。由于数字化转型在保险价值链各环节的优化方面发挥着重要作用，保险业正在资金和人才招聘方面加大对于数字化转型的投入。根据德勤调研，424 名全球保险业受访者预计其 2022 年技术预算将增加13.7%，所投入方向主要包括人工智能、云计算以及数据隐私。保险业在人才招聘方面则更加偏好具有技术背景的员工，2022 年信息技术、网络安全方面的职位需求增加超过 40%。② 未来，数字化转型有望成为保险业获取收益的动力之一。麦肯锡报告指出，欧洲、北美以及亚洲保险业管理者一致认为，数字化水平是提升保险公司竞争力的关键，即使对于领先的财产保险公司，数字化转型带来的数据分析能力也可以使综合成本率降低 3% ~ 5%，新业务保费增长 10% ~ 15%，利润增长 5% ~ 10%。③

第三，保险公司、科技巨头、初创保险科技公司相互交融，共同推动保险业数字化转型。保险业数字化转型由不同类型的组织或公司共同推动，各尽其责。保险公司的数字化转型措施包括组织结构转型与 IT 部门重要性提升。另外，保险公司还根据自身能力选择不同的转型策略。IT 能力较强且数

① 《全球保险业稳步复苏》，*Sigma*，2021 年第 3 期，https：//www.swissre.com/dam/jcr：ca792993-80ce-49d7-9e4f-7e298e399815/swiss-re-institute-sigma-3-2021.pdf。

② 德勤：《2022 年保险行业展望》，https：//www2.deloitte.com/content/dam/Deloitte/cn/Documents/financial-services/deloitte-cn-fs-insurance-outlook-zh-220214.pdf。

③ 麦肯锡：《创造价值并聚焦：全球保险报告 2022》，https：//www.mckinsey.com/industries/financial-services/our-insights/creating-value-finding-focus-global-insurance-report-2022。

字基础设施条件较好的企业，多采取内部研发战略，在软件（人才、组织形式）和硬件（IT 基础设施）等方面加大投入；IT 基础较弱的公司则选择"孵化"战略，包括投资保险科技公司、设立保险科技孵化器以及与高校加强合作等。以亚马逊、谷歌、蚂蚁金服为代表的科技巨头则利用流量以及数据优势，关注于特定场景的保险业务机会，开发创新产品，开拓新兴市场，同时输出保险业数字化转型所需的技术服务（如云计算等）。初创保险科技公司主要为保险公司提供销售、产品创新、客户管理、风险控制、公司运营等方面的解决方案，帮助保险公司降低成本，提高运营效率。麦肯锡研究预测，数字化转型后的保险业将形成由保险公司、科技巨头以及初创保险科技公司组成的保险科技生态圈，到 2030 年将产生 600 亿美元的收入。[①]

二、保险业在网络安全风险保障中发挥重要作用

新冠肺炎疫情背景下，互联网交易和数字化运营更广泛地成为了各个市场的常态。然而，互联网高速发展的背后，是全球网络犯罪的快速增长。根据 Cybersecurity Ventures 公司的研究，2021 年网络犯罪在全球造成了 6 万亿美元的损失，这一数字将在未来五年以每年 15% 的速度增长。通过勒索软件索要赎金的网络犯罪在 2015 年共计给全球造成了 3.25 亿美元的损失，而到 2021 年造成的损失超过了 200 亿美元，增长 60 余倍。由于网络犯罪具备易于实施、损失巨大、搜证困难的特性，受害者往往备受其害，因此增强针对网络安全的有效保障十分必要。

第一，网络安全保险是保险业参与网络风险保障的主要形式。网络安全保险也称网络责任保险，是一种对企业面临的网络安全损失的保障，其保险责任通常包括数据的丢失和恢复、网络转账损失、计算机欺诈和网络勒索赎金。具体而言，如果企业数据遭到黑客窃取，网络安全保险将承担企业通知用户的费用、民事损害赔偿、计算机取证的费用、公关成本，同时保险人有

---

① 麦肯锡：《公司如何在数字化生态系统中创造价值》，https：//www. mckinsey. com/ ~ /media/ McKinsey/Business%20Functions/McKinsey%20Digital/Our%20Insights/How%20do%20companies%20create% 20value%20from%20digital%20ecosystems/How-do-companies-create-value-from-digital-ecosystems-vF. pdf。

义务在诉讼中为投保人辩护。保险人也会协助投保人管理网络风险，帮助投保人联系网络安全服务供应商。网络安全保险的责任免除一般包括投保时已有漏洞、战争、境外势力攻击、社会工程学攻击等，网络安全保险通常也具有免赔额。常见的网络安全保险有两种形式，一种是作为其他保单的附加责任，另一种是作为独立保单。一般而言，前者只包含企业应对网络安全事件的费用支出，而后者还包含企业对用户应负的其他责任保障，且保额更充分，保障范围更全面。

第二，网络安全保险在保单设计上存在难度。虽然网络安全保险能够在保障网络风险上发挥一定作用，但是网络风险的特征使得其可保性存在争议，面临着损失相关性、信息不对称和保额限制方面的问题。损失相关性方面，某些类型的网络安全风险损失具有一定的关联，使其难以被有效集中管理；信息不对称方面，网络安全保险中道德风险和逆向选择现象较为严重；保额方面，由于网络安全事件影响复杂，保障范围与保额需要进行明确界定，以避免极端风险事故带来的偿付能力压力。随着行业发展和数据积累，网络安全风险的定价与预测将更加精准，损失相关性和信息不对称带来的问题将逐步得到改善。而在网络安全保险发展前期，依然需要靠更深入的研究与更巧妙的保单设计来解决。

第三，网络安全保险市场发展迅速，但平均损失率和保费逐年上升。以美国为例，美国保险监督官协会（National Association of Insurance Commissioners，NAIC）的统计数据显示，2020 年在美国注册的保险公司承保了 27.54 亿美元的网络风险，相比 2019 年增长 21.7%，2017～2020 年平均增长率为 13.4%。自 2017 年以来，网络保险市场的平均损失率逐年上升，且涨幅逐年增加，已经从 2017 年的 32.4% 增长至 2020 年的 66.9%（见图 5 - 26）。网络保险的保费也呈上升趋势，2021 年前三季度，美国网络保险平均定价同比涨幅分别为 34%、56% 和 97%。网络保险费率上升的原因众多，包括由网络勒索事件频率与严重程度上升导致的损失环境恶化、系统性网络事件具有的巨灾性质、再保险成本增加和保险公司既往保单可用资金不足等。对此，保险公司的应对方法包括增加免责条款、降低保额、提高自留额。同时，保险公司也会要求核保人使用工具评估潜在被保险人的计算机网络条件，以决定是否承保。

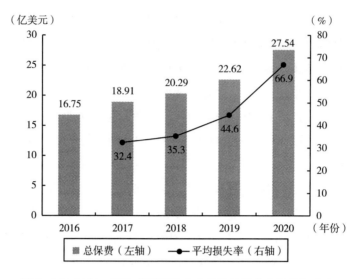

图 5 – 26　2016～2020 美国网络安全保险总保费和平均损失率
资料来源：NAIC, Report on the Cybersecurity Insurance Market, 2021.

第四，相比美国与欧洲，中国网络安全保险尚处于初期阶段。据国家工业信息安全发展研究中心测算，2021 年我国网络安全险保费规模约 7080 万元，较上年增长 3.2 倍以上，最高保额超 4 亿元。目前的保险产品主要面向大型企业，中小企业的网络安全风险尚未被覆盖，新的产品仍有待开发。2022 年在上海银保监局指导下，众安等五家保险公司共同推出网络安全保险普惠版产品，保障范围除企业经济损失外，还包括第三方责任赔偿。总体来看，中国网络安全保险市场的问题主要包括相关法律体系有待完善、数据有待逐步积累、网络安全风险数据共享平台缺失、信息不对称等，行业发展有待进一步规范。2021 年 12 月，国家工业信息安全发展研究中心联合 18 家网络安全技术公司和保险公司，发布了《我国网络安全保险产业发展白皮书（2021 年）》，对比国外网络安全保险发展路径，为我国行业发展的问题给出了对策建议。

三、国际保险业提升 ESG 方向关注度

ESG 是一种关注企业环境、社会、治理绩效而非财务绩效的投资理念和企业评价标准，旨在促进经济可持续发展、履行社会责任等方面的贡献。在

气候变化与新冠肺炎疫情全球大流行背景下，国际保险业对推动 ESG 发展具有独特的作用。

　　ESG 理念反映出人们对于商业活动的诉求应从单纯的股东盈利，上升为期望商业活动推动经济、社会和环境可持续发展，并希望将该理念贯穿于公司经营与对外投资的全流程。当前，气候变化、经济发展不平等以及生态环境恶化等问题日益突出，世界面临着可持续发展的严峻挑战。根据世界经济论坛《全球风险报告 2020》①，气候变化以及相关环境问题是影响全球公司风险的五大因素之一②，新冠肺炎疫情以及随后的经济 "K" 型复苏更加重了人们对于经济发展不平衡以及生态环境恶化的担忧。而保险业因其集风险管理、风险承担以及投资于一身，本身就与 ESG 有着复杂的关系。一是保险业本身面临 ESG 问题（如气候灾害，包括洪水、火灾、风暴等）带来的直接损失；二是 ESG 问题会广泛地影响保险业承保标的风险，增加保险业索赔风险；三是 ESG 问题还会影响保险业的投资回报，如各国推动发展低碳经济可能对保险业的投资组合（尤其是碳密集型行业）产生影响。因此，ESG 得到了全球保险业的密切关注。

　　第一，可持续性保险是保险业应对 ESG 问题的主要策略。据《联合国环境规划署金融倡议》（UNEP Finance Initiative）的《可持续保险原则》，可持续保险被定义为 "一种以负责任和前瞻性的方式来完成保险价值链中的所有活动（包括与利益相关方的互动）的战略方法"③。可持续保险的主要观点是保险业应该在自身公司经营（如员工培训、承保对象选择以及对外投资等）时考虑 ESG 问题，与政府部门、监管机构紧密合作，主动定期披露自身 ESG 问题进展，并积极在全社会推广 ESG 行动。

　　第二，贯彻可持续保险原则将在承保和投资管理两方面为保险业带来发展新机遇。首先，承保端，可持续保险带来的机遇至少包括以下五点：一是气候变化与极端天气可能带来保险产品的需求上升；二是全球正加大新能源

---

① 《全球风险报告 2020》，https：//www3. weforum. org/docs/WEF_Global_Risk_Report_2020. pdf。
② 五大因素包括气候行动失败、大规模杀伤性武器、生物多样性损失、极端天气和水危机。
③ 《可持续保险原则》，https：//www. unepfi. org/psi/wp-content/uploads/2020/06/PSI-ESG-guide-for-non-life-insurance. pdf。

产业投资,相关技术以及基础设施将带来新的保险产品需求与风险管理咨询需求;三是自动驾驶与新能源汽车正快速发展,产生新的出行相关保险方案需求;四是全球数字经济正在快速发展,但网络相关风险事故(如黑客敲诈、数据泄露)频繁发生,网络安全保险需求迅速上升;五是新兴市场保险需求不断觉醒,保险业可针对性地向低收入客户、残疾客户、老龄客户提供普惠性保险产品。其次,可持续保险在投资端带来的保险业发展机遇包含两个方面。一方面,长期投资者越来越关注 ESG 问题,这迫使保险公司在投资中考虑 ESG 因素。另一方面,可持续保险将带来以下机会:一是保险公司在构建投资组合时具有更多考虑维度,例如设立以可持续发展为主题的投资组合;二是金融市场中不断出现针对 ESG 问题而创新设立的金融产品(如绿色债券、碳金融产品等),为保险公司提供更多的投资标的。

第三,全球保险行业多举措发力,推动可持续保险发展。保险业主要从以下几个方面推动可持续保险发展。一是将 ESG 因素纳入承保和投资管理流程中。例如,德国安联保险集团就把 ESG 审查纳入承保手册;苏黎世保险公司则将 ESG 因素纳入构建投资组合的考虑范围,并覆盖所有资产类别。二是培养员工对于 ESG 问题的敏感度,如安联在员工培训时加入了 ESG 问题的内容,安盛将 ESG 内容作为投资经理的必修课程。三是对于投资标的就 ESG 问题进行干预,如安盛保险定期指派投资经理参与被投公司的管理工作,从公司内部推动被投公司关注 ESG 问题。四是积极利用科技推动解决 ESG 问题,如中国平安开发了一系列 AI-ESG 产品,用于 ESG 以及气候风险的企业管理、风险监督和解决方案分析,以支持 ESG 投资。

第四,各国监管部门也陆续出台推动 ESG 的政策法规。欧盟自 2020 年起陆续颁布《分类条例》①《欧盟低碳基准条例》② 等相关文件,制定 ESG 问题统一的分类标准、披露要求以及监管措施。欧洲保险和职业养老金管理局(European Iusurance and Occupational Pensions Authority, EIOPA)希望保险公

---

① 分类条例:Taxonomy Regulation,https://eur-lex. europa. eu/legal-content/EN/TXT/PDF/? uri = CELEX:32020R0852&from = EN。

② 欧盟低碳基准条例:Low Carbon Benchmarks Regulation,https://eur-lex. europa. eu/legal-content/EN/TXT/PDF/? uri = CELEX:32019R2089&from = EN。

司在进行偿付能力评估时把 ESG 问题纳入考量。美国纽约州保险监管机构要求受其监管的机构开始将气候变化带来的金融风险纳入治理框架、风险管理流程和商业战略中。新加坡金融监管局针对银行、资产管理公司和保险公司分别发布了环境风险管理指南，为治理、风险管理和环境风险披露制定了标准，以便对贷款与投资进行合理定价。英国审慎监管局要求保险公司在偿付能力第二阶段压力测试中模拟量化 ESG 因素。中国银保监会要求金融机构建立和改善其环境和社会风险管理体系，将 ESG 要求纳入其信贷流程，并加强向利益相关者披露 ESG 信息。

四、保险业在新冠肺炎疫情背景下展现韧性

2021 年以来保险业迎来强劲复苏。2020 年新冠肺炎疫情暴发及灾害频发下，作为风险承担者，（再）保险业及时为家庭部门、商业部门及政府提供财务支持，对个人保障与社会稳定均起到了重要作用。固然，全球性的疫情与频发的灾害会导致当年行业业绩平淡[1]，但自 2021 年起，（再）保险业迎来强劲复苏。瑞士再保险研究院预测，2022 年及 2023 年全球保费增速达 3.3% 与 3.1%[2]，德勤调研发现，来自北美、欧洲及亚太市场的 424 位保险行业受访者中，约 1/3 受访者预计下一年度收入将"显著增加"[3]。

寿险方面，保费收入因风险厌恶程度上升而有所增加，赔付支出因新冠疫苗能够有效防止死亡而未承受过大压力，保险投资端受益于全球股票市场而表现良好。保费收入方面，新冠肺炎疫情暴发引起居民对于健康与死亡风险的担忧，风险厌恶程度上升为寿险业带来了保费收入提升。例如，瑞士再保险研究院发现，受访者认为自身对于健康与死亡的风险保障水平

---

① 根据麦肯锡《创造价值并聚焦：全球保险报告 2022》，2020 年全球保费收入增长仅 1.2%（2010～2020 年全球保费收入年均增速为 4%），利润较 2019 年下降 15%，其中亚太地区利润下降 36%。

② 《动乱与回升——全球经济及保险业展望：2022/2023 年》，*Sigma*，2021 年第 5 期，https://www.swissre.com/dam/jcr:ffcbad1f-9040-4aae-a94e-e4b1ce6c74bf/swiss-re-institute-sigma-5-2021-en.pdf。

③ 德勤：《2022 年保险行业展望》，https://www2.deloitte.com/content/dam/Deloitte/cn/Documents/financial-services/deloitte-cn-fs-insurance-outlook-zh-220214.pdf。

不够，而全球寿险业保费收入 2022 年与 2023 年预计将增长 2.9%、2.7%[1]。赔付方面，新冠肺炎病毒致命，但并未给全球寿险赔付造成过大压力，新冠疫苗能够有效防止重症及死亡，而主要保险市场（加拿大、中国、英国、德国等）的新冠疫苗接种率显著高于世界平均水平。例如，数据显示，新冠肺炎疫情并未造成欧洲国家超额死亡率[2]上升。投资方面，全球股票市场表现总体良好，且美国 10 年期国债利率略微上升，均有利于寿险业取得良好投资回报。

非寿险方面，一方面，供应链危机推升全球企业风险管理需求。新冠肺炎疫情导致全球供应链不时中断，加大了企业对于商业中断风险管理的需求；部分企业允许员工远程办公，这推升了网络安全风险保险需求。全球产险业保险收入 2022 年与 2023 年预计增长 3.7% 与 3.3%。另一方面，（再）保险业通过提高保险费率以应对频发的自然灾害。根据瑞士再保险研究院研究数据，2021 年、2022 年全球自然灾害频率高于历史平均水平，如 2021 年台风"艾达"造成美国已投保财产损失约 300 亿美元，2021 年中国河南暴雨造成已投保财产损失约 19 亿美元。在以上因素推动下，产险业 ROE 预计由 2021 年的 6.2% 上升至 2022 年的 6.6%。产险业提高保险费率以维持承保利润稳定。

参考文献

［1］德勤金融服务行业研究中心：《2022 年保险行业展望》，https：//www2. deloitte. com/content/dam/Deloitte/cn/Documents/financial-services/deloit-te-cn-fs-insurance-outlook-zh-220214. pdf。

---

① 瑞再研究院：《瑞再新冠消费者调查：财务焦虑度，以及保险需求在亚太市场上升》，https://www. swissre. com/risk-knowledge/building-societal-resilience/covid-19/market-announcement-covid19-consumer-survey. html；《瑞再新冠消费者调查 2021：新冠暴发一年后的亚太地区的保险认知》，https：//www. swissre. com/dam/jcr：83780117-dc5f-4e6a-974b-d912863132e9/swissre-institute-expertise-publi-cation-asia-covid-19-consumer-survey-2021. pdf。

② 超额死亡是因疫情直接或间接造成的所有死亡数减去疫情不发生时的"正常态"死亡数，具体定义以及各国超额死亡率数据见 https：//ourworldindata. org/excess-mortality-covid。

［2］联合国环境规划署：《可持续保险原则》，https：//www. unepfi. org/psi/wp-content/uploads/2020/06/PSI-ESG-guide-for-non-life-insurance. pdf。

［3］麦肯锡：《公司如何在数字化生态系统中创造价值》，https：//www. mckinsey. com/ ~ /media/McKinsey/Business% 20Functions/McKinsey% 20Di gi-tal/Our% 20Insights/How% 20do% 20companies% 20create% 20value% 20from %20digital% 20ecosystems/How-do-companies-create-value-from-digital-ecosystems-vF. pdf。

［4］麦肯锡：《创造价值并聚焦：全球保险报告 2022》，https：//www. mckinsey. com/industries/financial-services/our-insights/creating-value-finding-foc us-global-insurance-report-2022。

［5］瑞再研究院：《全球保险业稳步复苏》，*Sigma*，2021 年第 3 期，https： // www. swissre. com/dam/jcr： ca792993-80ce-49d7-9e4f-7e298e399815/swiss-re-institute-sigma-3-2021. pdf。

［6］瑞再研究院：《动乱与回升——全球经济及保险业展望：2022/2023 年》，*Sigma*，2021 年第 5 期，https：//www. swissre. com/dam/jcr： ffcbad1f-9040-4aae-a94e-e4b1ce6c74bf/swiss-re-institute-sigma-5-2021-en. pdf。

［7］瑞再研究院：《新冠调查：财务焦虑度，以及保险需求在亚太市场上升》，https：//www. swissre. com/risk-knowledge/building-societal-resilience/covid-19/market-announcement-covid19-consumer-survey. html。

［8］瑞再研究院：《瑞再新冠消费者调查 2021：新冠暴发一年后的亚太地区的保险认知》，https：//www. swissre. com/dam/jcr：83780117-dc5f-4e6a-974b-d912863132e9/swissre-institute-expertise-publication-asia-covid-19-consumer-survey-2021. pdf。

［9］世界经济论坛：《全球风险报告》，https：//www3. weforum. org/docs/WEF_Global_Risk_Report_2020. pdf。

［10］A. M. Best：Global Reinsurance Outlook Remains Stable in a More Un-certain World，2021.

［11］A. M. Best，Global Reinsurance Segment Review，2015 - 2020.

［12］Bruggeman，V. ，M. G. Faure，and K. Fiore，2010，"The Government as Reinsurer of Catastrophe Risks?", *The Geneva Papers on Risk and Insurance-Issues and Practice*, 35 (3), 369 – 390.

［13］ Marsh, Global Insurance Market Index, 2021.

［14］ S&P Ratings, Global Ratings Top 40 Global Reinsurers And Reinsurers By Country, 2021.

第六章

保险养老社区

在我国养老保障第三支柱整体上缺乏国家税收以优惠政策支持的背景下，一方面，我国的保险业在传统的养老保险业务中艰难探索而山重水复；另一方面，保险业的养老地产其实已从另一个角度切入养老保障体系的构建中，早已柳暗花明，保险养老社区是十多年来我国商业保险公司参与养老服务体系建设、解决养老问题的一种有效手段和主要途径。自2010年开始，以泰康为代表的保险公司在全国各地建立了近百个保险养老社区，树立了机构养老模式的标杆，展现了人类聚居一处安享晚年的温馨图景。

本章共分四节。第一节阐述了人类社会的养老需要，分析了我国人口结构和养老储备的不足；第二节梳理总结了我国保险养老社区的发展现状与建设运营模式；第三节分析了保险公司建设经营养老社区的七类风险；第四节提出了及时应对保险养老社区的风险与加强制度规范的建议。

第一节 养老需要、人口结构与养老储备

一、人类社会的养老需要

每个人在生命结束前都会经历一个漫长的衰老过程，从青壮年到老年阶段，很多人还会有一个需要深度照护的晚年阶段，需要拥有一定的财力和人

力才能保持一定的生活质量，甚至是守住生命中最后的尊严。这是人类至今无法改变的生命周期。而对一个国家或地区而言，人类作为一个地域性的生物群体，也会经历人口结构的周期性变化。

面对个人的生命周期，个体需要对自己的一生做出合理安排，在年轻的时候未雨绸缪，为老年生活做好物质和精神上的准备，在跨期消费均衡和家庭世代交替的过程中做好资源配置，承担起抚育孩子、赡养老人以及安排好自己跨期财务的责任。面对人口结构的周期性变化，社会需要通过代表居民进行社会治理的政府，对本国或本地区人口结构的总体状况有一个系统的把握，在尽量科学地做好人口结构调整和调适的同时，利用相应机制保障社会的基本公平和正义，保障弱势个体在生命波折期，特别是老年阶段的基本经济能力，以保障其获得必要的物资和他人的照护。我国政府一直在努力做好这方面的工作（见表6-1）。

表6-1　　　　　　　2011~2022年我国养老相关政策文件汇总

文件名称	发布时间	发布部门
国务院办公厅关于印发社会养老服务体系建设规划（2011—2015年）的通知	2011.12.27	国务院办公厅
国务院关于加快发展养老服务业的若干意见	2013.09.13	国务院
国务院关于促进健康服务业发展的若干意见	2013.10.18	国务院
民政部 国家标准委 商务部 质检总局 全国老龄办关于加强养老服务标准化工作的指导意见	2014.01.26	民政部等
教育部等九部门关于加快推进养老服务业人才培养的意见	2014.06.10	教育部等九部门
商务部关于推动养老服务产业发展的指导意见	2014.11.14	商务部
发展改革委 民政部关于规范养老机构服务收费管理 促进养老服务业健康发展的指导意见	2015.01.19	国家发展改革委、民政部
国家发展改革委办公厅 民政部办公厅 全国老龄办综合部关于进一步做好养老服务业发展有关工作的通知	2015.04.27	国家发展改革委办公厅等
国务院关于积极推进"互联网+"行动的指导意见	2015.07.04	国务院
国务院办公厅转发卫生计生部门关于推进医疗卫生与养老服务相结合指导意见的通知	2015.11.18	国务院办公厅

续表

文件名称	发布时间	发布部门
关于中央财政支持开展居家和社区养老服务改革试点工作的通知	2016.07.21	民政部、财政部
国务院关于印发"十三五"国家科技创新规划的通知	2016.08.08	国务院
关于支持整合改造闲置社会资源发展养老服务的通知	2016.10.09	民政部等
国务院办公厅关于印发老年教育发展规划（2016—2020年）的通知	2016.10.19	国务院办公厅
国务院办公厅关于全面放开养老服务市场提升养老服务质量的若干意见	2016.12.23	国务院办公厅
关于加快推进养老服务业放管服改革的通知	2017.01.23	民政部
国务院关于印发"十三五"推进基本公共服务均等化规划的通知	2017.03.01	国务院
财政部 民政部关于印发《中央财政支持居家和社区养老服务改革试点补助资金管理办法》的通知	2017.03.01	财政部、民政部
国务院关于印发"十三五"国家老龄事业发展和养老体系建设规划的通知	2017.03.06	国务院
关于印发"十三五"健康老龄化规划的通知	2017.03.17	国家卫生计生委等
民政部等六部门印发关于开展养老院服务质量建设专项行动的通知	2017.03.22	民政部等
关于印发《"十三五"健康产业科技创新专项规划》的通知	2017.05.26	科技部等
国务院办公厅关于制定和实施老年人照顾服务项目的意见	2017.06.16	国务院办公厅
关于运用政府和社会资本合作模式支持养老服务业发展的实施意见	2017.08.04	财政部等
工业和信息化部 民政部 国家卫生计生委关于印发《智慧健康养老产业发展行动计划（2017—2020年)》的通知	2017.09.10	工业和信息化部等
关于落实《"十三五"国家老龄事业发展和养老体系建设规划》成员单位分工的意见	2017.10.17	全国老龄工作委员会
关于印发"十三五"健康老龄化规划重点任务分工的通知	2017.11.21	国家卫生计生委办公厅
关于开展个人税收递延型商业养老保险试点的通知	2018.04.09	财政部等

续表

文件名称	发布时间	发布部门
国务院办公厅关于促进"互联网＋医疗健康"发展的意见	2018.04.28	国务院办公厅
个人税收递延型商业养老保险业务管理暂行办法	2018.05.16	银保监会
国务院关于推动创新创业高质量发展 打造"双创"升级版的意见	2018.09.26	国务院
多部门关于印发《加大力度推动社会领域公共服务补短板强弱项提质量 促进形成强大国内市场的行动方案》的通知	2019.01.23	国家发展改革委等
国务院办公厅关于推进养老服务发展的意见	2019.04.16	国务院办公厅
民政 国家卫生健康委 应急管理部 市场监管总局关于做好 2019 年养老院服务质量建设专项行动工作的通知	2019.05.13	民政部等
国务院关于实施健康中国行动的意见	2019.07.15	国务院
民政部关于进一步扩大养老服务供给 促进养老服务消费的实施意见	2019.09.20	民政部
国家积极应对人口老龄化中长期规划	2019.11.21	中共中央、国务院
民政部关于加快建立全国统一养老机构等级评定体系的指导意见	2020.01.03	民政部
民政部 财政部关于确定第五批中央财政支持开展居家和社区养老服务改革试点地区的通知	2020.02.18	民政部、财政部
关于做好 2020 年养老院服务质量建设专项行动工作的通知	2020.04.28	民政部等
全国老龄办关于在常态化疫情防控中做好老年人照顾服务工作的通知	2020.05.29	全国老龄办
民政部 国家发展改革委 财政部 住房和城乡建设部 国家卫生健康委 银保监会 国务院扶贫办 中国残联 全国老龄办关于加快实施老年人居家适老化改造工程的指导意见	2020.07.15	民政部等
民政部 市场监管总局关于强化养老服务领域食品安全管理的意见	2020.09.13	民政部、市场监管总局
养老机构管理办法	2020.09.17	民政部
人力资源社会保障部 民政部 财政部 商务部 全国妇联关于实施康养职业技能培训计划的通知	2020.10.23	人社部等

续表

文件名称	发布时间	发布部门
国务院办公厅印发关于加强新时代老龄工作的意见	2020.11.24	中共中央、国务院
国务院办公厅关于切实解决老年人运用智能技术困难实施方案的通知	2020.11.24	国务院办公厅
关于开展"智慧助老"行动的通知	2020.12.01	全国老龄办
住房和城乡建设部等部门关于推动物业服务企业发展居家社区养老服务的意见	2020.12.04	住房和城乡建设部等
国务院办公厅关于建立健全养老服务综合监管制度促进养老服务高质量发展的意见	2020.12.21	国务院办公厅
国务院办公厅关于促进养老托育服务健康发展的意见	2020.12.31	国务院办公厅
关于建立积极应对人口老龄化重点联系城市机制的通知	2021.02.01	国家发改委、民政部、国家卫健委
人力资源社会保障部 财政部关于2021年调整退休人员基本养老金的通知	2021.04.07	人力资源社会保障部、财政部
国务院办公厅关于服务"六稳""六保"进一步做好"放管服"改革有关工作的意见	2021.04.15	国务院办公厅
关于印发《"十四五"积极应对人口老龄化工程和托育建设实施方案》的通知	2021.06.17	国家发展改革委、民政部、国家卫健委
关于印发《智慧健康养老产业发展行动计划（2021—2025年）》的通知	2021.10.22	工信部、民政部、国家卫健委
中共中央 国务院关于加强新时代老龄工作的意见	2021.11.24	中共中央、国务院
民政部 国家开发银行关于"十四五"期间利用开发性金融支持养老服务体系建设的通知	2021.12.03	民政部、国家开发银行
国务院关于印发"十四五"国家老龄事业发展和养老服务体系规划的通知	2022.02.21	国务院
国务院办公厅关于推动个人养老金发展的意见	2022.04.21	国务院办公厅
中国银保监会关于规范和促进商业养老金融业务发展的通知	2022.05.10	中国银保监会

资料来源：各部委官网。

　　个体的老年生活质量在某种程度上反映的是一个人一生事业的成就及其人生智慧，而群体老年人的生活质量则是衡量这个群体所在社会文明进步的一个尺度。但不论是个体，还是群体，做好老年阶段的财力储备和人力储备是解决养老问题的两个关键所在。在传统社会解决老年问题的主要手段是养儿防老、家族互助；而在现代社会，解决养老问题所凭借的更多是社会互助机制，特别是社会保障和商业保险。

几百年的实践证明，作为人们实现跨期消费均衡的有力工具，作为人类互利互助的有效经济手段，保险可以为人们的老年生活提供财务支持，实现时间和空间上的老年风险分散，缓解长寿风险对政府财政和社会财富的脉冲式冲击。基于此，很多国家的政府向保险人或者投保人提供税收优惠，利用保险机制构筑起强大的养老保障支柱，如美国的 401（k）和德国的吕路普养老金。

作为一种财务安排，保险机制看似只能解决人们养老的财力问题，但实际上，保险业在提供经济保障的同时，也提供养老场所和设施，提供护理。几十年来，一些保险公司一直在积极地创新探索，试图将人类"养老大业"的财力和人力供给结合起来，提供一个更综合、更完美的解决方案，国外的先驱者如荷兰国际集团、日本的明治安田生命和索尼人寿，国内的如泰康人寿、合众人寿和太平洋寿险。

二、我国的人口结构

根据第七次人口普查数据，过去十年来我国人口老龄化[①]程度进一步加深。60 岁及以上人口的比例大幅增加，而劳动人口的比例继续降低，无论是人力还是财力，养老储备不足的问题都非常突出。

根据"七普"数据，全国 60 岁及以上人口为 2.64 亿人（占比18.70%），与 2010 年"六普"数据中 60 岁及以上人口 1.78 亿人（占比13.26%）相比，老年人口又增加了 5.44 个百分点。其中，65 岁及以上人口为 1.90 亿人（占比 13.50%），比 2010 年"六普"数据中 65 岁及以上人口1.88 亿人（占比 8.87%），又增加了 4.63 个百分点。与此相对，"七普"的数据中 15～59 岁人口为 8.94 亿人（占比 63.35%），与"六普"数据中 15～

---

① 老龄化是指社会老龄化，又称人口老龄化，是以老年人口在总人口中所占百分比为衡量标准的，指总人口中因年轻人数量减少、老年人数量增加而导致的老年人口比例增长到一定程度的动态过程。

59 岁人口 9.40 亿人（占比 70.14%）相比，下降了 6.79 个百分点；新生代的 0~14 岁人口为 2.53 亿人（占比 17.95%），与"六普"数据 0~14 岁人口 2.22 亿人（占比 16.60%）相比，仅增加了 1.35 个百分点。

按照国际上比较通行的标准，当一个国家或地区 65 岁及以上人口占比超过 14% 时，就为深度老龄化社会。[①] 根据国家统计局 2022 年 1 月 17 日公布的中国人口数据，2021 年我国 60 岁及以上人口 26736 万人，占全国人口的 18.9%，其中 65 岁及以上人口 20056 万人，占全国人口的 14.2%。即便按照我国国家统计局的口径，也意味着我国当前已处于轻度到中度老龄化社会的过渡阶段了。

尽管人们对我国人口结构的变化，尤其是老龄化和少子化有着比较明确的预期，但短短的十年内变化如此剧烈，还是远超绝大多数人的预料。社会生产和生活，包括人类本身的再生产最终都是由人来实现的。人口是一个国家综合国力最重要的基础因素，人力资源与国家建设与社会发展息息相关，是社会经济发展的根本性要素。因此，人口结构的变化所带来的改变也是全方位的，包括人们如何安排自己的老年生活。

人口结构是指不同国家或地区的人口在一定时点上内部结构及之间的比例关系。人口结构通常分为人口自然结构、人口社会结构和人口地域结构。人口自然结构主要包括人口的性别和年龄结构，人口社会结构主要包括人口的阶级、民族、教育文化、语言、宗教、婚姻家庭、所从事的产业、行业结构等方面，人口地域结构主要包括由于自然原因产生的人口的自然地理结构、由于政治规划产生的行政区域结构和由于经济发展水平不同产生的城乡结构和人口在不同地区流动产生的人口的流动结构。[②]

各类人口结构皆与养老息息相关，而人口自然结构中的年龄结构首当其

[①] 1956 年联合国发布的《人口老龄化及其社会经济后果》中对老龄化社会的划分标准是：当一个国家或地区 65 岁及以上老年人口数量占总人口比例超过 7% 时，则意味着这个国家或地区进入老龄化。在 1982 年的维也纳老龄问题世界大会上，将 60 岁及以上老年人口占总人口比例超过 10%，也作为一个国家或地区进入老龄社会的标准。65 岁及以上人口数量占总人口比例超过 14%，为深度老龄化社会；超过 20%，则进入超老龄化社会。我国国家统计局的口径是：60 岁及以上人口占比 10%~20% 为轻度老龄化，20%~30% 为中度老龄化，30% 以上为重度老龄化。

[②] 周依群、王国军：《城乡差异视角下的人口结构、医疗保险与居民高储蓄》，载于《首都经济贸易大学学报》2018 年第 3 期。

180

冲（见表6-2），而因男性女性生理和心理的差异，以及家庭社会角色的差异和收入的差异，人口性别结构也对个人和群体的养老有重要的影响。

表6-2 　　　　　　　　2001～2020年中国人口出生率、死亡率、
自然增长率和抚养比变化情况

年份	人口出生率（‰）	人口死亡率（‰）	人口自然增长率（‰）	总抚养比（%）	少儿抚养比（%）	老年抚养比（%）
2001	13.38	6.43	6.95	42.0	32.0	10.1
2002	12.86	6.41	6.45	42.2	31.9	10.4
2003	12.41	6.40	6.01	42.0	31.4	10.7
2004	12.29	6.42	5.87	41.0	30.3	10.7
2005	12.40	6.51	5.89	38.8	28.1	10.7
2006	12.09	6.81	5.28	38.3	27.3	11.0
2007	12.10	6.93	5.17	37.9	26.8	11.1
2008	12.14	7.06	5.08	37.4	26.0	11.3
2009	11.95	7.08	4.87	36.9	25.3	11.6
2010	11.90	7.11	4.79	34.2	22.3	11.9
2011	13.27	7.14	6.13	34.4	22.1	12.3
2012	14.57	7.13	7.43	34.9	22.2	12.7
2013	13.03	7.13	5.90	35.3	22.2	13.1
2014	13.83	7.12	6.71	36.2	22.5	13.7
2015	11.99	7.07	4.93	37.0	22.6	14.3
2016	13.57	7.04	6.53	37.9	22.9	15.0
2017	12.64	7.06	5.58	39.3	23.4	15.9
2018	10.86	7.08	3.78	40.4	23.7	16.8
2019	10.41	7.09	3.32	41.5	23.8	17.8
2020	8.52	7.07	1.45	45.9	26.2	19.7

资料来源：国家统计局。

图6-1能够更直观地反映人口年龄结构的变化。老年人口的绝对数量和相对比例逐年增加，"银发浪潮"渐行渐近，不可阻挡。

根据2020年"七普"数据，在中国大陆的总人口中，男性人口为72334万人，占51.24%；女性人口为68844万人，占48.76%。男性比女性多出3490万人，总人口性别比为105.07，与2010年第六次全国人口普查基本持平。在中国大陆的31个省（区、市）中，总人口性别比在100以下的省份有

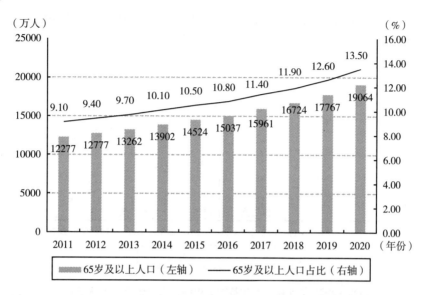

图 6 - 1 2011～2020 年中国老年人口数量及其比重
资料来源：国家统计局。

2 个，在 100～105（含）之间的省份有 17 个，在 105～110 之间的省份有 9 个，在 110 以上的省份有 3 个。

与老龄化并行，我国的平均家庭规模也从 2010 年 3.10 人进一步下降到 2020 年的 2.62 人，连三口之家的家庭结构都面临着颠覆，家庭内部代际之间的分散风险和互济能力更加弱化，未来家庭养老也因此面临着更大的困难。

总之，从老龄化到中度老龄化是目前中国社会经济发展最突出的基本国情，加上人口结构的其他变化，所导致的人口数量红利的缩减既对国民经济的发展构成挑战，也对国家财政构成冲击。养老和健康问题成为全社会共同面对的难题。

改变人口结构是治理老龄化问题的终极解决方案，但国内外的实践证明，人口结构的改变是一个极为艰难而漫长的过程，特别是在提升人口出生率方面，很多国家都徒劳无功。① 尽管自 2011 年"双独二孩"政策开始，我国鼓

———————

① 韩国、日本、新加坡等国家都曾以极大的力度鼓励生育，但效果皆不明显。《2020 年世界人口状况报告》中韩国的总和生育率在世界各个国家和地区中排名倒数第一，数值为 1.1，排在倒数第二的则是新加坡。

励生育的政策频出，但效果却并不明显。每次政策变动之后生育率略有提升，
然后就是难以遏制的速降（见图 6-2）。

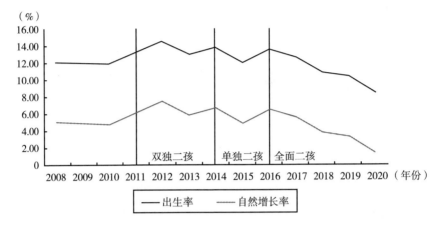

图 6-2　2008~2020 年计划生育政策转变中的人口出生率及自然增长率变化情况
资料来源：《中国统计年鉴（2021）》。

　　我国优化人口结构的努力还受到离婚、晚婚和非婚的冲击，随着社会观
念的变化，我国居民的婚姻家庭观也发生了很大的变化，生育率也因此而受
到影响。1990 年以来我国的离婚率不断上升，离婚人口的比重不断增加，结
婚人口比重却不断降低。离婚率从 2000 年的 0.96‰ 上升至历史最高点 2019
年的 3.40‰，飙升近 3 倍（见图 6-3）。而同时，晚婚、晚育则更加普遍。
比如，江苏省统计局的数据显示，2021 年全省初婚平均年龄为 27.29 岁，其
中男性 28 岁、女性 26.52 岁，较 10 年前有大幅增长。

　　不婚和非婚人群的比例越来越高。根据国家统计局的数据显示，"80 后"
非婚人口男女比例为 136∶100，"70 后"非婚人口男女比例高达 206∶100，婚
姻市场上的男女比例严重失衡。婚姻家庭结构决定着家庭承担风险家庭成员
互助，特别是经济保障功能的强弱。我国目前的婚育状况和家庭结构变迁对
社会成员的养老和健康保障非常不利。

　　人口结构失衡一方面考验着个人、家庭、社会和国家的财力，同时也使
护理老年人的人力资本变得稀缺，成本高昂；另一方面也考验着个人、家庭、
社会和国家的人力，我国的养老问题缠绕在财力和人力不足的双重挑战之中，
形成恶性循环。

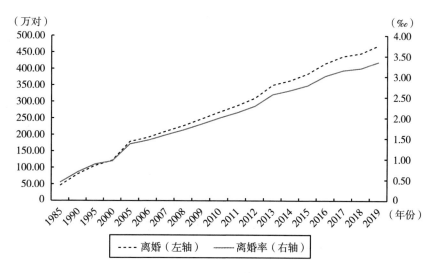

图 6 - 3　1985～2019 年我国的离婚与离婚率变化情况
资料来源:《中国统计年鉴（2021）》。

三、我国养老储备的不足

与我国人口结构变化相对的恰恰是养老储备的不足。根据郑秉文（2021）的研究，截至 2019 年底，中国各类养老基金大约 11.6 万亿元，占 GDP 的 11.7%，而 2018 年 OECD 国家养老金基金平均占 GDP 的比重为 49.7%，有 8 个国家超过 100%，中国养老金的储备远远低于其应有的水平，与世界第二大经济体的地位也极不相称。[①] 而根据《中国养老金精算报告 2019—2050》的预测，全国职工基本养老保险的基金收支在 2028 年就将出现赤字，若干年的累计结余在 2035 年前后也将消耗完毕。

显然，以当前的财力和人力储备，是无法担负起未来养老重任的。在快速而深度老龄化的背景下，我国养老问题的求解其实已经迫在眉睫。从美国、日本以及西欧、北欧等发达国家和地区的经验来看，作为养老保障体系第三支柱的核心，在我国养老保障的财力和人力的解决方案中，商业保险应该也

---

① 郑秉文:《财富储备与"资产型"养老金体系转型研究》，载于《中国人口科学》2021 年第 1 期。

必须发挥更大的作用，而且商业保险作用的发挥不能仅停留在传统的商业养老保险产品的承保和给付者上，不能停留在企业年金和职业年金的参与者上，也不能停留在基本养老保险附加服务的提供者上。

安居才能乐业，同样，安居才能有一个稳定的老年生活，居无定所乃至流离失所的老年生活很难谈得上幸福。

如果未来居"家"养老占据统治地位，社区养老和养老院等机构养老作为补充的话，那么这个"家"就是一切的基础，"家"是老年生活的大本营，而"家"这个基础首先是要有一套能够稳定居住的住房。

在老年人的常规生活消费中，衣、食、住、行、医的支出以"住"和"医"最为昂贵，尤其是住房，无论是生病还是健康，是每个人生活的必需品，老年人的身心健康在某种程度上也依赖于住房条件，"医"与"住"紧密联系在一起，好的住房条件是影响健康的关键要素。

上海市在其"十一五"规划中率先提出的"9073"的养老规划因为符合中国国情而逐渐被中国其他城市所认可。2021 年 4 月国家卫生健康委员会举行新闻发布会，会上披露，目前我国老年人大多数都在居家和社区养老，已经形成了"9073"的格局：90% 左右的老年人在家庭居家养老，称为居家养老；7% 左右的老年人依托社区支持养老，居住在社区的养老院或养老中心，称为社区养老；3% 左右的老年人入住专业的养老服务机构，称为机构养老。①

总体而言，选择机构养老的人资产和收入较高，因此机构养老市场所蕴含的巨大商机最先得到开发，而首当其冲的是高端养老社区。近十年来，房地产商②和其他各路社会资本纷纷进入高端养老市场，并逐渐向中低端机构

---

① 有研究结果显示，我国居民养老仍以居家养老为主，有基本商业养老保险、补充养老保险、商业健康险的居民选择机构养老和社区养老的可能性更大；有养老计划的居民更愿意选择社会化养老方式，认为养老责任主要应由政府承担会增加选择机构养老和社区养老的可能性；认为养老责任的主要承担者是子女的选择社会化养老方式的可能性降低，而认为养老责任主要应由自己承担会增大选择机构养老的可能性，降低选择社区养老的可能性。此外，人口统计学因素如性别、年龄、受教育水平、城乡因素、地区因素，家庭因素包括婚姻状态、家庭规模、子女数量及结构、家庭收入水平，社区满意度等因素也显著影响居民养老方式选择（王心玉，2022）。

② 规模较大的房地产公司，如万科、保利、绿城、远洋等都投入巨资建设养老社区。

养老市场拓展。① 但市场逐渐做大的同时，却也乱象丛生，鱼龙混杂，泥沙俱下。仅仅在湖南益阳一地，被查处的涉嫌非法集资的老年公寓就有几十个。② 这些养老服务机构都以高比例的返息、优美的居住环境、优渥的居住条件、丰富的老年活动、周到的康养服务、极致的临终关怀、可提前预订的床位、未来的居住权等向老人许诺，同时不计成本地经营，"样板间式"地展示令人动心的养老服务，目标就是以非法集资骗取老年人的养老资金，然后资金链断裂，钱款被挥霍或者去向不明，即使诉诸法院乃至当地政府介入，都再也无法追回，最终导致众多的老年人被骗得倾家荡产。③ 这些以高端养老院之名，行非法集资之实的养老服务机构背后的实控人和操纵者正是看到了老年人对专业养老服务机构的巨大需求，才以预付款的形式轻松骗取了众多老年人一生的积蓄，去购买一张永远也不可能获得的养老床位。

有没有可信赖的专业养老服务机构，建成人们理想中的养老社区呢？答案是肯定的，保险公司所建设的保险养老社区就是其中之一。保险产品与养老实体的有机结合既有助于解决我国人口快速老龄化进程中面对的养老难题，也为保险公司的发展开辟了一条新路。更关键的是保险养老社区的管理、经验和技术可以向社区养老机构和居家养老渗透，从3%的覆盖人群向100%扩展，从而全面提升整个社会的养老服务能力。

第二节　我国保险养老社区的发展现状与建设运营模式

一、保险养老社区建设的整体情况

"候鸟式养老""医养结合""优年生活""合悦江南""三点一线、四季

---

① 从机构养老发展现状来看，据民政部数据显示，全国目前共有各类养老机构4.23万家，收住老年人214.6万人。从养老机构所有制来看，其中一半以上为民办养老机构。
② 何承波：《益阳养老院老人之死》，载于《南风窗》2021年1月。
③ 何香奕：《湖南益阳养老机构爆雷风波》，载于《财经》2021年4月。

常青""梧桐人家"……这些词汇如果和养老社区结合起来，老年生活便有了明媚的诗情画意。

而这样的诗情画意已经在保险公司的手中逐渐变为现实。从 2009 年泰康人寿成立泰康之家投资有限公司，成为我国保险业内第一家试点开创商业保险公司投资创建养老社区模式开始[1]，头部保险公司纷纷入局养老社区建设，在观望与仿效中，陆续巨额投入养老地产的保险公司已经接近 20 家（见表 6-3）。

截至 2022 年 3 月末，泰康之家养老社区已实现全国 24 城 27 家养老社区布局，服务居民超 6000 人，其中北京燕园、上海申园、上海锦绣府、广州粤园、武汉楚园、苏州吴园、成都蜀园、杭州大清谷、南昌赣园、沈阳沈园、长沙湘园、厦门鹭园 11 地 12 家医养社区已开业运营，泰康之家以中国高品质医养连锁第一品牌持续领跑市场，成为行业效仿的成功典范。而后中国太平、太平洋寿险、中国人寿、人保寿险、光大永明、新华保险、中国平安等多个有较大市场影响力的公司也最终加入赛道，国寿嘉园、和悦江南、梧桐人家、合众优年等由保险公司打造的养老社区俨然已成为中国高端养老产业的系列标杆，成为可信度、便利度、美誉度，服务质量、科技含量、自然环境和人文环境都堪称典范的老年人颐养天年的理想家园。

保险业响应国家发展养老服务产业解决老龄化问题的战略方针，保险资金投资养老产业符合国家养老发展规划布局，在我国养老保障的第三支柱整体上缺乏国家税收优惠政策支持的情况下，保险业从养老社区建设的角度切入国家养老保障体系的构建之中，成为十多年来我国商业保险公司参与养老服务体系建设、解决养老问题的一种有效手段和重要途径，在社会上形成了良好的正向反馈，也为寿险业的持续发展探索出了一条新的道路。[2]

---

[1] 其实泰康早在 2007 年就开始投身医养事业，立志发起一场养老革命：一是养老生活方式的革命，就是要把养老变为享老；二是提升效率的革命，包括筹资效率和实体效率的提升，让越来越多的长辈过上"泰康之家"这样美好的退休生活。

[2] 根据民政部发布的《2021 年民政事业发展统计公报》，截至 2020 年底，全国有各类养老机构和设施 32.9 万个，养老床位合计 821 万张，每千名老年人拥有床位 32.5 张，但远低于发达国家每千名老人 50～70 张床位的水平，远远不能满足我国人口快速老龄化的迫切需要。在我国养老产业供给不足、质量不高、技术含量低的背景下，保险公司打造的养老社区已经成为中国高端养老产业的系列标杆，从总体上带动了我国养老社区的发展，为国家养老服务产业规划目标的实现贡献了力量和保险业的智慧。

表6-3　保险公司养老社区布局情况

公司名称	项目名称	开始时间	客户定位	项目明细	引入方式	区域及城市布局	社区定位	项目规划与进度
泰康集团	泰康之家	2010	高端收入人群	燕园、申园、楚园、蜀园、粤园、湘园、鹭园等	保单对接+直接交费（保险人住标准：保费≥200万元）	24个核心城市	持续照料养老社区（Continuing Care Retirement Community, CCRC），提供独立生活、协助生活、记忆照护、专业护理四种生活服务区域	自2015年北京燕园开业，截至2022年3月，全国已有12个项目正式投入运营
新华人寿	新华家园	2012	高端收入人群	北京莲花池尊享公寓	保证+月租（保险人住标准：保费≥200万元）	北京	康复护理型养老机构	2017年开业
				海南博鳌乐享社区		海南	度假型活力养老社区	2019年开业
				北京延庆颐享社区		北京	持续照料养老社区	建设中
太平人寿	乐享家	2014	高端收入人群	梧桐人家	保证金+月租（保险人住标准：保费≥120或150万元）	上海	持续照料健康颐养社区	2019年开业
				快乐家园（非自建）		上海	国际康养社区	2017年开业
				古滇名城（非自建）		云南	度假型活力养老社区	2017年开业
				星建兰亭（非自建）		宁波	度假型活力养老社区	2018年开业
				当代时光里（非自建）		北京	度假型活力养老社区	2018年开业
中国人寿	国寿嘉园	2015	中高端收入人群	国寿嘉园雅境	保单对接+保证金（保险人住标准：保费≥200万元）	苏州	度假型活力养老社区	2019年开业
				国寿嘉园韵境		北京	度假型活力养老社区	建设中
				国寿嘉园乐境		天津	度假型活力养老社区	建设中
				国寿嘉园逸境		三亚	度假型活力养老社区	2019年开业
	颐康之家	2015	中高端收入人群	福保社区颐康之家		深圳	普惠型高品质养老社区	2018年开业
	博鳌项目	2017	中高端收入人群	康欣社区颐康之家		深圳	普惠型高品质养老社区	2020年开业

续表

公司名称	项目名称	开始时间	客户定位	项目明细	引入方式	区域及城市布局	社区定位	项目规划与进度
中国太保	太保家园	2018	中高端人群	成都国际颐养社区	保证金＋月租（保险入住标准：保费≥200万元）	成都	持续照料养老社区	以上海中心城区为起点，逐步辐射长三角，珠三角和环渤海地区，项目处于建设中
				大理颐老院国际乐养社区	项目建设中，入住标准暂时未知	大理	度假型活力养老社区	
				杭州国际颐养社区	项目建设中，入住标准暂时未知	杭州	持续照料养老社区	
	国际康养社区项目	2020	高端收入人群	乐成馨苑康养中心	保单对接	上海	康养中心	建设中
平安集团	养生养老综合服务社区	2012	高端收入人群	桐乡平安养生养老综合服务社区（2012）平安臻颐年（2021）	租赁＋出售（保险入住标准：保费≥1000万元）	浙江 云南 北京 深圳	养生养老综合服务社区	长三角、环渤海、珠三角、西南部、海南岛养老产业布局，形成规模及连锁效应
合众人寿	合众优年	2013	中高端人群	武汉、沈阳、南宁三家优年养老社区	保单对接（保险入住标准：保费≥30/50万元）	武汉 南宁 沈阳	养老社区设有协助照料区，康复护理区，专业护理区三大区域	全国性养老社区布局
光大永明	光大安心养老计划	2017	中高端人群	光大汇晨养老社区 金夕延年 百龄带 大湾区	保单＋养老社区（旅居≥30万元，长居≥100万元）	北京 福建 江苏 山东 浙江 重庆	计划分为两个子计划：A：保险＋长居养老＋旅居养老服务优享权 B：保险＋旅居服务优享权	光大永明人寿与光大养老联合推出的"保障＋养老"一揽子养老解决方案，已有54个长居养老社区，4个旅居养老社区

续表

公司名称	项目名称	开始时间	客户定位	项目明细	引入方式	区域及城市布局	社区定位	项目规划与进度
恒大人寿	恒大养生谷	2016	中高端收入人群	三亚恒大·养生谷、海花岛·澜湾、郑州中恒大·养生谷、扬州恒大·养生谷、南京恒大·养生谷、湘潭恒大·养生谷、西安恒大·养生谷	保单对接（保险入住标准：保费≥100万元）	海南、西安、长沙、郑州	旅居养老中心	提供涵盖健康教育及预防、医疗服务、颐养康复、医美康养、健康保障等七大模块的系统化健康服务
君康人寿	君康年华颐养社区	2019	高端收入人群	君康年华颐养社区	保单对接（保险入住标准：保费≥200万元）	北京、上海	康养中心	君康年华与全球一流医养机构强强合作，创新多位一体的"健康+"概念
人保寿险	颐园养老社区	2019	高端收入人群	大连颐园养老社区	保单对接（保险入住标准：保费≥100万元）	大连	养老养生社区	投资大连东软整股有限公司布局康养产业
阳光人寿	阳光广州国际健康城（阳光之家）	2018	中低端收入人群	阳光广州国际健康城	医院+养老	广州	以健康管理、养生服务为核心，构建一站式养老养生综合服务体系	依托医院成立养老中心，集医疗、康复、养老、养生、健康管理为一体的市民健康中心，未来10年在健康医疗产业将投资干亿元资金
富德生命人寿	人寿养老社区	2014	中端收入人群	广东、北京、上海、海南、河北养老社区	保证金+月租	广州、北京、上海、海南、河北	养老中心	河北香河大爱城已经开业

续表

公司名称	项目名称	开始时间	客户定位	项目明细	引入方式	区域及城市布局	社区定位	项目规划与进度
华夏人寿	"和熹会"老龄公寓	2016	中低端收入人群	城市居民养老	可租可售	广州	综合化养护模式	拓展多项投资业务，与保利开展合作
	首厚大家城心医养		高端收入人群	北京友谊健康社区、北京朝阳公园社区、北京阜外生活社区	保证金+月租	北京	综合化养护模式 贴近医疗、贴近子女、贴近城市的"三贴近"原则，在城市中心选址	由大家保险、厚朴资本双方联手打造北京高端养老机构，总面积40000平方米，为住户提供餐饮、娱乐、医疗、照护、康复等在内的全方位的养老服务。友谊、朝阳社区已经开放，阜外社区在筹建
大家保险-大家健投	旅居疗养	2018	低龄活力长者、携老亲子家庭、保险客户和团体专属客户	秦皇岛·北戴河疗养社区、三亚·海棠湾疗养社区、杭州·黄泥岭疗养社区、黄山·芙蓉谷疗养社区	度假短租	河北 海南 浙江 安徽	度假疗养型社区：旅行、乐居、疗愈、社交、美食	全国性布局，均位于全国风景名胜区；旅行、健康、生活私人管家客户统筹行程安排；五星级运营中心
	居家安养		为外交部离退休老干部提供居家养老和社区照护服务	外交部街33号院嵌入式护理站	按月或按次结算	北京	站内服务：长期入住、临托、日托；上门服务：生活照料；临床护理；陪护服务	城市中心重点人群居家养老服务试点

续表

公司名称	项目名称	开始时间	客户定位	项目明细	引入方式	区域及城市布局	社区定位	项目规划与进度
大家保险-大家健投	海外养老	2018	海外长者社区	加拿大温哥华、蒙特利尔等当地建设的海外长者社区，目前已有23个	月租	加拿大	养老中心	大家保险集团全资持有加拿大规模最大的连锁养老集团之一——RC养老集团。该集团已稳健运营33年，旗下23个养老社区拥有近4000个养老房间，入住率接近95%
百年人寿	养老社区	2020	中高端收入人群	复星星堡 维特奥健康小镇 国色天香养老社区	保单对接（保险入住标准：保费≥150万元）租赁、会籍、大额押金	北京 上海 天津 大连 苏州 宁波 长春	旅居型：全家度假、度旅旅游、疗养修养、季节迁徙 常居型：医养结合、健康管理	百年人寿已经与复星集团、维特奥集团、长春国色天香集团签订合作协议，打造东北、华北、西北、西南、华南、华东六大地区的全国性养老社区布局网络
复星保德信	星堡	2019	中高端收入人群	复星星堡	保单对接（保险入住标准：保费≥150万元）	上海	综合化养护模式	2012年复星集团旗下复星康养与美国峰堡集团共同成立星堡集团，以"改善中国老年生活方式"为愿景，为老年人提供自理、介护、介助一体化的养老服务。复星保德信协同复星星堡打造"社区＋保险"运作模式

资料来源：根据各家保险公司的年报及官网信息整理。

保险公司参与养老社区建设与保险行业的法律政策支持是分不开的。2009 年新修订的《中华人民共和国保险法》（以下简称"新《保险法》"）规定保险资金可以投资不动产；2010 年《保险资金投资不动产暂行办法》及《保险资金投资股权暂行办法》进一步明确了保险资金投资养老社区的各项标准；2013 年《国务院关于加快发展养老服务业的若干意见》提出"逐步放宽限制，鼓励支持保险资金投资养老服务领域"；2016 年"十三五"规划呼吁各类市场主体以多种方式参与养老产业投资建设；2020 年《关于促进社会服务领域商业保险发展的意见》中再一次明确指出支持保险资金投资健康、养老等社会服务领域。这些政策为保险公司参与养老地产建设提供了连续而稳定的支持，最终形成了保险公司参与建设高端养老社区发展的繁荣局面。

从目前来看，保险公司在养老社区建设上的尝试是成功的，保险养老社区已经成为当今中国城市高端养老社区的典范，基础设施完备、服务质量优良、医养结合的高档养老社区成为人们实现"老有所养、病有所医、老有所乐"的理想的老年生活之家。尽管费用不菲，但保险养老社区的受欢迎程度还是远超预期。泰康及太平的一些养老社区项目的入住率达到 90% 以上。从保险公司经济效益的角度看，在较早开发的项目中，保险公司在入门费、会员卡费、月费和其他服务上的收入可观，特别是保险养老社区带动了保险公司寿险保费收入持续而稳定的增长。如中国太平 2019 年养老社区项目带动了超过 50 亿元的首期保费收入，对公司首期保费收入贡献率接近 1/5，拉动了太平人寿新单的快速增长。

随着新冠肺炎疫情以来保险业保费增速的持续放缓，个人代理人的流失，银行保险渠道竞争加剧，更多的保险公司看到了保险养老社区作为一条保费收入渠道所能带来的长期稳定的保费收入，从而在中小型保险公司形成了一个投资保险养老社区的新的高潮。鼎诚人寿、东吴人寿、上海人寿、国华人寿等公司都从观望状态中毅然加入建设保险养老社区的行列。

二、保险养老社区的建设与运营模式

虽然很多保险公司看好并投资保险养老社区，但因为资金实力和战略定位的不同，目前市场上出现的保险养老社区建设模式大致可以划分为三种，即所谓的重资产独立开发模式、轻资产第三方合作模式，以及介于两者之间的"独立开发＋第三方合作"模式。①

重资产独立开发模式以泰康为代表，太平洋寿险、中国平安、新华人寿、恒大人寿、人保寿险、阳光人寿、君康人寿的保险养老社区都属此类。轻资产第三方合作模式以光大永明为代表，复星保德信、百年人寿和大家保险的保险养老社区皆可归于此类。"独立开发＋第三方合作"模式以中国人寿为代表，太平人寿、合众人寿、人保寿险的保险养老社区都可以算作这类模式。

三种模式各有利弊。重资产模式虽然易于统一管理，能够保证养老社区整体服务质量，但所投入的资金规模巨大、投资周期长而收益回报慢，保险公司独立承担风险；轻资产运营模式短期内不会占用大量资金且资金回流较快，但收入较低，利润较薄；而与第三方的合作存在变数，服务质量不易控制且缺乏稳定性和持续性。

"独立开发＋第三方合作"模式的理想状态是可以集合前两种模式的优点，但若组合不当，或许恰恰是两种模式劣势的聚合——投入不足而控制力弱，最终陷入进退失据的两难境地。在目前的保险养老社区中，保险公司借鉴最多的是养老社区的 CCRC 模式，即"持续照料养老社区"，但因保险公司的侧重点有所不同而各具特色。泰康在标准化 CCRC 的基础上，通过全国多核心城市布局，构建"候鸟式"旅居养老服务体系。泰康的明智之处在于与时俱进的科技赋能，泰康之家秉承智慧医养的专业服务特色，运用物联网、大数据、人工智能等高科技手段从健康服务、安全保障、营养膳食、快乐生活、适老智能五大领域全方位满足居民的高品质生活服务需求。基于此，随着科技的跃升，泰康的养老社区也在不断跃升。

---

① 所谓重资产独立开发，就是保险公司以重资产直接投资建设养老社区建设，或收购养老社区，承担全部或较大部分资金，养老社区沉淀为公司资产，保险公司作为投资人、持有人和运营人，建设并管理养老社区，保险公司投入的资金来源可以是保险公司自有资金，也可能是保险公司发起设立或作为合伙人参与的私募养老地产基金；轻资产第三方合作模式是指保险公司不直接作为不动产的投资人，而是采用与第三方合作的模式，如租赁物业或委托管理等形式利用第三方的资源，保险公司主导或参与养老社区的运营管理；"独立开发＋第三方合作"模式是介于前两者模式之间，既有保险公司的独立开发，也有与第三方的合作。

在 CCRC 之上，一些保险公司将养老社区的业务进一步细化为常居型和旅居型两类。常居型的服务以健康养老综合服务为主，旅居型则以度假、深度旅游、疗养休养、季节迁徙服务为主。比如，2014 年起就投入养老社区建设的太平人寿，先是在上海投建"太平小镇·梧桐人家"养老社区，"保险产品 + 养老社区 + 养老服务"是典型的常居型养老社区模式。在梧桐人家初步成功获得品牌优势之后，2021 年太平人寿整合内部资源，推出太平"乐享养老"服务品牌，创建多种形态的养老服务路线，下设"乐享家""乐享游""乐享居"三大养老业务，以满足老年人多样化、差异化、品质化的综合服务需求。无论是常居型，还是旅居型，健康都是老年人的第一需求，因此太平人寿在养老社区康复医院的配套方面力度较大。太平人寿规划在全国 16 个一、二线城市匹配太平"乐享家"养老社区资源，资源投入力度进一步加大。

市场进一步细分，服务范围进一步拓展。为了更全面地满足"9073"养老模式各个层面的需求，保险公司的养老社区逐渐从高收入人群向中等收入人群乃至低收入人群扩展。比如，近几年在保险养老社区市场中比较活跃的大家保险就分别从"城心医养"和"旅居疗养"两条线向常居型和旅居型两类社区迈进的同时，不断探索中端的居家养老服务。

与一般的养老院和养老社区不同，保险养老社区的特色和经营目标的指向无疑还是保险。"保单对接"的引入方式是保险养老社区的主流，一定数量的保费总额一般被设定为保险养老社区入住资格的标准，少则几十万元多则几百万元的保费额度将为保险公司带来源源不断的保费收入。只要把养老保险社区做到位了，保险公司就不用再费尽心力去追逐几无利润可言的银邮网点，不用再为代理人数量的下滑和质量的退化而焦虑，不用再为借用第三方网络平台销售还是自建销售平台销售产品而犹疑，这恰恰是保险公司不惜重金打造保险养老社区的动机之所在。

第三节　保险养老社区面临的主要风险

当前保险养老社区市场发展速度快，保单规模和销售数量规模都远超预期，而相关风险的堆积难以避免。

保险公司建设经营养老社区的风险主要体现在市场风险、保险风险、信用风险、操作风险、战略风险、声誉风险和流动性风险等多个方面。

一、市场风险

市场风险是指由于利率、权益类资产价格、房地产价格、汇率等不利变动，导致保险公司遭受非预期损失的风险。

第一，保险公司在养老地产上的投资动辄几十亿元、上百亿元，乃至千亿元，形成的不动产面临着房地产市场价格降低的风险。任泽平（2017）所言房地产价格的涨跌"长期看人口、中期看土地、短期看金融"的思路是非常有道理的。而不论是"房住不炒"、遏制"经营贷"等进入房市的短期金融政策，还是集体土地城市化的土地供应政策变化，以及人口已经接近峰值即将发生数量逆转的长期趋势，房地产价格出现拐点的时间恐怕都不会太遥远，特别是在房地产税加速出台的大背景下，养老地产未来的价格风险是非常值得重视的。对那些采用重资产模式建设养老社区的保险公司而言，市场风险更是不容小觑。

第二，高端养老社区的市场容量其实是比较有限的。首先，高端消费人群是有限的，在离休政策的影响消化完毕后，随着扭转贫富加剧分化的收入分配政策的不断出台，特别是税收制度的改革，高收入人群的数量将不会再像资本原始积累阶段那样快速增长，而是将稳定在一个相对正常的水平上，乃至有所下降。其次，选择在养老院养老的人群也是有限的。从时间截面来看，社会群体中90%的老年人居家养老，7%的老年人享受社区养老服务，3%的老年人享受机构养老服务将会是未来社会的基本场景。

我们实地调研也发现，资金上可以支撑并有意愿在保险公司养老社区居住的老人主要有两大类：一类是因失能失智生活不能自理且居家养老缺乏照顾的老人；另一类是愿意参加群体活动的老人。身体状况很好而又喜欢独处的老人则更愿意选择居家养老。

第三，随着更多的金融机构和房企，特别是更多的保险公司加入高端养老社区建设的竞争中，外部竞争将加剧，市场风险会进一步积累。

养老地产市场长期供需的失衡从而导致价格的波动是投资养老社区的保险公司必须关注的风险。

二、保险风险

保险风险是指由于赔付水平、费用水平等实际经验与预期发生不利偏差，导致保险公司遭受非预期损失的风险。而被保险人的长寿风险是保险公司建设与经营养老地产中所面临的重大风险。根据世界卫生组织发布的 2018 年版的《世界卫生统计报告》中各国人口预期寿命的数据，日本以 84.2 岁位于全球排名第 1 位，美国以 78.5 岁位于全球排名第 34 位，而中国则以 76.4 岁位于全球排名第 52 位。国家卫健委的数据则显示了中国人口预期寿命快速增长的势头，仅一年的时间，中国人口的预期寿命就从 2018 年的 76.4 岁提高到了 2020 年的 77.3 岁。按照这个速度发展下去，中国人口的人均预期寿命追上日本也并不需要太长的时间。

人口预期寿命的快速增长意味着保险公司捆绑养老保险产品带来的长寿风险可能会远超产品设计时的预期，保险公司未来的死差损将对保险公司的偿付能力带来较大的冲击。

三、信用风险

信用风险是指由于交易对手不能履行或不能按时履行其合同义务，或者交易对手信用状况的不利变动，导致保险公司遭受非预期损失的风险。

保险公司投资养老地产最大的障碍在于投保人和保险人信任关系的建立。一方面，投保人敢于把当前的现金流作为未来的养老储备交给保险公司，是基于对保险公司的信任，投保人需要确信保险公司经营的养老机构不会违约或者在被保险人年老入住之后不会遭受虐待甚至失去自由；另一方面，保险公司为消费者提供未来几十年的养老保障和医养服务，也是以被保险人不会大规模违约，总是按合同约定的条款行事为基础的。而这样的信任机制和双方彼此的信任关系是要经过几十年的长期考验的，因此信用风险值得重视，信用关系需要保险公司用心建设和维护。

四、操作风险

操作风险是指由于不完善的内部操作流程、人员、系统或外部事件而导致直接或间接损失的风险，包括法律及监管合规风险。在保险公司的传统业务中，销售、承保、保全、再保险业务线的操作风险，理赔、资金运用、公司治理、财务管理、准备金管理、信息系统以及案件管理相关的操作风险就已经比较复杂了。而与单纯的保险业务不同，养老社区建设与管理的业务复杂性更是被成倍放大。泰康之所以较为成功，就是因为泰康的养老社区是将老年教育娱乐、老年医疗护理、老年康复等医养需求置于地产开发之前，而这些业务涉及医疗、护理、建筑、物业等多个领域，业务范围大幅拓宽，前期评估、中期建设和后期运营管理等环节的复杂程度都不低，资金和人力的调配，尤其是养老地产的土地使用性质和产权、行业标准等事项的法律法规尚不完全明晰的背景下，与政府部门和多个行业的合作会大大提升操作风险。

五、战略风险

战略风险是指由于战略制定和实施的流程无效或经营环境的变化，导致公司战略与市场环境、公司能力不匹配的风险。

因为投资量巨大、投资周期长、风险大、牵涉精力多，因而对任何一家保险公司而言，布局养老社区都堪为公司的一项战略性决策。

泰康集团养老地产的规划是投资千亿元以上，在全国七大中心区域打造20个以上连锁养老社区和覆盖全国的高端医疗服务网络，成为以养老和医疗为特色的中国顶级商业不动产投资商、开发商和服务商，这样的战略决策无疑也是有着巨大风险的，只不过从当前的风险与回报来看，这样的战略风险是值得担负的。但对于其他较晚进入养老地产的保险公司而言，在竞争本已激烈、客户资源有限的情况下，承担这样的战略风险未必就是正确的选择。

需要注意的是，目前保险养老社区的供给和需求已经出现了供给和需求错配的现象。一些头部公司的项目供不应求，客户需要排期入住，而另一些公司的项目则入住率明显不足，超建与超售同时存在；即使是在同一公司内部，因项目所处的地域不同，也冷热有别，呈现出区域性或周期性的供求错配。同时，保险公司以高端养老社区建设为主，而市场上需求更大的中低端项目则供给短缺。

六、声誉风险

声誉风险是指由于保险公司的经营管理或外部事件等原因导致利益相关方对保险公司负面评价，从而造成损失的风险。

保险养老地产的服务对象是社会上相对弱势的老年人，但正因为如此，稍有不慎，保险公司就可能受到声誉风险的冲击。参与养老社区建设的保险公司承担着更多的社会责任。虽然目前保险公司的养老社区尚未发生严重的声誉风险，但销售误导等问题也时有所闻，而在保险公司的养老社区项目中，因为项目周期过长，有的甚至达 40 年之久，精算难度加大，保险公司的承诺面临着两难困境，若承诺不够，描述太准确，项目没有竞争力；若承诺过多，含糊其辞，则未来可能会承担过重的法律责任。实际上，在竞争压力下，一些保险公司的承诺函里还是将大量的风险留给了保险公司，有意无意地忽视了未来的兑现风险。特别是在作为养老资金提供方的保险公司和作为服务提供方的养老机构合为一体，其间没有搭建道德风险防火墙的情况下，养老社区服务的不确定性使投保人和保险人双方的道德风险都不容忽视。可以说，在声誉风险的防范上，保险公司再谨慎都不为过。

七、流动性风险

流动性风险是指保险公司无法及时获得充足资金或无法及时以合理成本获得充足资金，以支付到期债务或履行其他支付义务的风险。

无论定位于高端客户，还是大众客户，也无论是采用投资动辄几十亿上百亿元的重资产模式，还是采用与其他机构合作的轻资产模式，与其他保险业务相比，保险公司建设养老社区的资产都不会太轻。养老社区投入的资金量大且投资周期长，而房地产的特点之一就是其较弱的流动性，导致保险公司整体的流动性也会随之降低，使保险公司在某些阶段面临较大的流动性风险。实际上目前就已经有一家保险公司因为曾在海外投资了大量养老地产而出现了偿付能力大幅下降和流动性不足的问题，公司不得不出售股权以断臂求生。养老地产的流动性风险也需要重点关注。

第四节　保险养老社区的风险应对与制度规范

一、及时应对保险养老社区建设与运营中的风险

风险既在，无论是已经布局养老社区建设的保险公司，还是有意入局者，都应该清楚地认识到风险的存在并及时加以应对。

第一，尚未入局的保险公司应在战略上慎重选择是否入局及入局的模式和时机。抛开自身条件盲目跟风是保险公司战略决策的大忌，对中小型保险公司而言更是如此，如果说大公司还可以凭借其雄厚的资本试错，那中小型公司在投资养老社区的战略上根本就没有试错的余地。一旦选择入局，重资产和轻资产的模式选择就成了问题的关键。重资产模式的市场风险、战略风险和流动性风险偏高，而与第三方合作的轻资产模式则面临更多的操作风险、信用风险和声誉风险。

第二，高端养老社区的竞争已经非常激烈，新入局者已经不宜到一线和准一线城市的高端养老社区扎堆，深耕中低端大众市场也许才是比较可行的选择。但中低端市场的信用风险、操作风险比高端市场大很多，而营利能力却等而下之，所以，保险公司只能基于本身独特的条件和优势，如区域优势、股东优势和科技优势等，在充分认识并控制各类风险的基础上，做出适合自己情况的客户定位。

第三，在我国人口老龄化的大背景下，居家养老保障市场才是更大的蓝

海，毕竟愿意到政府和商业机构建立的养老社区度过晚年的人仅占总人口的3%。怎么样创新保险产品服务97%的人，才是保险公司更应该用心发掘的领域。家居养老的老人因为拥有自己的住房，所以和入住高档保险养老社区相比，省去了大量的住房和迁移成本，这些资金完全可以投资到家居养老的流程改造中，以提高家居养老的科技化和便利性。比如，保险公司将目前商业养老社区才有的娱乐实施、健康护理设施、医疗设施投放到人口比较密集的城乡居民社区，利用现有的但已经被网络和机器替代了功能的银行网点，建立居民社区养老金融和服务中心，如果居民购买了保险公司的养老产品，老人就可以在家享受到类似于高端养老社区的配餐、护理、医疗等全方位服务。

第四，为化解保险养老社区项目的信用风险和操作风险，为了在投保人和保险公司之间建立起长期可靠的信任机制，降低信用风险，引入一个独立于保险公司和投保人的第三方养老服务机构仍然是必要的。国外在这方面做得比较成功的是荷兰国际集团（Internationale Nederlanden Group，ING）。ING设立养老地产信托投资基金在美国、加拿大和澳大利亚等地试验建立老年社区，而老年社区的管理则交由第三方的地平线海湾（Horizon Bay）和终极关怀（Ultimate Care）两所老年公寓管理机构来运营，使投保人和保险人之间的信任问题得到了一定程度的缓解。

第五，为了应对"银发浪潮"，国家不断出台各种健康和养老政策，保险公司大可不必一味模仿头部公司的养老社区模式，亦步亦趋，拾人牙慧，而应利用好国家关于养老保障和健康保险体系建设的各项政策，紧跟国家政策导向，着力解决居民养老财力不足的问题。例如，在税优型健康保险成效不佳，递延型养老保险试点总结经验改进制度之际，特别是以2022年4月《国务院办公厅关于推动个人养老金发展的意见》中建立开放性的养老金融市场为契机，主动与试点地区的地方政府寻求合作，探寻新的突破点，创造类似于"惠民保"之类的新模式。

第六，在信息经济和数字经济时代，最大限度地在商业养老保险领域进行科技赋能，利用现代科技解决未来居民养老的人力短缺问题。比如，保险公司可以考虑与科技企业合作，利用资金充足的优势、利用保险客户量大而易于摊薄成本的优势，设计、生产物美价廉的机器手和机器人，承担未来老人的护理职能。利用人工智能的科技产品打造保险公司养老保险和长期护理保险产品的竞争力。

二、加强保险公司养老社区建设的制度规范

保险养老社区的发展初期离不开政策支持，而在市场向快速发展期和成熟期转变的时刻，政策支持依然必要，但更应关注其已经出现的问题，分析并提示其风险，及时地总结经验，扬长避短，制定标准，完善制度，出台新的监管规则，规范行业行为，使其在健康可持续发展的轨道中运行，从而严守不发生系统性风险的底线，维护保险消费者和广大人民群众的切身利益。

鉴于我国的保险养老社区市场已经从艰难探索的"春秋时期"走向纷乱复杂的"战国时代"，在"礼崩乐坏"之前，监管部门从必要的政策支持到加强制度规范，已是保证未来保险养老社区进一步健康持续发展的关键所在，也是继续推动保险业助力国家养老产业发展的必然选择。

第一，保险公司参与养老社区建设涉及面广，社会影响巨大，是一种"赢者双赢，败者多伤"的项目类型。监管部门需要引导保险公司充分认识保险养老社区建设中存在的各种风险，谨慎决策，量力而行。根据保险业分类监管的原则，对保险公司参与养老社区建设的模式、规模、定位、区域等做出明确规定，明晰保险公司建设养老社区的要求和条件。

第二，逐步建立保险养老社区建设和服务的标准。由中国保险行业协会等单位牵头，联合相关政府部门，整合多种社会资源，制定并动态优化相应的保险养老社区建设和服务标准，从制度层面引领、规范养老社区的发展。

第三，在制度规范中，引导保险公司化解保险养老社区项目的信用风险和操作风险，借鉴国内外成熟的经验，通过建立风险防火墙的制度规范，优化完善保险养老社区的运营模式。

第四，各政府部门协力打通养老金融体系发展中的各种障碍，允许各类金融机构，特别是保险机构利用自由门店或联合银行网点，建立居民社区养老金融和服务中心，鼓励保险公司参与到多方位的养老产业链和产业环中，

脱虚向实，从兑现资金到兑现服务，综合解决老年群体的财力和人力难题。及时总结各公司的经验，在标准建设和制度规范的基础上，设立监管沙盒，激励保险公司在比较自由的政策环境中进行多种试验与探索。比如允许保险公司根据全龄段老年群体的现实需要，利用城市社区既有及闲置的物业和空间，做适当的适老化改造和功能区分；按照年龄段和身体状态差异，提供专业护理、医疗协助、健康管理、膳食供应、家政服务、适老化改造服务等；搭建平台满足养老社交联谊、兴趣爱好、学习交流、健身锻炼等日常需求。打造生活化、全景化的社区居家养老生活图景，让老年人不脱离原有生活圈，不改变原有生活习惯，真正实现原地安养。

参考文献

[1] 崔月琴、朱先平：《关系嵌入性视角下社区居家养老服务差异化研究——基于C市三种类型服务机构的调查分析》，载于《吉林大学社会科学学报》2022年第1期。

[2] 黄石松、孙书彦：《我国社区居家养老的发展历程、现实困境与路径优化》，载于《中国国情国力》2021年第10期。

[3] 钮骦琦：《大数据时代社区智慧养老服务模式及发展路径研究》，载于《经营与管理》2022年第5期。

[4] 任泽平、夏磊、熊柴：《房地产周期》，人民出版社2017年版。

[5] 王维逸、李冰婷：《平安证券养老产业专题研究：险企房企各具特色，险企养老社区布局先下一城》，载于《未来智库》2020年1月13日。

[6] 王心玉：《居民养老方式选择的影响因素分析》，对外经济贸易大学硕士学位论文，2022年。

[7] 张邦辉、吴健、寇桂涛：《社区居家养老服务的赋能方式与赋能路径组合》，载于《改革》2021年第12期。

[8] 郑秉文：《财富储备与"资产型"养老金体系转型研究》，载于《中国人口科学》2021年第1期。

第七章

长期护理保险

自 2000 年我国进入老龄化社会以来，老年人口在加速增长的同时，失能老人的规模也在大幅扩大。为了解决失能老人的长期护理问题，保障其安度晚年，我国一直在长期护理保障体系的构建方面进行着有益的尝试，商业保险公司一直作为社保层面长期护理保险的经办主体，同时提供商业护理保险产品，是构建多层次长期护理保障体系的重要参与方。

本章共分三节。第一节讨论了国家长期护理保险试点现状；第二节重点分析了商业保险经办中存在的问题和对策建议；第三节论述了商业护理保险在我国的发展。

第一节　国家长期护理保险试点现状

2021 年 9 月 29 日，国务院办公厅印发《"十四五"全民医疗保障规划》，对长期护理保险未来发展做出了重要规划，主要包括以下内容。

第一，适应我国经济社会发展水平和老龄化发展趋势，构建长期护理保险制度政策框架，协同促进长期照护服务体系建设。从职工基本医疗保险参保人群起步，重点解决重度失能人员基本护理保障需求。探索建立互助共济、责任共担的多渠道筹资机制，参加长期护理保险的职工筹资以单位和个人缴费为主，形成与经济社会发展和保障水平相适应的筹资动态调整机制。

第二，建立公平适度的待遇保障机制，合理确定待遇保障范围和基金支付水平。制定全国统一的长期护理保险失能等级评估标准，建立并完善长期护理保险需求认定、等级评定等标准体系和管理办法，明确长期护理保险基本保障项目。做好与经济困难的高龄、失能老年人补贴以及重度残疾人护理补贴等政策的衔接。

第三，健全长期护理保险经办服务体系。完善管理服务机制，引入社会力量参与长期护理保险经办服务。鼓励商业保险机构开发商业长期护理保险产品。

2021 年 12 月 30 日，国务院印发《"十四五"国家老龄事业发展和养老服务体系规划》，再次重申《"十四五"全民医疗保障规划》目标。

一、长期护理保险发展概况

2016 年 6 月 27 日，《人力资源和社会保障部办公厅关于开展长期护理保险制度试点的指导意见》发布，提出在全国 15 个城市开展长期护理保险制度的试点工作[①]，同时确定山东、吉林两省为重点联系省份。2020 年 9 月，《国家医疗保障局 财政部关于扩大长期护理保险制度试点的指导意见》发布，在原试点城市基础上，新增 14 个试点城市[②]。截至 2021 年底，长期护理保险国家试点城市增至 49 个（包括地方试点城市）、参保人数超过 1.4 亿人，累计 160 万失能群众获益，年人均减负超过 1.5 万元。[③] 各试点城市依据自身条件制定了本地区的长期护理保险政策，内容有一定相似之处，但也有地区特性。

---

① 第一批试点城市包括：河北省承德市、吉林省长春市、黑龙江省齐齐哈尔市、上海市、江苏省南通市和苏州市、浙江省宁波市、安徽省安庆市、江西省上饶市、山东省青岛市、湖北省荆门市、广东省广州市、重庆市、四川省成都市、新疆生产建设兵团石河子市。

② 第二批试点城市包括：北京市石景山区、天津市、山西省晋城市、内蒙古自治区呼和浩特市、辽宁省盘锦市、福建省福州市、河南省开封市、湖南省湘潭市、广西壮族自治区南宁市、贵州省黔西南布依族苗族自治州、云南省昆明市、陕西省汉中市、甘肃省甘南藏族自治州、新疆维吾尔自治区乌鲁木齐市。

③ 《全国医疗保障工作会议在京召开》，国家医疗保障局网站，2022 年。

（一）参保对象

试点城市长期护理保险保障对象基本分为两类：一是城镇职工基本医疗保险参保人员，包括单位在职职工、退休人员以及自由职业者；二是城镇职工基本医疗保险和城乡居民基本医疗保险参保人员，其中，在城乡居民基本医疗保险参保人员中，上海将参保对象限定在 60 岁以上，广州、成都、北京市石景山区将参保对象限定为成年城乡居民基本医疗保险参保人员。各试点城市长期护理保险保障对象如表 7－1 所示。

表 7－1　　　　　　　　　　　　试点城市参保对象

保障对象	试点城市
城镇职工	承德、齐齐哈尔、宁波、安庆、重庆、天津、晋城、盘锦、福州、开封、湘潭、南宁、黔西南州、昆明、汉中、甘南州、乌鲁木齐
城镇职工＋城乡居民	长春、上海、南通、苏州、上饶、青岛、荆门、广州、成都、石河子、北京市石景山区、呼和浩特

资料来源：根据试点城市长期护理保险实施办法整理。

（二）筹资情况

1. 筹资来源

试点地区长期护理保险基金筹资来源主要包括医保基金、财政补助、个人、单位、一次性划转以及社会捐赠几部分。

目前试点地区的筹资来源基本分为两种。一是单一筹资，主要是通过职工医疗保险统筹基金划拨筹资，或通过调整基本医疗保险统筹基金和个人账户结构进行筹集，单位和个人无须额外缴费。二是多元化筹资，包括通过个人、单位、一次性划转、财政补助等多渠道筹集，同时接受社会团体或个人捐赠，其中，部分试点地区每年从福利彩票公益金中安排一定数量资金用于长护险资金，如南通、上饶、石河子等城市（见表 7－2）。总体来看，无论是单一筹资还是多元化筹资，试点城市长护险资金全部规定了从医保基金汇总划拨的筹资标准。

表 7 - 2　　　　　　　　　　　　　　试点城市筹资来源

筹资来源	试点城市
单一筹资	湘潭、天津、呼和浩特（城镇职工）、盘锦、福州、南宁、长春、齐齐哈尔、上海、苏州、宁波、青岛、广州、重庆
多元化筹资	北京市石景山区、晋城、呼和浩特（城乡居民）、开封、黔西南州、昆明、乌鲁木齐、承德、南通、上饶、安庆、荆门、成都、石河子

资料来源：根据试点城市长期护理保险实施办法整理，其中甘南州政策未完全公布，故未列入。

从筹资来源的结构看，医保基金筹资占据绝对比重，可持续的筹资机制有待完善。但是，部分城市多元融资模式开始有序形成，出现了医保、个人、单位和财政各主体占据一定比例的局面。

2. 筹资水平

筹资水平往往根据当地的经济社会发展水平、老年人护理需求、护理服务的成本以及长期护理保险的保障范围和水平等因素综合确定。从整体来看，试点城市统筹基金划转、财政补贴、单位缴费和个人缴费等承担的比例各有不同，如南通长护险筹资中医保统筹基金、个人缴费和财政补贴分别占30%、30%和40%，而上饶医保统筹基金、个人缴费和财政补贴分别占39.5%、55%和5.5%。并且，各城市人均筹资水平也有较大差异，如广州的筹资标准是每人每年130元，而安庆只有40元。[1]

3. 账户设置与管理

参照《人力资源和社会保障部办公厅关于扩大长期护理保险制度试点的指导意见》要求，各试点城市长期护理保险基金管理参照现行社会保险基金有关制度执行。基金单独建账，单独核算。建立健全基金监管机制，创新基金监管手段，完善举报投诉、信息披露、内部控制、欺诈防范等风险管理制度，确保基金安全。基金管理原则上，大部分城市采取"以收定支、收支平衡、略有结余"的原则，仅有重庆采取"以支定收"的原则。基金账户设置上，大部分城市单独列账、单独核算、专款专用，接受审计和社会监督。另外，上饶、青岛、荆门实行"收支两条线"，即设立基金收入户和支出户。

---

[1]　根据各试点城市长期护理保险实施办法整理。

（三）待遇支付

1. 待遇享受对象

试点城市长期护理保险待遇享受对象基本分为两类：一是仅包含重度失能人员；二是包含中度和重度失能人员。其中，青岛将失智人员也纳入待遇享受对象当中（见表 7-3）。另外，部分地区因自身失能评估标准的特殊性，按照自行划定的失能等级进行待遇支付，如上海二到六级失能人员，广州一到三级失能人员。

表 7-3　　　　　　　　　　　　　试点城市待遇享受对象

享受待遇对象	试点城市
重度失能	北京市石景山区、湘潭、天津、晋城、盘锦、福州、开封、南宁、黔西南州、昆明、汉中、甘南州、乌鲁木齐、承德、齐齐哈尔、宁波、安庆、上饶、荆门、重庆、成都、石河子
中度+重度失能	长春、苏州、呼和浩特、南通
重度失能失智	青岛
其他	上海二到六级，广州一到三级

资料来源：根据试点城市长期护理保险实施办法整理。

2. 支付范围

首批试点城市中，承德、齐齐哈尔、上海、宁波、青岛、石河子等试点地区以提供医疗护理服务费为主，但未明确界定医疗护理服务费范围。苏州和重庆仅保障重度人员的基本生活护理费用，成都在此基础上将基本生活护理相关的耗材费、设备使用费等纳入保障范围。上饶、安庆、荆门、南通等试点城市兼顾生活照料和医疗护理，适当扩充了保障范围。此外，多数地区将失能鉴定评估费用也纳入保障范围，但是保障方式不一。如安庆将失能评估费用全部从长护险基金列支；石河子虽然也从基金列支，但是规定若评估不通过，则评估费用由个人自行承担；而上海则采取比例分担方式，评估费用由长护险基金支付80%，个人自负20%。

新增试点城市均包含了居家护理和机构护理的支付范围，湘潭、开封、南宁、昆明、汉中、天津、黔西南州和乌鲁木齐明确规定将失能评估费用也纳入长期护理保险支付范围之内。乌鲁木齐详细规定了待遇支付范围，包括床位费、护理服务费、护理设备使用费、护理耗材费、失能评估费用，黔西南州将护理产品（辅具）的租赁费用也纳入了支付范围内。

试点城市待遇支付范围如表 7-4 所示。

表 7-4　　　　　　　　　　　试点城市待遇支付范围

试点城市	支付范围
承德、齐齐哈尔、上海、宁波、青岛、石河子	医疗护理服务费
长春	非医疗机构合规床位费、护工劳务费、设备使用费、护理日用品、舒缓治疗费等
南通、荆门	床位费、护理服务费、设备使用费、护理耗材费
安庆	床位费、护理服务费、设备使用费
上饶	医疗护理服务费、床位费、设备使用费，以及药品、耗材等费用
成都	基本生活护理服务费、耗材费、设备使用费等
广州	医疗护理费、床位费、服务项目范围内的基本生活照料费、鉴定评估费
苏州、重庆	基本生活护理服务费
湘潭、开封、南宁、昆明、汉中	基本生活照料费、医疗护理费、失能评估费
石景山、呼和浩特、盘锦	基本生活照料费用、医疗护理费用
天津	符合规定的护理服务费、失能评估费
晋城	居家自主护理的护理补助；居家上门医疗护理的费用；机构护理的床位费、服务费、设备使用费等规定费用
福州	基本护理服务相关费用
黔西南州	基本生活照料费用以及医疗护理费、产品（辅具）租赁费、失能评估费
乌鲁木齐	床位费、护理服务费、护理设备使用费、护理耗材费、失能评估费

资料来源：根据试点城市长期护理保险实施办法整理，甘南州政策未完全公布，故未列入。

3. 支付方式

试点城市的经济发展水平不同，进而待遇支付标准存在较大差异。待遇支付方式主要分为三种。一是限额给付。一般而言，采用限额支付的城市除了有确定的支付限额外，还会设置一定的限额支付比例，集中在 70%~80%。二是定额给付，给予护理服务固定的费用。三是混合支付，即采用限额支付和定额支付结合的形式。如成都职工和居民的基础照护服务按照 60%~75% 的比例定额支付，专业照护服务则实行限额或定额支付。从护理模式来看，机构护理多采用比例给付，居家护理多采用定额给付。从给付水平来看，职工给付比例高于居民，为鼓励居家护理，居家护理的给付标准大都高于机构护理。

二、长期护理保险的失能评估认定标准

由于各试点城市在长期护理保险的具体实践上有较大的自主性，不少城市在老年人失能等级评估工作的探索方面形成了自己的特色，造成国内失能评估量表不统一、评估标准和护理分级标准不统一、评估工作外包、评估队伍不稳定等问题，这些问题都会使得失能评估工作本土化、碎片化，不利于国家在试点结束后建立统一的长期护理保险制度。2021 年 7 月，长期护理保险失能等级认定标准不一的问题得到初步解决，国家医疗保障局办公室和民政部办公厅联合印发《长期护理失能等级评估标准（试行）》（以下简称《评估标准（试行）》），要求《国家医疗保障局 财政部关于扩大长期护理保险制度试点的指导意见》明确的 14 个新增试点城市参照执行《评估标准（试行）》，原有试点城市参照完善地方标准，原则上自通知印发之日起两年内统一到《评估标准（试行）》上来。试点城市可根据试点实际情况，对《评估标准（试行）》进行细化完善。

（一）失能评估工具

《评估标准（试行）》颁布前，承德、长春、齐齐哈尔、南通、宁波、安庆、荆门、广州、石河子 9 个首批试点地区，以及北京市石景山区、福州、湘潭、南宁、黔西南州、汉中、乌鲁木齐 7 个新增试点地区采用《Barthel 指数评定量表》作为长期失能的评估工具。上海、成都、苏州、天津、开封、昆明则是颁布专门的失能评估办法，如上海结合国外经验和本地实际情况，

制定《上海市老年照护统一需求评估标准（试行）》，包括自理能力和疾病状况两个维度，并计算综合评分。成都制定了《成都市成人失能综合评估技术规范》，包括一级指标 4 个（包括基本日常生活活动能力、精神状态、感知觉和社会参与）和二级指标 18 个。青岛按照 2013 年民政部《老年人能力评估》行业标准对保障对象进行综合评估，重庆仅仅模糊表述生活不能自理，需长期护理的重度失能人员，没有客观统一的标准。晋城、呼和浩特、盘锦、甘南等尚未公示失能评定准则。

《评估标准（试行）》主要对评估指标、评估实施和评估结果判定作了规定。一是明确评估指标。专业评估量表由日常生活活动能力、认知能力、感知觉与沟通能力 3 个一级指标和 17 个二级指标组成，形成综合性评估指标体系。二是明确了实施要求。对主体、对象、流程等作出规定。三是明确采用组合法对评估结果进行判定。一级指标共 3 个，包括日常生活活动能力、认知能力、感知觉与沟通能力。二级指标共 17 个，包括日常生活活动能力指标 10 个，认知能力指标 4 个，感知觉与沟通能力指标 3 个。对比巴氏量表与上海、苏州、成都三地量表，以及《评估标准（试行）》的内容，结果如表 7-5 所示。

表 7-5　　　　　　　　　代表性失能评估量表比较

序号	项目	评估要点	巴氏量表	上海	苏州	成都	《评估标准（试行）》
1	基本情况	居家环境、经济条件		√			
2	日常生活自理能力	基本日常生活自理能力	√	√	√	√	√
		工具性日常生活自理能力		√			
3	认知能力	简易精神状态检查量表		√	√	√	√
4	精神状况	焦虑、抑郁、易怒等		√		√	
5	情绪行为	强迫症、攻击行为等		√		√	

续表

序号	项目	评估要点	巴氏量表	上海	苏州	成都	《评估标准（试行）》
6	社会参与能力	视力、听力、沟通能力等		√	√	√	√
7	疾病情况	疾病相关因素		√		√	
8	备注			辅助使用工具	失禁性皮炎、压疮为特殊护理项目		

资料来源：根据巴氏量表、试点城市失能评估文件及《评估标准（试行）》整理。

（二）失能评估机构

对于承担失能评估的机构，详细来看主要有以下五种形式：一是成立长期护理保险资格评定委员会；二是由劳动能力鉴定委员会进行评定；三是由符合条件的第三方评估机构进行评定或者委托商业保险公司经办；四是由定点服务机构进行初审，通过劳动能力鉴定中心或医疗保险经办机构进行复审；五是由政府医保经办机构直接进行评定。具体如表7-6所示。

表7-6　　　　　　　　　　试点城市的失能评估机构

首批试点地区	失能评估机构	新增试点地区	失能评估机构
承德	定点长期护理服务机构、劳动能力鉴定机构	石景山	民政部门、符合条件的第三方评估机构
长春	定点长期护理服务机构、医保经办部门	天津	市医保经办机构
齐齐哈尔	市劳动能力鉴定委员会	晋城	设立长期护理保险失能鉴定评估机构，可建立长期护理保险第三方评估机制，委托商业保险公司会同有资质的定点服务机构开展评估工作
上海	符合条件的第三方评估机构	呼和浩特	—
南通	定点护理机构、劳动能力鉴定中心	盘锦	—

续表

首批试点地区	失能评估机构	新增试点地区	失能评估机构
苏州	符合条件的第三方评估机构	福州	符合条件的第三方评估机构
宁波	成立长期护理保险资格评定委员会，由市人社局、市财政局、市民政局、市卫计委、市残联等相关部门代表组成	开封	长期护理保险失能评定委员会
安庆	市卫健委委托的第三方机构	湘潭	成立长期护理保险失能评定委员会，由市医疗保障局、市民政局、市财政局、市卫生健康委等部门组成
上饶	市医保局委托的第三方机构	南宁	各级医疗保障部门委托商业保险承办机构
青岛	定点护理机构（失能人员）、失智诊断特约专家（失智人员）	黔西南州	长期护理保险资格评估委员会
荆门	定点长期护理服务机构、劳动能力鉴定委员会	昆明	成立失能评定专家委员会，由医疗保障、财政、卫健、民政、人社、残联及医疗卫生、社会保障、劳动能力鉴定等部门组成
广州	购买商业保险等第三方评估服务	汉中	符合条件的第三方评估机构
重庆	购买商业保险等第三方评估服务	甘南州	—
成都	成立长期照护保险资格评定委员会	乌鲁木齐	长期护理保险失能评定办公室
石河子	劳动能力鉴定办公室		

资料来源：根据15个首批和14个新增试点地区的长期护理保险制度文件整理。

　　绝大多数长期护理保险试点城市将失能评估工作委托给第三方机构，而非选择由市内官方组织或组织公立医院的医护人员进行失能评估工作，主要出于以下考虑。

　　一是政府内部缺乏足够的具备医疗知识的人才。医保局成立前，大部分城市的医疗保险归各自省（区、市）政府、人力资源部门管理，这些部门的工作人员大多是通过公务员考试选拔的，医疗专业的人才相对稀少，政府内部难以组织高水平、高规格的失能评估团队，从事对老年人的失能评估工作。

　　二是公立医院的职能重点并非失能等级评估，且未设置相关科室。目前，能够对劳动能力进行鉴定并给出官方证明的政府机构是劳动能力鉴定委员会，但是该委员会的工作职能是为工伤职工伤残等级进行鉴定，在因年纪过大导致失能的鉴定方面缺乏一定的专业性。医院在医学方面较为专业，面对老年疾病时也有行业内部的评估标准可以使用。但医院的职能更加偏向于治病而非评估，同时我国大部分公立医院未像设置普通科室一样设置失能评估科。所以，即使医院能够提供失能评估的服务，但总体来看，其评估能力还是有限的。

第二节　商业保险公司经办长期护理保险

一、商业保险公司经办长期护理保险模式

　　2016 年《人力资源和社会保障部办公厅关于开展长期护理保险制度试点的指导意见》要求社会保险经办机构可以探索委托管理、购买以及定制护理服务和护理产品等多种实施路径、方法，在确保基金安全和有效监控的前提下，积极发挥具有资质的商业保险机构等各类社会力量的作用，提高经办管理服务能力。2020 年《国家医疗保障局 财政部关于扩大长期护理保险制度试点的指导意见》强调引入社会力量参与长期护理保险经办服务，充实经办力量，拟进一步深入推进长期护理保险制度试点工作。2021 年《国务院办公厅关于印发"十四五"全民医疗保障规划的通知》明确提出"十四五"期间要健全长期护理保险经办服务体系，完善管理服务机制，引入社会力量参与长期护理保险经办服务，鼓励商业保险机构开发商业长期护理保险产品。

目前各试点城市长期护理保险主管部门均为医保经办机构或医保部门下设的长期护理保险经办机构，在此基础上，绝大多数地区采用政府购买服务的形式招标商业保险公司参与经办。

（一）责任分工

从 2021 年国内长期护理保险试点城市经验看，商业保险公司职责主要包括全流程经办和部分经办两种。

1. 全流程经办

全流程经办的职责包括政策咨询、待遇申请受理、组织失能评估、对接护理服务、服务监管、结算支付、评估机构及护理服务机构管理、组织专业培训、档案管理、投诉处理、数据统计分析、业务系统及信息平台建设等，如青岛、南通、成都等城市。

2. 部分经办

部分经办为医保部门根据自身工作职责及人员调配情况，将组织失能评估、护理服务稽核等部分环节委托给商业保险公司经办，如广州试点组织失能评估、定点机构巡查工作由商业保险公司经办。部分经办方式如图 7 - 1 所示。

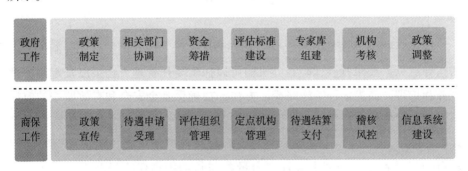

图 7 - 1　部分经办方式

资料来源：根据试点城市长期护理保险政策整理。

（二）参与方式

从国内长期护理保险试点城市经验看，商业保险公司参与长期护理保险经办方式主要包括承办型和经办型两种。

1. 承办型

按照"收支平衡、保本微利"的原则，将长期护理保险当年度筹资总额作为购买产品的保费划拨给商业保险公司。商业保险公司从保费中提取运营成本，参与全流程管理，包括基金管理和待遇划拨，年底结余返还，风险共担，设置（成本＋利润）上限（基金的 3%~7%），如南通、苏州、青岛等城市。建立盈亏调节机制，通过设定限额进行风险共担，一定限额内由商保与医保共同承担，超过一定范围为政策性亏损，进行回补及政策调整。

以南通市为例，南通市长期护理保险委托商业保险公司实行"运行风险共担、保险事务共办、管理费率固定、年度考核退出"的模式。[①]

运行风险共担。长期护理保险委托商业保险公司参与经办，与长期护理保险基金实行风险共担机制。长期护理保险收入扣除待遇支出、管理费用工作成本后，如出现赤字，则赤字金额由商业保险公司与长期护理保险基金共同承担，但如有盈余，则盈余部分须返还基金。赤字额具体承担方式为赤字额在基金收入的一定比例（分担比例 A）以内的部分由商业保险公司全额承担；在"分担比例 A"与"分担比例 B"之间的部分，由商业保险公司与长期护理保险基金按 6∶4 分别承担；超过"分担比例 B"的部分，由商业保险公司与长期护理保险基金按 4∶6 分别承担。

保险事务共办。长期护理保险经办事务由长期护理经办机构和商业保险公司共同经办，分工负责。商业保险公司组成照护保险第一、第二服务中心，分区域具体承办申请受理、上门评估、待遇给付、服务监督等经办事项。

管理费率固定。商业保险公司经办管理工作经费按基金收入的固定比例计提，用于商业保险公司经办人员费用、办公费用及效益。

年度考核退出。区级医保中心建立履约考核机制，每年对商业保险公司经办工作量、工作质量、工作时效等经办服务工作和工作任务完成情况进行考核，考核不合格的，中止合同，取消以后年度的中标资格，并退出经办。因商业保险公司责任造成基金损失或其他债务，退出前按相关规定结清。

2. 经办型

政府以购买服务的方式委托商业保险公司经办管理，保险公司不承担超

---

① 锁凌燕：《长期护理保险发展与机遇》，载于《中国金融》2019 年第 13 期。

赔风险，根据协议约定和年终考核成绩收取服务费用，有提取比例和固定金额两种形式，如广州、天津、宁波、嘉兴等城市。

以天津为例，在建立委托经办机构绩效评价、考核激励和风险防范机制基础上，委托经办服务费综合考虑服务人口、机构运行成本、工作绩效等因素确定，从长期护理保险基金中按比例支付，具体办法在委托协议中约定。

（三）组织架构

从2021年国内长期护理保险试点城市经验看，商业保险公司间组织架构主要分为主承共保和分区共保两种模式（见图7-2和图7-3）。主承共保模式是由经政府招标确定的商业保险公司组建长期护理保险服务中心，在各统筹地区设立分中心，服务中心由主承的商业保险公司运营，与各统筹地区共保商业保险公司共同负责长期护理保险经办工作，所需服务人员由长期护理保险服务中心统一安排。分中心具体负责市区和各地失能人员评定、居家上门服务组织、向护理服务机构派单、服务质量管理、资金结算、稽核巡查、定点护理机构监管等工作。

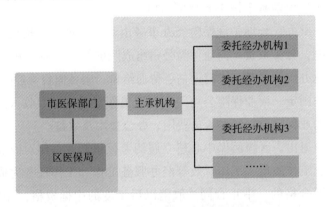

图7-2　主承模式的组织架构模型

区别于主承共保模式，分区共保模式不再区分主承和辅承，而是将统筹区划分为多个区域，各保险公司分别承担经办各自区域内部长期护理保险工作。

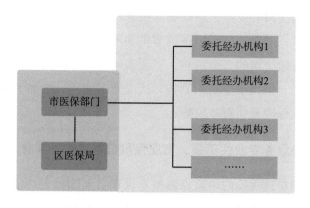

图 7 - 3　分区共保的组织架构模型

二、商业保险公司经办长期护理保险存在的问题

（一）经办招投标程序不完善，规范化有待提升

在长期护理保险制度公私合作模式中，市政府招标引入商业保险公司，进而委托医保部门进行签约、监管。政府招标符合我国政府购买基本公共服务要求，但在长期护理保险制度中，由于无法精确估量经办业务所需要的人力、物力、财力，在招标过程中可能会出现一些商业保险公司"低价中标"现象，导致护理业务经办质量难以得到保证。在这种背景下，部分地区出现一种怪象：一方面，招投标过程中医保部门过于强势，基础价格（人均筹资水平）确定偏低；另一方面，各家公司又竞相压价，力争获得业务经办权。这种价格大战的恶果是进一步扩大亏损，导致"保本微利"原则无法有效贯彻落实。究其原因，很多地方主管部门通常采用最低价评标法，即报价越低评标的得分越高，将竞标人的焦点单纯引向价格领域而忽视质量提升。①

同时，部分地区长期护理保险招投标环节操作不规范、规则不合理。在实际操作中，此问题有如下四方面体现：一是定价不合理，缺乏专业精算意见；二是招标政策导向不合理，部分地区实施低价中标的招标政策，导致恶

---

① 朱铭来、申宇鹏：《我国长期护理保险试点地区经验评介》，载于《中国保险》2021 年第 8 期。

性价格竞争的情况时有发生，影响长期护理保险制度的平稳运行；三是风险调节机制不合理，主要体现在出现调节机制不对等的情况；四是部分协议中的要求增加了保险公司的资金负担，主要表现为续签协议期开始后，保险公司已经开始赔付，但当年保费未划拨，造成资金垫付，增加了不必要的管理成本，进而增大保险公司财务风险。

（二）经办业务专业性不强，商业保险公司优势发挥有限

目前，长期护理保险的风险保障型承保项目大部分为基金结余返还，超赔风险机制未进一步明确。青岛是长期护理保险经营时间最长的，但商业保险公司仅参与部分经办业务，协助社保经办机构，基本上不承担基金盈亏，只是收取一定基金管理费用，社保经办机构负责盈亏。这一模式的公私合作稳定性适中，商业保险公司只有微利空间，对其激励性不强。

另外，部分经办环节委托给商业保险公司，政府主管部门需要负责较大部分的烦琐的事务性工作，且不利于评估、服务、支付等经办环节的衔接；商业保险公司无法对全经办流程进行风险管理，建立评价考核、激励约束机制等社会化运行机制存在一定困难。

（三）基金使用标准模糊，监管力度有待加强

商保经办服务费的支出来源和标准需进一步明确。部分地区以赔款为基数，按一定比例提取经办管理费，管理费不足且与国家基本规则不一致，需进一步调整。另外，虽然部分地区在政策上实现了长期护理保险基金与医保基金的单独建账和分账核算，但是在实际运作过程中，长护险基金账户依然内嵌于医保基金账户当中，保险公司虽然名义上负有基金管理责任，实际基金支出划拨依然由医保部门负责，保险公司经办优势难以有效显现。

（四）部门间信息对接不畅，数据后续分析受阻

护理服务机构系统、商业保险公司系统与医保系统无法有效对接。护理机构往往会建立自己的护理服务系统对本机构的护理服务进行管理，但是在实际运行过程中难以和商业保险公司以及医保系统有效对接，造成商业保险

公司以及医保部门无法准确跟踪护理人员的护理过程以及护理机构的整体管理情况和财务状况，出现套利空间。

同时，商业保险公司与医保部门之间的数据共享也存在困难，在商业保险公司与医保系统对接、数据共享等问题上，政府强势主导，商业保险公司缺少话语权。部分地方政府不允许或不愿意商保系统与基本医保及医疗机构的系统对接。部分地区医疗机构或基本医保系统开发商配合度较低，拖延自身系统改造升级，有些提出高额对接价格，导致系统对接工作进展缓慢或停滞。

三、商业保险公司经办长期护理保险对策建议

2021 年 5 月 25 日，为进一步推动保险业做好长期护理保险制度试点服务工作，规范保险公司经营服务行为，切实维护参保群众合法权益，《中国银保监会办公厅关于规范保险公司参与长期护理保险制度试点服务的通知》发布，从积极服务民生保障、提升专业服务能力、规范项目投标管理、强化经营风险管控、完善信息系统建设、注重护理机构管理、压实市场主体责任、加大日常监管力度、发挥行业协会作用九个方面提出要求。结合监管部门的规范标准，我们对完善商业保险公司长期护理保险经办提出如下建议。

（一）强化职责分工

建议实行医保部门对委托经办机构、委托经办机构对评估及服务机构的分层管理模式。医保部门可建立与委托经办机构的工作沟通机制，将政策咨询、待遇申请受理、组织失能评估、对接护理服务、服务监管、结算支付、评估机构及护理服务机构管理、组织专业培训、档案管理、投诉处理、数据统计分析、业务系统及信息平台建设等全业务流程委托给社会力量经办。

全流程委托经办有助于政府主管部门以顶层设计和监督管理职能为主，由原来的"裁判员兼运动员"转变为"裁判员"，将日常重复烦琐的经办处理移交商业保险公司，提升政府的行政管理效能；通过管办分离，在保证政府预算制度、财务管理制度、基金运行管理责任的同时，明确委托服务的管

理责任要求和服务内涵，建立评价考核、激励约束机制等社会化运行机制。

在此基础上，商业保险公司可探索引入有能力、有资质的服务机构参与本地区长期护理保险试点提供护理服务，促进本地区护理、养老、医疗、康复、健康等相关产业发展；探索建立统一的信息平台，打破信息孤岛，做到长期护理保险试点各相关部门间、各参与主体间数据信息的互联互通，提升经办时效。在推进过程中应重点关注以下问题：一是经办管理的信息化建设，建立全流程网上办理的工作机制；二是需依托信息化智能监管机制，例如指纹采集、图像采集分析、智能穿戴设备监测申请人体征等方式，确保待遇申请、失能等级评定等的真实性和准确性；三是加强对参与经办的商业保险公司的监督与管理，确保工作透明度。

（二）明确盈亏模式

关于商业保险公司承办长期护理保险业务，合理界定和科学测算经办成本及利润，应该坚持三个原则。第一，科学区分政策型和管理型赔付盈亏。所谓政策型赔付盈亏是指由政府医保政策完善和变化产生的，如筹资水平调整、突发事件等，即主要是因定价不准确、长护政策调整或其他政策性因素导致的长期护理保险亏损。医保部门可采用历史数据方法，通过对失能历史数据进行测算后得到预期失能率，在此基础上进行制度调整。管理型赔付盈亏则是指由商业保险公司经营管理活动所产生，应该由商业保险公司承担的盈亏部分，即商业保险公司经办长期护理保险实际赔付率与预期赔付率（政策盈亏）平衡点之差。第二，长期护理保险的经办管理成本应通过"科学预测、市场竞价、选择替补"的方式合理确定。确定合理的经办管理成本依赖于精算模型的建立，对未来年度的赔付做合理精算评估，实现费率的动态调整机制，以保证盈亏分担机制的公平性。在商业保险公司愿意并有能力以合理成本承担长期护理保险业务的地区，政府可通过招投标方式确定经办机构；在商业保险公司无法接受成本价位时，医保部门可以作为替代机构经办该业务。第三，商业保险公司的预期利润不应包含在管理成本中作为固定费用核算，而是通过建立风险共担模型，形成有效的利益激励机制。商业保险公司专业优势体现在运行效率上，其盈

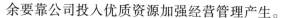

余要靠公司投入优质资源加强经营管理产生。

此外，有必要引入明确的承办亏损程度鉴别机制，或推进建立第三方评估机构鉴别商业保险公司承办社保项目亏损与盈利。某种意义上，应当将商业保险公司承办社保项目带来的亏损看作当地社会保障的"贡献"，单纯以绝对的盈亏率或赔付率来确定商保承办长期护理保险效果优劣并不科学。

（三）完善招标设计

首先，应明确招投标合同主体，进而确定标准合同范本的出台方。由于长期护理保险经办业务期间较长，建议以国家层面制定统一格式条款为主，省级地方在国家规范合同基础上根据当地情况少许调整，以保证全国格式条款的一致性，便于合同内容的稳定。招投标流程进行前，医保部门应该有风险提示，竞标部门要有风险评估，招标时要提供基本服务的设计。

同时，针对恶意价格竞争，应规范长期护理保险招标投标与合同管理，明确服务内容和费用管控指标，合理定价，防范恶性竞争。加快引入长期护理保险招标综合评标法，从管理经办能力、人均筹资额、盈利率（即费用成本）等多个方面对参与投标的商业保险公司进行综合评价。其中，人均筹资额的评分占比降低，管理服务能力的评分占比提高，引导商业保险公司更加注重服务质量。有了公司管理经办能力的综合评价，公司也就有了合理的议价空间，从而可以有效遏制不理性低价竞争，形成规范有序的竞争格局。

另外，对于招标文件中筹资标准的设定，医保部门应逐步引入第三方专家团队。部分地区在招投标中定价标准粗放，缺乏科学性、公允性，建议从制度层面明确必须由第三方精算机构出具标准。第三方机构资质由国家统一制定，地方政府在保障数据安全的前提下，提供可供测算的历史数据。公允定价标准一旦明确，不得低于此标准进行投标报价。第三方团队应当根据历史数据测算确定标底价，参与投标的商业保险公司也应根据医保数据，发挥保险精算优势，综合考虑各地经济发展水平、失能率、长期护理保险保障水平等因素，建立长期护理保险定价模型，这项工作应当逐步成为公司参与招投标的必要条件之一。

此外，推进长期护理保险招标与合同标准化管理机制，推动实现经办服务管理成本单列。第一，规范招投标和相关协议管理。目前各地长期护理保险招标要求差异过大，不仅是保险责任差异很大，部分地区在招标中所需资质材料也过于复杂。建议制定相对统一的招标标准和格式合同，提高效率。第二，允许商业保险公司参与长期护理保险规则制定，建立协商机制。在筹资标准、待遇保障等关键规则调整时，允许商业保险公司参与协商，运用大数据分析等技术手段帮助政府优化失能保障政策，并为医保部门制定筹资和待遇标准提供建议。第三，落实单独建账，实现经办服务成本单列。推动立法调整，允许经办机构从长护基金中提取合理费用用于经办支出，减轻财政压力。明确经办成本和合理利润，确保商业保险公司经办长期护理保险各项直接、间接成本得到有效保障。

（四）提升服务水平

首先，发挥商保专业优势，扩充长期护理保险增值服务。医保部门应当鼓励经办当地长期护理保险的商业保险公司加大业务相关系统研发投入，与基本医保信息系统和护理服务系统有效对接，实现护理费用的全面审核。同时，借助商业保险公司分支公司在各地区大范围遍布的优势，实现各区域间长期护理保险管理的资源互补，通过系统筛查，区分不合规、正常及疑似案例，结合专家团队及当地政策规定，实现护理费用管控的区域协同发展。加强护理费用智能审核系统开发，结合传统风控方法，通过建立"系统智能审核＋专家审核"的方式加强医疗风控管理，有效减少欺诈、浪费和不合理费用支出。同时医保部门可以利用商业保险公司各地分支机构广泛的优势，建立公司内部异地保障配合处理机制，尝试建立异地护理服务库，以确保护理费用审核的公平合理。此外，商业保险公司可依托经办优势，在合法获取相关服务数据的基础上，合理开发商业长期护理保险。

（五）细化监管机制

首先，在商业保险公司的准入退出机制方面，参与长期护理保险试点经办的商业保险公司应当符合《中华人民共和国政府采购法》第二十二条的相关规定，具有《经营保险业务许可证》且包含健康险业务、具备良好信用记录，单位负责人为同一人或者存在直接控股、管理关系的不同供应商不得同时参加；应具备在本区域内开展业务的资质，具备长期护理保险经办相关的服务能力；同一保险（集团）公司参与长期护理保险业务经办的子公司不得超过一家；具备长期护理保险试点经办服务能力，包括建立工作组织架构、配备专属服务队伍、搭建长期护理保险信息管理系统等。参与长期护理保险经办服务的委托经办机构如发生套取（骗取）长期护理保险基金、泄露参保人员个人信息、不具备经办服务资质及能力或违反长期护理保险政策规定的情形，政府主管部门可与委托经办机构解除合同，具体条款可在经办服务协议中予以进一步明确。

其次，采取分层监管，明确监管主体，建立完善的商业保险公司考核机制。市、区医保局或医保中心按照协议负责对本辖区内商业保险公司进行监督和管理。医疗保障行政部门依法依规通过实地检查、抽查、智能监控、大数据分析等方式对委托经办机构的协议履行情况、长期护理保险基金使用情况、医疗服务行为等进行监督。各级医保局及其医保中心加强对商业保险公司的日常监督和管理，建立履行服务协议情况年度考核机制。同时建立服务质量保证金制度，预留一定比例的服务质量保证金，在年度基金结余范围内，市医保经办机构根据投标报价及年度考核情况，确定经办服务费用。

针对商业保险公司各项职能中风险相对集中的部分，要加强监督检查，重点查处内审制度不健全、长期护理基金使用稽核不全面、履约检查不到位、违规操作、违规支付长期护理保险基金以及其他内部人员的违规行为。

最后，细化法律责任，建立信用体系。商业保险公司在经办长期护理保险工作中存在违法违规行为，造成长护保险基金损失的，依照《中华人民共和国社会保险法》和其他相关规定处理，情节严重的，可暂缓一定时期的服务协议直至终止服务协议，涉及其他行政部门职责的，移交相关部门，构成犯罪的，依法追究刑事责任。同时，依照法律法规将商业保险公司在提供服务过程中涉及违法违规信息纳入信用信息记录。结合国家部委联合奖惩备忘录和相关法律法规，建立完善联合奖惩机制和措施，对已列入相关行业领域"黑名单"的严重失信主体，禁止或限制其参与政府采购、公共事业特许经营等活动。

第三节 商业护理保险发展分析

一、商业护理保险政策沿革

2006 年 6 月，中国保监会审议通过《健康保险管理办法》，明确护理保险为商业保险公司可经营的健康保险产品。此后，随着老龄化程度的加深和失能人员数量的增长，除了在社保层面建设长期护理保险制度之外，国家开始不断出台相关政策引导商业护理保险发展，以满足失能人员护理需求。具体内容如表 7 - 7 所示。

表 7 - 7 商业护理保险相关政策文件

年份	文件	主要内容
2013	国务院关于促进健康服务业发展的若干意见	积极开发长期护理商业险
2014	国务院关于加快发展现代保险服务业的若干意见	发展商业性长期护理保险
2014	国务院办公厅关于印发深化医药卫生体制改革 2014 年重点工作任务的通知	积极开发长期护理的商业健康保险产品
2016	国家卫生计生委办公厅关于印发医养结合重点任务分工方案的通知	进一步开发包括长期商业护理保险在内的多种老年护理保险产品
2016	中华人民共和国国民经济和社会发展第十三个五年规划纲要	鼓励有条件的地方开展政策性长期护理保险试点，推广长期护理商业保险产品
2016	人力资源社会保障部办公厅关于开展长期护理保险制度试点的指导意见	鼓励商业保险公司开发适销对路的保险产品和服务，发展与长期护理社会保险相衔接的商业护理保险，满足多样化多层次的长期护理保障需求
2017	国务院关于印发"十三五"国家老龄事业发展和养老体系建设规划的通知	探索建立长期护理保险制度。鼓励商业保险公司开发适销对路的长期护理保险产品和服务，满足老年人多样化、多层次长期护理保障需求

续表

年份	文件	主要内容
2017	关于运用政府和社会资本合作模式支持养老服务业发展的实施意见	鼓励保险公司探索开发长期护理险、养老机构责任险等保险产品
2017	国务院办公厅关于加快发展商业养老保险的若干意见	大力发展老年人长期护理保险的商业保险
2019	健康保险管理办法	护理保险是指按照保险合同约定为被保险人日常生活能力障碍引发护理需要提供保障的保险
2020	银保监会等13部门关于促进社会服务领域商业保险发展的意见	加快发展商业长期护理保险……探索将商业长期护理保险与护理服务相结合
2021	国务院办公厅关于印发"十四五"全民医疗保障规划的通知	鼓励商业保险机构开发商业长期护理保险产品

资料来源：作者根据相关政策文件整理。

关于商业护理保险产品的开发监管，原保监会和银保监会也在多个文件中提及并加以规范。2016年9月，《中国保监会关于进一步完善人身保险精算制度有关事项的通知》规定，自2017年1月1日起，保险公司不得将护理保险设计成中短存续期产品。

2017年5月，《中国保监会关于规范人身保险公司产品开发设计行为的通知》规定，护理保险产品在保险期间届满前给付的生存保险金，应当以被保险人因保险合同约定的日常生活能力障碍引发护理需要为给付条件。

2019年11月，中国银保监会出台了新《健康保险管理办法》，办法里多次提到护理保险，对商业保险公司经营护理保险尤其是长期护理保险进行了规范，具体包括护理保险的定义、给付条件、保障责任、保险期间、等待期等。

2020年1月，中国银保监会等13部门印发《关于促进社会服务领域商业保险发展的意见》，提出研究建立寿险赔付责任与护理支付责任转换机制，支持被保险人在失能时提前获得保险金给付，用于护理费用支出。

二、商业护理保险发展概况

(一) 发展历程

自 2005 年国泰人寿推出我国第一款商业护理保险产品以来，护理保险在我国健康保险市场中占比长期低于 1%，与商业健康保险快速发展的趋势相比形成显著差异。2013 年我国启动普通型人身保险费率市场化改革，商业护理保险以一种快速返还类理财型保险的方式投入市场，使商业护理保险经历了一段爆发式发展的时期，保费增速和占商业健康险比例的变化情况如图 7-4 所示。

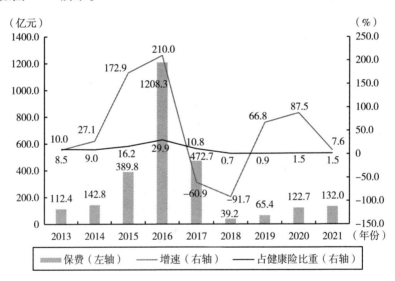

图 7-4 2013～2021 年商业长期护理保险原保费收入、增速及占健康险比重变化情况

资料来源：中国银保监会公开披露及保险同业交流。

在 2018 年以前，商业护理保险市场相对不够规范，大多数产品虽然以长期护理为名，但并不能真正实现长期护理的功能；只有少数产品以失能或失智作为保险金的触发标准，属于严格意义上的护理保险产品（见表 7-8）。《关于进一步完善人身保险精算制度有关事项的通知》和《关于规范人身保险公司产品开发设计行为的通知》实施之后，监管部门要求商业保险公司不得将护理保险设计成中短存续期产品，在保险期间届满前给付的生存保险金，应当以被保险人因保险合同约定的日常生活能力障碍引发护理需要为给付条件，并要求各保险公司对现有护理产品进行整改。监管政策趋紧使得商业护理保险逐渐回归保障，大量产品停售，保费规模在 2017 年和 2018 年大幅下降。[①]

表7-8 已停售的商业护理保险产品主要类别

类别	产品描述
1	储蓄型产品，以护理为名，实质为万能型的中短存续期产品。护理保险金给付的触发条件为日常生活能力障碍/丧失
2	储蓄型产品，以护理为名，实质为两全或年金险。护理保险金分为长期护理保险金和健康护理保险金，前者的给付条件为日常生活能力障碍/丧失，后者给付条件为满期生存且未发生长期护理保险金给付。二者都给付所交保费的一定比例
3	保障型产品，但护理保险金给付的触发条件并非日常生活能力障碍/丧失，而是确诊患有合同约定的疾病，或达到特定的年龄
4	保障型产品，护理保险金给付的触发条件为日常生活能力丧失（"失能"）或器质性精神障碍（"失智"），能真正实现产品"长期护理"的功能

注：随着《关于进一步完善人身保险精算制度有关事项的通知》和《关于规范人身保险公司产品开发设计行为的通知》的颁布，表中前三类产品已经停售，第四类产品因升级换代等原因，目前大多也已停售，少数产品满足监管要求，目前仍在售。

与此同时，2016 年国家启动社会长期护理保险制度试点工作，并鼓励商业保险公司积极参与经办，发挥商业保险的专业优势和服务功能。在积极经办社会长期护理保险的过程中，商业护理保险保费规模得到恢复性增长。近几年，国家层面越发关注商业护理保险在长期护理保障制度中起到的作用，预测其保费规模也将持续上升。

（二）发展现状

根据中国保险行业协会的数据，截至 2022 年 4 月 18 日，市场上共有 39

---

① 宋占军、李钰：《商业长期护理保险的实践探索与未来展望》，载于《中国保险》2021 年第 8 期。

家保险公司销售商业护理保险产品，在售产品共 110 款。按照产品经营主体类型来看，主要包括养老保险公司、健康保险公司和人寿保险公司。其中，人寿保险公司数量最多，达到 29 家，在售产品 39 款，占产品总数的35.45%；健康保险公司有 7 家，虽然少于人寿保险公司，但推出的商业护理保险产品数量却达到了 65 款，占产品总数的 59.09%，远高于人寿保险公司产品数量；另有 3 家养老保险公司推出了 6 款产品。

将在售产品按照承保方式、险别类型、产品类型、保险期间进行划分，其结果如表 7－9 所示。可以发现，目前在售商业护理保险产品种类较丰富，其中，个人险、主险、传统型以及长期商业护理保险占比较高，分别达到71.82%、74.55%、85.45% 和 77.27%。商业护理保险团体险也占据了一定比重，以团体的组织形式进行销售，丰富了该险种的种类，提高了商业护理保险产品的市场接受度。同时，在售的护理保险附加险产品大多附加于医疗保险和疾病保险等险种的主险条款中，实现保险产品的全面保障。另外，保险公司的护理保险产品以保障为主，为满足不同消费者的消费需求，增加保险的理财功能，有的保险公司推出投资型护理保险产品，并设置产品万能账户，表现为新型商业护理保险产品，占比达到 14.55%。

表 7－9   在售商业护理保险产品种类详细划分

类别	承保方式		险别类型		产品类型		保险期间	
分类	团体	个人	主险	附加险	新型	传统型	短期	长期
数量	31	79	82	28	16	94	25	85
占比（%）	28.18	71.82	74.55	25.45	14.55	85.45	22.73	77.27

资料来源：中国保险行业协会。

需特别强调的是，2018 年后，在监管形势日趋严格和制度标准尚未健全的市场环境下，仍然在售的商业护理保险产品数量有限，而且在此期间上市的、本质功能为失能老人护理照料的保险产品，全部为定额给付型，没有费用报销型产品，这对控制赔付风险有一定的积极作用。具体见表 7－10。

表 7 - 10　　　　　2018 年及以后上市仍在售商业护理保险产品主要类别

类别	产品描述
1	类似意外伤害险，保障由意外伤害导致的严重伤残、全残等（一般根据《人身保险伤残评定标准》界定）引发的护理需求。给付条件是严重伤残而非"失能 + 失智"，一次性或分期给付护理保险金
2	类似重疾险，给付条件是因确诊合同约定的特定重大疾病导致失能状态引发护理需求，在度过观察期后分期给付护理保险金
3	保险责任分为护理关怀保险金和长期护理保险金，达到长期护理状态并经过观察期后，一次性给付护理关怀保险金，同时开始分期给付长期护理保险金（即一次性给付 + 分期给付）
4	保险责任除护理保险金外，还包括收入损失保险金，给付条件为达到约定伤残程度，按月给付，给付标准与最长给付期限与护理保险金一致
5	保险公司与指定护理服务机构对接，被保险人在达到护理状态后，在指定护理服务机构接受护理服务，保险公司直接向护理机构定额结算护理服务费用，视为护理保险金的给付（实物给付）

三、商业护理保险发展存在的问题

（一）传统代际互惠观念强，商业保险护理保障的认知度低

在平衡互惠机制影响下，中国出现了代际间"反馈模式"：父母养育子女，子女成年后赡养年迈的父母，即是一种双向交流、均衡互惠的代际交换模式（王海漪，2021）。在这种模式的影响下，加之传统的行孝文化，失能老人更倾向于依赖家庭成员护理，而非保险保障。

同时，根据中国保险行业协会《2021 中国长期护理调研报告（发布稿)》，受访者对商业护理保险产品了解较少，认可度低。仅有两成受访者了解商业护理保险投保年龄限制，遑论保险金给付条件，而部分受访者即使购买商业护理保险之后仍未详细了解保险条款。除此之外，超半数 30 ~ 60 岁受访者对自身失能风险持过于乐观态度，低估了未来的护理需要。另有部分受访者认为，必须在年轻时就进行护理规划，但规划的执行却十分困难。护理规划重要性和可行性之间的矛盾，反映在商业人身保险配置组合上的表现为

与失能风险直接相关的长期护理保险，在各类商业人身险中的购买率最低。

（二）业务规模小，保险公司参与程度低

2021 年商业护理保险保费收入为 132 亿元，仅占健康险保费收入的 1.5%，商业护理保险保费收入并未随着健康险市场的快速扩张而扩张，主要存在以下原因：一是在《关于规范人身保险公司开发设计行为的通知》发布以后，凡以护理为名但不能体现护理功能的产品全部停售整改，大量产品下架；二是健康险规模的快速扩张主要来源于占比最高的医疗险业务规模的高速增长，而护理保险在其中占比并不高；三是商业护理保险与医疗机构之间、护理机构之间并没有进行紧密合作，阻碍了完整产业链的形成，进而影响了相关产品的开发。

此外，保险公司缺乏参与开发商业护理保险产品的积极性。目前我国有 89 家人身险公司，其中有 39 家公司推出了商业护理保险产品，仅占人身险公司总数的 43.82%，而 39 家人身险公司中有 25 家仅推出一款商业护理保险产品。[①] 同时，商业护理保险主要由健康保险公司推出，但健康保险公司仍以医疗险和疾病险为主打产品，因此供消费者选择的护理险产品也不多，消费者往往选取重疾险以及年金险来应对失能风险，挤占了商业护理保险市场。另外，由于商业护理保险利润较低，进一步减弱了保险公司开发产品的积极性。

（三）保障功能偏弱，产品设计有待完善

虽然《关于规范人身保险公司产品开发设计行为的通知》要求护理保险产品在保险期间届满前给付的生存保险金，应当以被保险人因保险合同约定的日常生活能力障碍引发护理需要为给付条件，但现存商业护理保险产品形态仍与寿险产品形态相似，产品资金属性较强，保障功能偏弱，使得市场存在大量功能类似的替代品。

商业护理保险产品设计体现了其保障能力偏弱的实际，主要包括以下几

---

① 朱铭来：《商业护理保险发展分析》，中国保险保障基金有限责任公司网站，2022 年 7 月 15 日。

点。一是种类较少，产品同质。2021 年在售销量较高的商业护理保险产品，特征是保险期间较短、现金价值高，产品的投资属性高于保障属性。在这种模式下，各家保险公司产品同质化现象严重，缺乏针对性。二是投保年龄和投保期间局限性较强。目前大部分商业护理保险投保年龄限制在 65 周岁以下，保险期间最高至 75 周岁，终身保障产品匮乏。2018 年中国健康与养老追踪调查（China Health Retirement Longitudinal Study，CHARLS）数据显示，我国老年人在 75 周岁后失能概率会大幅上升，而我国商业护理保险保险期间设置则不能对其进行有效保障，导致产品失去了主要的需求市场。三是产品多为现金给付，替代性强。目前在售商业护理保险产品大多为固定金额给付，并不能真正提供高质量的护理服务。四是产品费率较高，价格昂贵。目前我国商业护理保险费率确定大多依赖根据国外数据计算的失能发生率，缺乏本国实际的精算标准、精算人员和费率厘定所需数据，使得保险费率较高，超出了大多数消费者的承受能力。[①]

四、加快商业护理保险发展的若干建议

（一）社商结合，积极参与社保层面长期护理保险

自 2016 年正式启动以来，国家长期护理保险制度试点成绩显著。长期护理保险经营所依赖的"基础设施"基本搭建完毕：已经存在近 5000 家护理机构，已有 80 万人接受养老护理员培训，预计 2022 年底达到 200 万人，同时颁布了关于失能评定、护理培训等若干市场规范标准，取得了较高的满意度，也为商业护理保险下一步发展创造了良好的外部环境，并提供了宝贵的运营经验和群众基础。

同时，单独依靠社保层面长期护理保险满足失能人员护理需求并不符合我国国情，社保层面长期护理保险更多地体现为"保基本"功能，商业护理保险需要补足剩余的个性化需求。而商业保险公司依托社保层面长期护理保险来为自身商业护理保险开发积累更多数据和经验，这是我国长期护理保障

① 王起国、扈锋：《我国商业长期护理保险的困境与出路》，载于《浙江金融》2017 年第 10 期。

体系发展的必由之路。具体而言，商业保险公司应积极参与长期护理保险试点的经办工作，加强宣传，培育专业的商业护理保险专业经办和销售人员，提高目标群体的参保意识，并借助于社会保险创造的外部环境和提供的运营经验进行成本覆盖，进而利用掌握的各类长护数据测算分析，以开发合适的商业护理保险产品。

（二）明确定位，找准目标客户群

保险公司开发商业护理保险产品的参与程度低，很大原因在于产品同质化，可替代性强，且保障人群一般化，利润水平较低。区别于社保层面长期护理保险，商业护理保险定位应为长期护理保障体系的重要组成部分，满足客户多样化护理保障需求。具体而言，商业护理保险目标客户群应先瞄准中产以上的中高端客户群，以实现创收，吸引更多商业保险公司参与。在市场发展到一定规模后，向中低收入客户群延伸，以达到普惠目的。因此，现阶段商业护理保险产品开发方向应为中高端护理险产品。

（三）创新设计，实现精准保障

首先，在保障对象方面，拓宽年龄限制，并针对不同需求人群进行差异化保障。商业保险公司可根据大数法则和精算模型，适当拓宽投保对象年龄限制，以实现对失能概率较高的高龄老人的护理保障。对于较高收入且已享受基本保障的人群，可设计理财储蓄功能产品；对于收入相对较低人群，产品应首先考虑基本护理保障，重视与护理机构的衔接。其次，在保障范围方面，明确与医疗险等其他健康保险保障之间的界限，厘清各类保险的保险责任，体现护理保险保障功能的特色。最后，在费率厘定方面，商业护理保险定价的数据基础是民众的失能发生率或护理服务使用率，定价体现的应是长期的护理风险，综合考量失能发生率、护理康复率、护理死亡率以及退保率等综合指标，结合科学精算模型，合理进行产品定价。

（四）培育专业护理队伍，完善护理市场

护理体系的完善为商业护理保险发展提供了现实支撑，应进一步增强商

业保险公司和护理体系其他参与方的协同性，实现护理产业链的完整化。此外，可鼓励商业保险公司业务向养老护理产业延伸，真正实现保险与医养健康的结合，为参保人群提供一站式护理服务，形成完整的链条式服务管理体系，在提高商业护理保险护理服务质量的同时，进一步降低护理成本，实现参保者、商业保险公司、护理人员和护理机构等护理服务参与方的共赢。

参考文献

［1］宋占军、李钰：《商业长期护理保险的实践探索与未来展望》，载于《中国保险》2021 年第 8 期。

［2］锁凌燕：《长期护理保险发展与机遇》，载于《中国金融》2019 年第 13 期。

［3］王海漪：《被照料的照料者：隔代照料与子代行孝互动研究》，载于《人口学刊》2021 年第 4 期。

［4］王起国、扈锋：《我国商业长期护理保险的困境与出路》，载于《浙江金融》2017 年第 10 期。

［5］朱铭来、申宇鹏：《我国长期护理保险试点地区经验评介》，载于《中国保险》2021 年第 8 期。

［6］中国保险行业协会：《2021 中国长期护理调研报告（发布稿）》，2021 年。

第八章

网络互助与相互保险

  2022 年 1 月 28 日 24 时，大型网络互助平台"相互宝"正式停止运行，其公示信息显示，累计有超 1 亿名成员曾参与互助，共同救助了近 18.7 万名患病成员；而在此之前的 2021 年，美团互助、轻松互助、水滴互助、悟空互助、小米互助、360 互助、宁互保、点滴守护等网络互助平台相继关停。从知名互联网企业争相进入，到"扎堆"离场，网络互助既展示出强大的吸引力，也表现出后续发展的乏力。

  互联网平台关停后，"互助不保险""平台成员如何继续获取保障"等问题引发各界热议，而与网络互助一样带有"人合"基因的相互保险，是否能够更有效率、更可持续地解决众多人群的保障问题？"人合"型组织对于个人分散、转移风险有何意义？相互保险是否会具有更长久的生命力？本章将围绕这些问题进行探究，以期为有效提供普惠性保障提供借鉴。

  本章共分三节。第一节梳理我国网络互助平台的发展历史，并剖析其发展的内在逻辑，为其发展趋势提供理论解释；第二节讨论相互保险接力"引流"相关保障需求的可行性及面临的现实障碍；第三节重点关注推动相互保险组织发展以满足互助保障需求的工作重点。

第一节 网络互助的发展与挫折

网络互助平台在中国的发展时间不长，却受到极大关注。一方面，众多个人参与、互帮互助，产生了显著的社会效益；另一方面，网络互助平台的发展并不成熟，也滋生出很多问题。从诞生至今，对其的讨论甚至争论就未曾停歇。

一、我国网络互助平台发展简史

网络互助平台在中国的发展，大致经历了三个阶段。

（一）从 2011 年至 2016 年，主要特征是个别创新企业的零星探索

2011 年 5 月，"互保公社"（后改名抗癌公社、康爱公社）成立，这被视为我国首个网络互助平台。个人在网站注册成为社员即视同加入互助组织，在加入时不需要支付任何费用；当自己或社员罹患癌症并触发互助条件时（如满足等待期要求），平台上的成员共同出资筹集捐助款。"免费加入""随时可退"也成为后续许多网络互助平台的主流做法。"康爱公社"成立之后并不被外界看好，担心主要集中在几个方面：一是因为采用了零预付费模式，没有形成保障基金，难以保证个人确诊疾病时平台成员愿意提供捐助；二是因为没有合同约束，个人参与费用分担是以自愿为前提，难以保证未来也有稳定的社员群体愿意分担互助金；三是因为平台商业模式不明晰，特别是平台自身的运行费用来源不明确，难以判断平台是否具备持续稳定运行的基础。因为大家对陌生模式的认识不足，康爱公社成立当年，只发展了不到 100 位会员，直到 2015 年 10 月，公社社员人数才突破 20 万人。行业内随后出现的壁虎互助、e 互助等平台也一直发展缓慢。

（二）从 2016 年至 2020 年，主要特点是科技企业和资本进入带来快速扩张

2016 年 5 月，水滴互助正式上线，并获得 5000 万元天使轮融资，快速

引发了市场的高度关注，上线 100 天即获得 100 万付费用户。之后，水滴互助完成多轮融资，因有腾讯等互联网机构和知名私募机构领投且总融资金额超过 40 亿元，吸引了数千万会员加入。大型科技企业的进入引发广泛关注并推高了业界和公众对网络互助平台的期望，继而推动了网络互助平台的快速扩张。特别是 2018 年 10 月，信美人寿相互保险社推出大病互助保险产品"相互保"（备案名称为"信美人寿相互保险社相互保团体重症疾病保险"）①，并在拥有海量用户的支付宝 App 上线，快速点燃全网热情，短短一个月内参与人数就突破 2000 万。但因为该款产品涉嫌产品报备与实际销售不一、信息披露不充分等违规问题，被监管部门要求自 2018 年 11 月 27 日 12 时起停止以相互保大病互助计划形式继续销售。蚂蚁集团遂紧急成立了由其独立运营的大病互助项目"相互宝"，将"相互保"会员平移至"相互宝"网络互助平台，已加入"相互保"的用户保障权益保持不变，同时管理费从分摊金额的 10% 降至 8%；2019 年 2 月 28 日，"相互宝"还上线了"赔审团"机制，其成员通过考试就可以成为"赔审员"，有争议的互助案件会进入"赔审团"审议程序。计划属性及名称的改变并没有影响该计划的迅速扩张，"相互宝"成为网络互助平台领域的"现象级"平台，一年后成员规模便超过 1 亿人（见图 8 - 1）。之后，滴滴、360、美团、百度、新浪、小米等科技企业也先后推出网络互助项目，因其资金支持和已有平台客户基础大，推动网络互助平台增长进入爆发期。

---

① 与中国保险市场上一般保险产品相区别，"相互保"具有非常鲜明的特色。（1）事后分摊取代事前保费。传统重疾险的经营，是根据疾病发生率事先定价，保单持有人需先支付保费，而根据"相互保"的经营模式，符合条件的用户可以 0 费用加入"相互保"，后续医疗赔付费用则根据每期实际发生的赔付案例进行分摊。同时，"相互保"也指出，在单一案件中，每个用户被分摊的金额不会超过 1 毛钱。（2）经营管理费用透明公开。"相互保"的分摊金额计算方法明确，每个用户每次分摊金额，等于出险案例累计保障金额与管理费之和，除以公示时的成员人数，而管理费为累计保障金额的 10%。而且管理费会定期公示，同时会引入区块链技术，保证各项活动信息不可篡改。（3）个人信用机制作为运行保障。加入"相互保"，除需满足一般保险产品的年龄要求（"相互保"要求加入者年龄大于等于 30 天，小于 59 周岁）和健康要求之外，还要求参与者是蚂蚁会员，且芝麻信用分在 650 分及以上，希望以此信用机制来为未来的费用分摊提供保障，而且可以实现自动扣款。（4）所获保障或可因故终止。"相互保"专门设有"机制终止"规则，当"相互保"运行 3 个月以后，若成员数少于 330 万，或者因为出现不可抗力及政策因素导致其无法存续，则相互保运行会终止。这就意味着，一般保险中，个人会因自行退保等原因失去保障；而在"相互保"的设计中，个人会因为他人的退出或参与不足而失去保障。

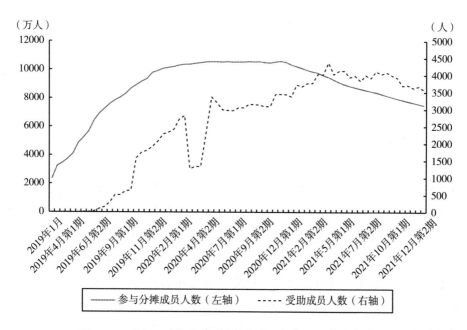

图 8 – 1　"相互宝"各期参与分摊成员人数与受助成员人数

注："相互宝"公告于 2022 年 1 月 28 日 24 时停止运行，符合规则的患病成员依旧可按照互助规则申请互助，平台承担关停前的 3 期（即 2021 年 12 月第 2 期至 2022 年 1 月第 2 期）分摊金，实际共为 1.14 万人提供了分摊金；"相互宝"还承诺，关停前已经确诊的互助计划成员可以在初次确诊之日起 180 天（含）内发起申请，平台会承担审核通过的互助金，停运后 1 ~ 7 期共支持 1.66 万人。

资料来源：支付宝 App"相互宝"往期互助公告。

（三）2020 年之后，主要特点是经营模式引发担忧致使平台受挫

虽然网络互助平台快速扩张，覆盖面不断扩大，但其经营模式的弱点也逐渐暴露。以"相互宝"为例，随着时间推移，达到分摊条件的人数不断增多（见图 8 – 1），加之逆选择的影响，人均分摊金额持续提升，从 2020 年1 月的人均分摊 7.2 元/月持续上升至 11 月的人均分摊 10.8 元/月，其中普通组每月人均分摊 9.7 元，老年组每月人均分摊 41 元。与此同时，因为网络互助平台的加入门槛低、缺少核保环节，也缺乏有效的消费者教育，部分群体罹患疾病后发现"不符合加入条件"而得不到互助金，也引发了对平台的质疑。这些问题进一步降低了会员存续率，2020 年上半年参与分摊人数增长速

度趋缓，到当年 12 月第 1 期，"相互宝"整体参与分摊人数为 1.03 亿人，环比下滑 −1.74%，首次出现较大程度的环比负增长，更多健康体选择退出（见图 8−1）。逆选择螺旋导致网络互助平台陷入用户增长乏力的窘境，2020 年 8 月百度灯火互助运营不满一年便宣布关停，之后各互助平台纷纷宣布退出大病网络互助领域，"相互宝"也在 2022 年初停止运行。[①]

目前来看，背靠大型互联网企业平台或众筹平台的网络互助平台大多已经停止运营，而以推进网络互助为主旨、逐步积累会员的平台，如康爱公社、众托帮等仍在持续运营。但是，大型科技企业的离场，也导致网络互助平台概念逐步淡出媒体视野。同时，大量网络互助平台特别是会员众多的平台关停，不仅导致大量成员失去风险保障，而且造成账户余额保全、会员数据归属等诸多问题。一些平台出台了相应的过渡安排和后续保障，大多包括以下几类：妥善处理关停前已经提出及已发生尚未报告的分摊请求；采取预付费模式的平台，在规定日期前将余额相应退还；对于有延续保障需求的成员，建议自主选择保障产品，一般也会向其介绍商业保险产品。[②]

二、网络互助平台的发展基础

我国网络互助平台的特征大致包括：（1）重点是提供大病风险的救济，一般是确诊大病时为其提供给定金额的捐助款，即提供给付型保障；（2）加入门槛低甚至零门槛，个人加入网络互助平台，大多不需要支付前端费用，或只需要支付很低的费用，也不需要经历体检，但需要满足等待期等要求；（3）退出门槛低，成员可以选择随时退出，在很多互助平台，成员不参与分摊即视为退出平台；（4）平台或基于捐助金总额的一个比例明示收取平台运行费用，或单列明示收取，或从关联服务中赚取。表 8−1 总结了部分网络互

[①] 也有部分专家认为，城市定制型商业医疗保险即"惠民保"的快速发展，使得个人可以以较低成本获得医疗保障，从而挤出了对网络互助计划的需求，但这一判断还有待更仔细的研究。另外，网络互助计划多以疾病给付型计划为主，而惠民保是报销型产品，二者并不构成完全的替代关系。

[②] 例如，"相互宝"表示，平台关停后可根据自身保障需求自主选择适合的保险保障产品，通过"相互宝"页面，成员可以选择参保"健康福"重疾 1 号系列保险，参保无须重新计算等待期、无须重新健康告知，并且还有 3 个月的免费期。

助平台提供互助计划的运行特点。

表 8 - 1　　　　　　　　　部分网络互助平台计划的运行特点

网络互助平台	互助计划	成员预存费	管理费	等待期	救助金额	经营状态
"相互宝"	大病互助计划	不适用	明示收取分摊总额的8%	90 天	10 万 ~ 30 万元	停止运行
水滴互助	中老年抗癌计划	9 元/人	明示收取分摊总额的8%	180 天	51 ~ 60 岁，10 万元；61 岁以上，2 万元 + 加入计划之日至确诊日已参与均摊金额的3倍	停止运行
轻松互助	百万终身大病互助计划	90 元/人	30 元/年	180 天/360 天（因年龄而异）	可获两次重疾互助及身故互助，每次最高 50 万元	停止运行
康爱公社	大病互助	不适用	不适用	365 天	7 万 ~ 15 万元，因年龄而异	继续运行
众托帮	爱家宝终身互助计划（标准版）	10 元/人	30 元/年	180 天/360 天（因年龄而异）	最高 50 万元	继续运行
e互助	抗癌无忧计划（中青年版）	30 元/人	1 元/月	180 天（提供50%互助金额）/360 天（提供100%互助金额）	最高 30 万元	继续运行

注："网络互助平台""互助计划"仅为研究说明目的选取，并不代表推荐该平台或该互助计划；平台多提供系列互助计划，且各互助计划都有详细条款约定，本表只限于概括其典型特征，并不全面。

资料来源：根据各网络互助平台官网、微信公众号、App 提供的信息整理，查询日期 2022 年 5 月 13 日。

　　总体来看，网络互助平台的运行逻辑和发展基础可以概括为以下几个层面。

（一）长尾市场的保障需求是网络互助平台运行的需求前提

商业保险在长尾市场的渗透度一直很低，特别是中低收入人群、小微企业员工、老年人等特殊群体，其财务脆弱性高，风险承受力较差，支付能力也偏弱，难以形成有效需求；而在传统的经营模式下，保险产品相对标准化，往往会因为缺乏有效的风控技术、营销理赔等成本相对太高而导致小额保障整体价格偏高、缺乏盈利前景等问题，长尾市场也缺乏有效供给。而网络互助有两个明显的优势：一是参与门槛低，其运行是以成员自愿参与和风险共担为前提，汇集的是具有相似需求的群体，可以针对性地为成员提供更契合需求的互助计划；二是借助了互联网技术的优势和网络平台的流量基础，汇集成员的成本相对更低，从而可以提供更具成本竞争力的风险保障，这对于满足普惠保障需求具有积极的作用。

（二）互联网平台及相关技术的发展是网络互助平台发展的技术保障

个人互帮互助的传统古已有之，但建成能汇聚上亿人的互助平台，还是因为拥有了互联网平台及相关技术。互联网没有围墙、门槛低，信息的展示不受地域、时空的限制，可以便捷迅速、低成本地传递信息。而由于互联网用户既可以被动接受信息，也可以在线主动搜索、发布信息，不仅让传播信息的过程大大简化，而且让传统信息的受众成为信息传播的主导者，甚至还可以借助信息交互工具发表自己的看法，回馈给传播者。正是因为互联网具有这些特点，所以能以较低成本构建并维护起大规模的互联网社群，从而以更低成本运行互助计划。此外，创新技术为互助平台实现公开、透明、可信提供了有利条件——当用户选择加入互助计划后，相关的互助内容条款、保障范围、账户记录、申请互助金等关键信息可以以智能合约的形式存在链上，确保内容不可删除篡改且公开透明，更有利于保护成员权益。以"相互宝"为例，其分摊金额计算方法明确，每个用户每次分摊金额，等于出险案例累计保障金额与管理费之和除以公示时的成员人数，而管理费为累计保障金额的固定比例且定期公示，并引入区块链技术保证各项活动信息不可篡改。另外，许多网络互助平台还利用互联网特点，形成了成员评审制度，当互助请求发生争议时，由具有相应资质的成员组成评审团体，对请求做出支持与否的决定。从某种意义上讲，如果没有互联网平台及相关技术的发展，也没有可能实现如此巨大规模、有组织的社会互助。

（三）新型管理模式是网络互助平台发展的机制基础

网络互助平台将具有相似需求和动机的个人汇聚在一起，在不使用经济激励、又保留选择自由的情况下影响个人行为，以较低成本助推（nudge）社会合作。网络互助平台具有成员共担风险的基本功能，类似于保险；在具体运行上又显著区别于保险，主要体现为会员和平台之间没有发生风险的转移，会员可以获得的互助金来源于全体会员的共同分摊，平台本身没有支付互助金的直接义务，仅承担接收并审核申请、按平台互助规则划拨资金等管理责任，平台也不对互助事项及互助金额提供承诺，只承担第三方管理人的角色。在这种安排下，平台只是一个交换风险的场所，实现了风险池与管理方的天然隔离。在实际运行中，一方面，网络互助平台向成员提供捐助相关信息，将信息获取、捐助支付、查看捐助效果等功能融合在一起，从而让捐助和获捐变得更为容易。另一方面，互联网平台在中国还兼具"情感助推"功能。互助功能的有效发挥，依赖于社群成员间的相互信任以及对平台的信任；互联网平台，特别是其中的佼佼者，因为其交易透明可监督的商业模式设计，大多具有"专业""可信赖"的形象，在这样的平台上搭载互助计划，会鼓励个人参与。"相互宝"等网络互助平台会成为现象级平台，很大程度上也是因为其背靠支付宝的海量用户及蚂蚁集团的品牌声誉。而且，个人加入"相互宝"，需满足一般保险产品的年龄要求和健康要求，还引入了芝麻信用分①为个人信用背书，这也为互助平台增加了信任度。

---

① 芝麻信用分是由蚂蚁集团旗下独立第三方信用评估机构——芝麻信用管理有限公司——在用户授权的情况下，依据用户在互联网上的各类消费及行为数据，结合互联网金融借贷信息，运用云计算及机器学习等技术，通过逻辑回归、决策树、随机森林等模型算法，对各维度数据进行综合处理和评估，在用户信用历史、行为偏好、履约能力、身份特质、人脉关系五个维度客观呈现个人信用状况的综合分值。芝麻信用分的分值范围为350~950，分值越高代表信用越好，相应违约率相对较低。

（四）大数定律和中心极限定理仍然是网络互助平台运行的基本法则

虽然网络互助并不等于保险，但其也不等同于简单的、单向的慈善公益捐助。从实践来看，个人加入互助平台，其实是认同这样一个承诺，即在他人发生风险事件时伸出援手，以期在未来自己遭遇风险事件时有权利获得他人的帮助。获得他人帮助的前提是先"助人"，其实质还是风险在人群间的分摊，是脱去了保险人媒介的类保险制度。也因为此，其运行的基本法则仍然是大数定律和中心极限定理。大数定律的核心要义，是随机变量序列的算术平均值会随样本量增加向常数收敛；而中心极限定理则进一步指出，大量随机变量近似服从正态分布，为误差分析奠定了理论基础。这也意味着，即使只是互助平台，其平稳运行也有几个必要前提：一是平台汇聚的个体数目足够大，这可以让分摊金额保持在一个相对稳定且可支付的水平上；二是逆选择和道德风险问题同样也会威胁平台运营。大数定律和中心极限定理都依赖于随机性，而在信息不对称条件下，逆选择和道德风险直接威胁到随机性前提。因此，如果网络互助平台没有恰当的风险控制措施，也会招致平台规模萎缩、经营困难等问题，在实践中，各互助平台多通过设置等待期等方式尽可能降低逆选择（见表 8-1），并通过对互助申请的审核降低道德风险。

三、网络互助平台的内生缺陷

虽然网络互助平台有其制度优势，可以很好地促进社群合作互助，但也存在一些无法忽视的内生缺陷，目前还未找到有效的解决方案。

（一）平台的履约约束力差

这主要出于三方面的原因。一是网络互助平台只承担第三方管理人的角色，互助金需在成员之间分摊，成员参与分摊的行为本质上是一种单向的赠与；在实践中，成员又有随时退出的权利，导致平台履约的约束力非常有限。从平台机制设计来看，成员退出需承担的主要成本是无法延续相关保障，之后再度加入还需要重新计算等待期，是"隐性"的未来成本，不仅难以被识别，而且较难估算，很容易被忽视。二是平台提供的互助计划往往由会员公约或章程约定，而平台往往会随运营情况适时调整相应公约和规则。与商业保险合同的变更需当事人协商确认不同，公约和规则的调整并不会与平台成员一一协商，一般满足公约变更符合互助会员整体利益的前提即可，这在一定程度上也为个人可以获得的保障带来了不确定性。三是平台由第三方管理人运营，而在目前的运行体制下，第三方管理人并没有持续经营的义务，也缺乏其退出后的承接机制，近期多家网络互助平台的关停，也印证了这一点。这就意味着，在商业保险的情境中，个人会因自行退保等原因失去保障；而在网络互助平台的设计中，个人会因为他人的退出、或者他人的参与不足、第三方经营失败等原因而失去保障。这些问题若处理不当、管理不到位，还可能引发社会风险。

（二）平台的商业模式可持续性差

平台持续运营也需要持续投入。从我国网络互助平台的发展实际看，各平台无非是通过两类途径获取收入，一是直接向平台成员明示收取管理费，做法相对传统，而收入相对更为公开透明，容易监督，但面临很严重的认知问题。一方面，直接收费容易给成员带来负担"痛感"；另一方面，成员通过网络互助平台分摊损失，很大程度上带有公益、慈善的色彩，但平台根据互助总额等指标的某个比例收取管理费，往往会招致"雁过拔毛""旱涝保收"的批评。二是凭借平台"流量"资源间接获取收入。例如，通过广告、"引流"至其他消费、提供收费增值服务等方式将流量变现，这是典型的互联网商业思维，其收入并不直接与平台的互助功能挂钩，收入更为"隐形"，但透明度低，容易引发公众的误解和负面认知。同时，伴随移动互联网的快速发展，各类互联网平台竞争愈发激烈，其运营成本与获客成本越来越高，流量转化率整体走低，"流量"变现的难度也日益加大。

（三）平台难以解决委托—代理问题

网络互助平台运营方在法理上并不具备互助计划的剩余索取权，但作为互助计划的实际经营管理者，由于其收入和互助资金总量和平台用户流量成正比，有激励通过对互助计划的控制（例如制定运营规则）来扩大业务，继而滋生委托—代理问题，可能会表现为：平台设置了过低的加入门槛，对互助金发放审核把关不严，对逆选择和道德风险约束有限，甚至因为信息披露不充分存在互助金被挪用的风险[①]；平台在"流量"变现中可能侵犯会员隐私、危害个人信息乃至财产安全等。网络互助平台成员众多，影响面大，如果委托—代理问题得不到有效处理，势必会引发社会问题。但在实践中，网络互助平台这样的新业态法律性质不明，监管责任归属与规则不清，虽然具有保险的部分特征，但却不属于保险监管的范畴，监管缺位又会反过来阻碍平台的健康持续发展。

（四）平台也面临"数字鸿沟"相关问题

伴随互联网，特别是移动互联网的普及，"数字鸿沟"问题也引起了广泛的关注。在早期，我们对"数字鸿沟"的关注，更多是不同的社会群体对互联网的可及性上的差异。目前，网络互助平台的技术门槛已经很低，社会各阶层拥有基本相当的进入机会，但由于不同群体的技术应用能力、信息获取能力、信息整合与批判思考能力等互联网素养差距明显，互联网运作的质量和有效性呈现出明显的地位分化，导致互联网技能和应用的鸿沟很难消失。事实上，"数字鸿沟"的存在会带来一种新的人群分化问题：出于应用的目标、社会关系圈子、数字能力等各种因素的考虑，人们会选择进入不同的平台，随后用户平台及基于平台的各种社群得以形成；而不同平台的使用者，因为身处不同的"社群"又可能会出现一定的"区隔"，其同质化特征可能会被固化。例如，即使"相互宝"依托于拥有海量用户的支付宝平台，能汇集到的会员也主要是没有商业保险、收入相对偏低、居住在三线及以下城市的人群，[②] 群体有一定的限定性。也正因为此，如果平台用户数量不能保持

---

① 从实际操作中看，部分平台（如"相互宝"等）使用 0 加入成本、互助金事后分摊的方法，这种情况下不会产生互助金余额管理的问题，平台单纯是风险交换的平台；也有部分平台会收取成员的预付费，例如，水滴互助规定，用户加入时需缴纳预存互助金至少 9 元，并一直维护预存金不低于 1 元，即可持续享有相关保障。在这种模式下，必然会产生沉淀资金管理与运用的问题，平台也具有了一定的金融属性。

② 蚂蚁集团：《网络互助行业白皮书》，2020 年 5 月 7 日。

健康的增长，平台的长期发展动力就可能会萎缩。

总体来看，互联网平台为低成本实现社会成员的风险分担和互帮互助提供了可能，对于完善居民风险保障体系具有重要的价值，但因为存在内生缺陷，其长期可持续发展势必还需要更多的、有质量的探索。在当下，网络互助平台会陷入困境也是事出有因。

第二节　相互保险发展的重要性

虽然网络互助平台目前遭遇了发展困境，但其发展也揭示出一个现象，即人合型的风险分担安排是对目前商业保险模式的一个有益补充。事实上，在网络互助平台发展过程中，大家也普遍认识到，虽然网络互助平台有其内在缺陷，孕育了一些风险，但也体现出受消费者欢迎、高效率等优点，应该理性看待，予以尊重，积极引导其规范发展。如果能够借助创新的组织形式将网络互助平台关注的需求予以承接，实现恰当的"引流"，将有利于引导并规范互助保障，促使其走上健康有序的发展轨道，也能更好保护更广大消费者的利益。

一、相互保险组织的特点

人与人之间的风险共担是保险的出发点，而纵观国际保险发展史，保险也是发轫于人合型组织，如早期的兄弟社、友爱社等。"人合"只是一个学理性概念，区别于"资合"型组织是围绕出资金额、出资方式等安排权利结构，"人合"型的相互保险组织本质上是由具有共同目的成员组成的、以成员个人信用为基础运行的组织形式。其具有以下明显特征。

（一）相互保险组织设立时并不天然需要满足资本要求

相互组织是个人自愿联合起来进行生产、经营等活动，以实现共同目的所建立的一种合作组织形式，首先强调的是合作。而合作是指成员之间的共同行动和协作行动，具有自愿性、自主性和自助性。根据我国的相互保险监管规定，相互保险组织是在平等自愿、民主管理的基础上，由全体会员持有并以互助合作方式为会员提供保险服务的组织。在这种安排下，成员资格是开放的，每位成员享有平等的权利，并通过自主的进入和退出来维护自身权利。从其本质讲，相互组织本身并不涉及社会公共利益、第三人利益及交易弱者权益保护等契约性问题，所以对资本金没有必然要求。在实践中，相互保险组织的设立及运营过程中，不可避免地需要制定独立于成员个人意愿的规范化的运作章程，设立形成组织意见、对外代表组织的特定机构并保持经营，这往往需要运营费用，所以，相互保险组织会通过借入或向会员筹集的方式，获取并维持必要的运营资金。

（二）相互保险组织的成员具有双重权利

一般来说，成员享有因加入组织产生的成员权和因作为保险合同当事人而产生的保险金请求权。成员权类似于股份公司的股东权利，意味着会员可以参与管理组织事务，享有诸如会员身份权、参与决策权、监督管理权、知情权、召集会议权等"政治权利"，也享有基于所有者身份的财产权利，如剩余索取权，这些权利由组织章程约定。而请求权则是基于保险合同关系产生的，在发生保险责任范围内的风险事故时，成员有权请求保险人承担赔偿或给付责任，这种权利由保险合同规制。根据我国的相互保险监管规定，相互保险组织的成员交纳保费形成互助基金，由该基金对合同约定的风险事件承担赔付责任。两重权利都附着于个人的成员身份，相对于所有者、消费者和管理者相互独立的股份公司，相互保险组织将所有者与消费者的身份统一了起来。需要指出的是，在实践中，相互保险组织因为需要维持必要的运营资金，会兼具"人合"与"资合"的特点，所以其组织内部除了成员之外，还包括出资人，而出资人也会分享部分的"政治权利"。

（三）相互保险组织在理论上并不具备独立法人地位

根据法人组织体说，法人是一种区别于其成员个人意志和利益的组织体，其意志的实现是为了法人自身的利益，具有自己独立的意识，可以独立享有权利和承担义务，在法律上是独立的权利主体。而人合型组织具有人身依附性，权利义务归属的主体是享受该组织财产利益的自然人，组织只是形式上的权利、义务归属者，是个人成员对外界表示其法律关系的特殊形式，并不具备独立人格。为了解决外部利益相关主体对于人合性组织的不信任问题，需要在一定程度上摆脱人身依附性带来的限制，所以，治理制度，尤其是在责任分配等问题上，特别强调所有者的责任。在实践中，由于保险组织涉及人群广泛、外部性强，具有特别的社会作用，显然超越了作为一个团体的自我利益，因此当其与外部社会经济发生联系，需要调节各方利益关系时，需要在法律法规中进行特殊处理。例如，允许其以自己的名义从事民事活动，明确出资人或设立人的债务承担责任等。

总体来看，虽然实践中的相互保险组织与其理想状态存在一些差异，但大都沿袭了罗奇代尔原则（Rochdale Principle），即：（1）运营资金只获得固定利率；（2）只应向会员提供可获得的最纯粹的供应；（3）应收取市场价格，并限制信用交易；（4）盈余应根据每个会员的购买金额按比例分配；（5）实行"一人一票"的原则；（6）通过定期推选产生管理层和专业委员会，并由其负责经营管理；（7）应保留一定比例的盈余用于教育；（8）经常向会员提交财务报表。[①] 特殊的经营目的、组织成员的双重身份，使得相互保险组织具有了独特性，也与网络互助计划高度相似。

二、相互保险组织的优势

究其本质，组织形式是生产要素在企业的组织状态，而不同的组织形式，会对不同要素产生不同的激励，从而有利于发挥不同要素各自的专业化优势。事实上，从国际市场来看，保险业可以说是组织形式最为丰富的行业之一，既有以股份制为典型特征的"资合"组织，有像劳合社这种为保险承保人提供交易场所及撮合服务等的市场型组织，更有以相互社（mutuals）、交互社（reciprocals）为代表的"人合"相互保险组织。一个有意思的现象是，虽然

---

① Fairbairn, 1994, "The Meaning of Rochdale: The Rochdale Pioneers and the Co-operative Principles", https://ageconsearch. umn. edu/record/31778.

经历了 20 世纪 80 年代之后的"非相互化"浪潮，自 2007 年至 2017 年间，全球相互保险机构获得了长足发展，保费收入增幅（30%）超过全球保险市场平均水平（17%），资产规模上涨了 46.3%，全球市场份额增长 11%（见图 8-2），覆盖人数增长了 13%。借用达尔文"适者生存"之说，这可能暗示着，相互保险组织因其关注"合作"的本质，具有特殊的制度优势。

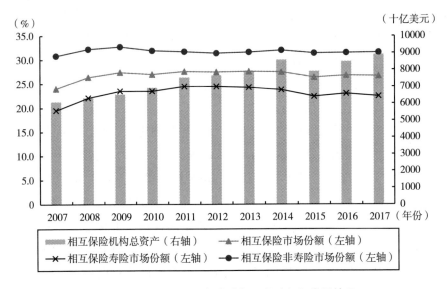

图 8-2　2007～2017 年全球相互保险组织发展情况

资料来源：International Cooperative and Mutual Insurance Federation（ICMIF），2019，"Global Mutual Market Share 10"，https：//www. icmif. org/global - mutual - market - share - 10/.

（一）相互保险组织更有利于满足普惠市场需求

如前所述，相互保险组织是以成员自愿互助和风险共担为前提建立起来的，因为会员的双重权利设定，很好地将所有者与消费者集于一身，进而可以将这两种角色在盈余分配、融资和投资策略等方面的冲突内部化，从而可以为成员提供更契合需求的产品，这对促进消费者信任、提高满意度具有积极的作用；也因为产品更具价格竞争力，这对于扩大保险覆盖人群、满足普惠保险需求具有积极的作用。据统计，2007～2014 年，全球相互保险组织的平均赔付率为 67%，高于非相互组织 63% 的平均水平，这也反映出相互组织更倾向于降低保费、提高赔付。[1] 正如 1844 年罗奇代尔公平先锋合作社（the Rochdale Society of Equitable Pioneers）在英国成立时所主张的那样，要向会员提供可获得的最纯粹的"供应"。

（二）相互保险组织更有助于强化保障属性

从相互保险组织发展的国际经验来看，这种组织形式之所以能够持续存在并不断发展，主要是因为其特有的竞争优势地位，即不管经营环境如何变化，也一直将"合作"的价值内嵌于商业模式之中，为客户提供更有价值的保障。保险归根到底是一种互助式的经济制度安排，本源还在于"人合"。相互保险组织一般不以营利性为目的，而是以满足会员的保险需求为目标，这也最能体现保险的风险保障属性。同时，相互保险组织特有的会员盈余分享制度能最大限度调动认购人的积极性，通过防范道德风险和逆选择的行为进一步降低经营成本，更大限度地体现保险的本质属性——风险保障。例如，2010 年成立于德国的交互保险组织"Friendsurance"，就基于人与人之间的合作，打造了创新的车险 P2P 模式：客户购买了公司保单，需自发或者在机构帮助下形成一个不少于 9 人的小组；每一个小组的成员风险相似，彼此之间互相联系、互相监督，如果组织成员均没有出险，成员均可以获得现金返还（cashback），大大减少了逆选择和道德风险问题。事实上，近些年，国际上一些相互保险组织甚至已经不再认为自己是金融保险机构，而是将自己定位为提供终身风险保障的机构，并致力于提供全面、主动的预防服务，进行风险减量管理，以保障其成员的财产与生命安全。

（三）相互保险组织能更好地契合细分群体的需求

相互保险组织的宗旨，就是服务会员，而不是服务外部股东。也正因为此，越是成熟的相互保险组织，越是会根据小众客户的需求量身定制保险产品，这类组织会持续跟踪、研判客户需求，通过持续的产品创新来满足成员的差异化需求。例如，创立于 2006 年的 PURE（Privilege Underwriters Recip-

---

[1]　Swiss Re，2016，"Mutual insurance in the 21st century：back to the future?"，*Sigma*，No. 4.

rocal Exchange）交互社是近年来成长最快的美国保险机构之一（2013～2021 年保费增速复合增长率高达 25.6%），它专注于为客户提供积极的家庭财产风险管理方案，因为高性价比的优质服务有口皆碑，其会员留存率高达 94%。[①] 所以，相互保险组织也被认为是促进保险市场专业化、差异化、特色化、多元化发展的重要制度安排。

总体来看，相互保险组织具有一些特殊的制度优势。20 世纪晚期之所以在全球范围内出现非相互化浪潮，很大程度上是因为伴随工业化、全球化的推进，熟人社会瓦解，"人合"组织所依赖的人际信任变得脆弱，而"资合"组织的制度安排更有利于促进利益相关方之间的互信；也因为资本市场的发展，"资合"组织形成的交易成本显著下降，规模经济优势更为明显，相互组织则因为扩面困难、运营成本高企而无法发挥优势。但伴随大数据、移动互联网等新技术的发展，经济社会各个层面日益高度连通，借助网络平台高效撮合交易、集合风险变得可行，区块链技术也提供了一个创新性的、实现多边互信的可能，这都为相互保险组织发展提供了新的有利条件。网络互助平台的发展就在一定程度上印证了这种可能。

三、"引流"互助需求的可行性

网络互助平台的发展与扩张显示，民间互助合作保险需求正越来越广泛地自发涌现。相互保险组织能否更好"引流"互助需求，取决于其是否既能够很好地契合网络互助平台用户的需求，又克服网络互助平台的内生缺陷。

相互保险组织与网络互助平台，在核心方面存在相同之处，即都是基于人与人的合作进行风险分担，形成组织的目的即获取更低成本、更高效率的风险保障。特别是交互保险组织，将具有相似风险保障需求的认购人（subscribers）以相互帮助、共担风险为目的聚集在一起，通过专业第三方管理者即实际代理人（attorney-in-fact）实现认购人之间的风险交换。这些

---

① PURE Insurance, 2017 Annual Report to Members, 2021 Annual Report to Members, https：// www.pureinsurance.com/annual-report.

认购人类似于网络互助平台的成员，而实际代理人则类似于网络互助平台的运营机构。

与网络互助平台不同的是，虽然不同国家和地区的法律对相互保险组织的法人地位规定有所不同，但相互组织要成立运营，都需要获得监管部门的经营许可，亦即成为"持牌机构"，并纳入保险监管的范围。这种安排对提高履约约束力和履约能力有很大帮助。首先，在相互保险组织安排下，个人可以获得的风险保障都会以保险合同的方式约定，其效力受合同法保护，变更也需要获得当事人的认可，这也在很大程度上提升了履约的约束力。其次，相互保险组织要接受偿付能力监管。相互组织具有更多的"人合"色彩，强调风险在成员之间共担，但监管部门为了保持社会公众对保险制度体系和机构的信任，会要求其满足相应的偿付能力监管要求，并明确或有负债清偿责任的承担主体。最后，相互保险组织还要接受对其内控制度和内部治理的监管。在网络互助平台安排下，运营机构虽然从事风险池的管理与维护工作，但并不是保险或保险关联机构，而是多注册登记为科技公司①，可能产生的委托—代理问题，主要依靠平台的信息披露机制来约束。而相互保险组织（交互保险情形下为实际代理人）的组织治理框架、风险管理与内控制度有效性等都会受到监管部门的监督和约束，解决委托—代理问题的工具包更为丰富，这在很大程度上会提升组织发展的可持续性。

由此看来，相互保险组织，特别是交互保险组织，有条件承接网络互助平台所关注的需求，并弥补网络互助平台机制中存在的一些缺陷。在我国，相互保险组织的发展并不是空白。根据《中华人民共和国保险法》（以下简称《保险法》），保险业务由依法设立的保险公司以及法律、行政法规规定的其他保险组织经营。2009 年我国修订《保险法》，第一百八十一条规定：保险公司以外的其他依法设立的保险组织经营的商业保险业务，适用本法。为其他类型组织的设立运行扫除了法律障碍。2014 年 8 月，《国务院关于加快发展现代保险服务业的若干意见》印发，提出"加快完善保险市场体系"。

---

①　如康爱公社在众保（北京）科技有限公司旗下，夸克联盟在上海卓保网络科技有限公司旗下，众托帮隶属上海仲托网络科技有限公司等。

2015 年 6 月，国务院第 93 次常务会议审议通过《国务院关于大力推进大众创业万众创新若干政策措施的意见》，提出"丰富创业融资新模式。……支持保险资金参与创业创新，发展相互保险等新业务"。2015 年 1 月 23 日，中国保监会下发《相互保险组织监管试行办法》，相互保险组织的设立有了更为明确的法律依据。2016 年 6 月 22 日，中国保监会正式批准众惠财产相互保险社、汇友建工财产相互保险社、信美人寿相互保险社筹建，三家保险社于 2017 年开业，正式开启了相互保险规范发展的大幕，中国保险市场的组织形式也日益丰富起来。从这个意义上说，用相互保险"承接""引流"互助需求，具有很高的可行性。

四、相互保险的"短板"

当然，用相互保险组织形式"引流"互助保障需求也不是没有缺点，相互保险在现实中是否能够有效发挥其制度优势，也受到很多因素的影响。虽然"人合"互助的思想古已有之，但作为一种具体的组织形式，在中国的发展却相对有限。自中国保险业恢复发展以来，保险市场长期以公司制组织为主导，只是零星有一些其他类型的保险组织，如 1984 年成立的中国船东互保协会，1993 年成立的中国职工保险互助会，1994 年成立的中国渔业互保协会等。直到 2005 年 1 月阳光农业相互保险公司成立，中国市场上才第一次出现以"相互"为名的保险组织，但仍以公司制设立运行。三家首批相互保险社于 2017 年开业，正式开启了相互保险规范发展的大幕，但自此之后，相互保险社的主体数量尚无变化[1]，国内也没有在交互保险等更多领域有更进一步的探索。可以说，与国外相互保险数百年的持续发展历史相比，国内在相互保险领域的实践只是刚刚开始，相互机构发展的"水土"是否成熟，还存在疑问。

---

[1]　2022 年 2 月，中国银保监会批准中国渔业互助保险社的筹建申请。该社是由中国渔业互保协会与浙江省渔业互保协会、山东省渔业互保协会、福建省渔业互保协会、广东省渔业互保协会、宁波市渔业互保协会、江苏省渔业互保协会、河北省渔业互保协会作为主要发起会员，辽宁省渔业互保协会、宏东渔业股份有限公司、陈则波等 111 家（名）渔业服务组织、渔业捕捞企业和渔业从业者作为一般发起会员，联合发起筹建。

（一）内部人控制问题仍然不容忽视

从国际国内实践看，相互保险与股份制保险在日常经营、具体业务规则等方面并没有明显差别，世界各国对两者的业务监管也基本保持一致；而相互保险与股份保险的本质区别在于所有制和治理方式不同。在相互保险的场合，虽然所有者和消费者"合二为一"，消除了二者的利益冲突，但因为所有者人数众多，为了有效的经营管理，必然需要组成管理人团队，也因为需要获得运营资金的原因，组织内也会存在出资人角色，所以仍然无法规避利益冲突和委托—代理问题。相较于网络互助平台，相互保险组织内部控制的工具箱更丰富，但相较于股份制公司，却缺乏资本市场中股票分析师、机构投资者等主体的有效监督与约束，也欠缺股权类薪酬计划等激励管理者的工具。也因为此，相互保险组织的健康发展，对治理、信息披露提出了更高的要求。从经验上看，相互保险组织的经营效率能够"胜出"的业务领域，往往呈现损失数据比较丰富、业务波动性较低、赔付更多受外部法律环境影响、经营对管理层经验依赖性更低等特征，所以更适合承保风险管理专业性要求较低、相对同质化的个体风险。而小型相互组织与成员关系更为紧密，成员忠诚度更高，定价能力更强，也可以更好地减少欺诈性索赔，其损失率水平相对更低，但这种优势往往会被高管理费的劣势所抵消（见图8-3）。

（二）相互保险组织发展所需的制度支持还不成熟

由于发展历史短，且具有"引进"的特点，所以国内现有法律框架与新型相互保险组织的法律地位、利益调节逻辑等并不完全兼容，需要逐步调整适应。实际上，相互保险在落地的过程中，就已经面临着在既有法律框架内需要经过特殊流程进行工商注册，成员地域分散性强但经营区域受限①等现实问题。如果认知不到位，制度配套跟不上，"人合"组织的制度优势就难

---

①　相互保险组织的会员是其投保人，而相互保险组织成立时，并未也不便限制发起会员的归属地点，可能在设立之初并无分支机构时，其投保人已经遍布不同地区。而根据现行监管规范，保险公司的经营区域范围主要以其分支机构设立的区域为基准，只是基于互联网方便、快捷、跨地域的特点，有条件地放开互联网保险部分险种的经营区域限制，如人身意外伤害保险、定期寿险和普通型终身寿险等。

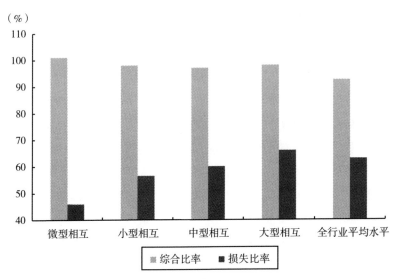

图 8 - 3　2007 ~ 2014 年不同规模相互保险机构的承保绩效（与全行业水平相比）

注：微型相互保险机构资产不足 1000 万美元；小型相互机构资产超过 1000 万美元、不足 1 亿美元；中型相互保险机构的资产超过 1 亿美元、不足 10 亿美元；大型相互保险机构的资产超过 10 亿美元。各类相互保险机构的承保绩效为截尾均值，即去掉最高 10%、最低 10% 后计算的平均值。

资料来源：Swiss Re Economic Research & Consulting Calculations.

以发挥，甚至可能"资合"化。特别是相互保险组织为筹集初始运营资金，一般会向主要发起会员借入长期资金。为了保护初始运营资金提供者权益，一般会在相互保险组织的董事会中为资金提供者保留若干董事席位，这实际上赋予了出资人相应的管理控制权，组织本身就自带"资合"属性。为了有效确保会员的"政治权利"，必须加强防范出资人越权控制相互保险组织制度设计，加强信息披露，提高相互保险组织运行的透明度，充分保障成员知情权。这方面的经验还需探索。

（三）社会认识不足问题不容忽视

在现阶段，人们主要是基于对国际经验的观察、研究者的介绍和自身的认知模型来看待相互保险组织，缺乏理解的情境，所以很容易产生认知偏差。"资合"型保险组织更多依赖于法律和契约；而"人合"型的相互保险组织大多是由风险相似的大量个体组成的，多依托城乡各类社会组织、职业团体、社区组织，有时也需要借助熟人社会、社会诚信体系实现合作。成员既需要具有作为投保人的自觉性，也就是有较高的投保意识；也要具有作为所有者的自主性，即参与组织活动的意愿与能力。从某种意义上讲，相互保险组织的发展，更多要遵循"自下而上"式的发展路径，但在中国目前的文化环境中，这样的力量相对隐微。所以，相互保险在中国的发展，还需要通过宣传、消费者教育和人与人之间的影响，通过行业的发展去渗透并改造"传统"。这项工作并不容易。网络互助平台的快速推进，在某种程度上推广普及了保障知识，也让广大消费者对互助形成了一定认识，但因快速发展期较短、运行结果不佳，效果相对有限。

第三节　未来发展的思考与建议

网络互助平台从"风靡"到"落寞"，折射出两个重要的特征事实：一是现实中还存在大量未被满足的风险保障需求，现有保险产品与服务对普惠需求的响应度、完善度仍然有许多不能让消费者满意的地方；二是伴随互联网在经济生活中深度的不断提高，带有"互助""众管"色彩的风险分散安排成为可能，但如果没有恰当的组织安排以保障其运营效率和稳健性，也会陷入功能障碍的泥淖。相互保险作为一种可行的组织形式"解"，我们应予以足够的支持和重视。

（一）探索更多创新型保险组织形式

回顾国际保险业的发展历史，实际上也是一部保险机构组织形式不断创新的历史。相互保险源于西欧，在全世界范围都有分布，而由于各国的政治、经济、法律与文化传统不同，呈现的形态也是多种多样，除了相互保险公司之外，还有互助社（mutual society）、交互社（reciprocal insurer）、友谊社（friendly society）、合作社（cooperative）、风险自留团体（risk retention group，RRG）、自主相互基金（discretional mutual fund，DMF）等不同形式在不同国家扮演相互制保险提供者的角色。相互保险组织发展到当代，并没有一个适用于所有国家的单一组织形式标准；而消费者需求、保险发展所依托的技术条件也都是动态发展的，保险行业要保持生命力，必须要能灵敏地捕捉变化、回应变化，创新不辍。这不仅包括产品、服务、销售方式、承保方式等经营环节的创新，也包括组织结构形式的创新。鼓励保险组织形式创新，是推动行业实现非同质化的科学发展的重要内容，未来应该考虑不只推进相互保险社的发展，也可以结合长尾市场互助需求，更多探索交互保险、合作社等不同组织形式。

（二）鼓励相互保险组织差异化发展

保险业发展到今天，其功能日益复合化，从最基本的风险转移、损失共担功能，到着眼于风险减量的风险管理服务和保障关联服务，再到由风险储备金衍生出来的资金融通功能，行业一直在顺应风险结构和消费者需求的变化，在强化内涵式发展的过程中，推进外延式拓张。而实践经验也表明，不同组织形式的保险组织，在不同功能方面的竞争优势并不相同，所以，市场上不仅会出现"全能型选手"，也可能出现一批"单项冠军"。立足于经济社会多层次、多元化的保险需求，更需要积极引导和鼓励创新组织形式，大力发展多层次、多类型的专业化服务。一方面，要鼓励相互保险组织与股份制保险公司进行错位竞争，在"专精特新"上下功夫；另一方面，鼓励不同相互保险组织寻找自身特色定位，找准特定市场或特定消费群体，通过提供各具特色的保险产品与服务，实现差异化发展。对专注于当下保险服务比较薄弱，但又关系民生的风险保障领域，应争取给予一定的税收减免优惠，以降低相关领域保险的经营成本，充分发挥互助特色，还利于民。

（三）提升保险监管兼容性

虽然相互保险与股份保险都从事保险业务经营，但其所有制和治理方式有明显的特殊性。我国现有保险监管体系，基本上是围绕"资合"型保险公司的特点形成的，仅有的、针对相互保险组织的《相互保险组织监管试行办法》，只是一份统领性、基础性文件，主要体现相互保险监管的主要原则和核心理念，在组织治理、信息披露、章程制定、分支机构以及风险处置等方面，都缺乏细致的、更具针对性的配套细则。例如，相互保险组织的成员相对比较分散，容易形成内部人控制风险，为了更好地彰显相互保险"互助共济"的本质，弘扬"我为人人、人人为我"的互助文化，培育主动参与、负责尽责的自主管理文化，应有针对性加强对相互保险组织信息披露等方面的监管，着力提高相互保险组织经营透明度，以有效保障和维护成员的知情权、选举权、参与管理权、分享盈余权等合法权益。

总体来看，在相互保险引入前，股份制保险公司已经经历了一个较长时期的发展，在运营的专业性、内部制度的完善性方面有了长足的进步，在相当长的一段时期内仍然会是最主要的保险组织形态，而相互保险发展的土壤还有欠缺。但是，过去的实践，特别是网络互助平台的发展也提示我们，单纯的股份制公司形式，并不利于碎片市场和长尾市场的覆盖，相互保险在风险覆盖完备性以及经营专业性上，可能有其独特价值。从某种意义上讲，用相互保险组织引流互助需求，为普惠保险需求提供创新方案，实际上也是希望通过多元化组织形式的发展，激励社会持续的创新投入，以拓展行业边界，更好发挥保险功能。鼓励这种探索，也是过去 40 多年的改革开放给我们的宝贵经验。

参考文献

［1］锁凌燕：《谈谈保险的组织形式创新——"人合组织"对保险业或有特殊重要性》，载于《中国保险报》5 月 15 日。

［2］郑秉文：《网络互助的性质、风险与监管》，载于《社会科学文摘》2020 年第 11 期。

［3］Fairbairn, 1994, "The Meaning of Rochdale: The Rochdale Pioneers and the Co-operative Principles", https://ageconsearch. umn. edu/record/31778.

［4］International Cooperative and Mutual Insurance Federation (ICMIF), 2019, "Global Mutual Market Share 10", https://www. icmif. org/global-mutual-market-share-10/.

［5］Swiss Re, 2016, "Mutual insurance in the 21st century: back to the future?", *Sigma*, No. 4.

第九章

保险证券化

证券化一般是指金融机构主体以自有资产或负债为基础，通过证券发行或交易的形式，实现不同期限或不同头寸现金流互换或者对冲的过程。对于保险机构而言，保险证券化更多地体现为负债端现金流的证券化，即通过创造或买卖可交易的金融工具将承保风险转移至资本市场（Hull，2018；Doherty，2000），以实现更大范围的风险分散。

广义地讲，保险证券化包括两种形式：一是将承保现金流变形为可交易的金融证券；二是通过交易衍生的金融证券将保险市场与资本市场相关联。这里的金融证券为保险证券化的载体，通常被称为保险连结证券（insurance-linked securities，ILS）。在保险连结证券中，比较有代表性的一种类型为以承保业务为基础发行的特殊债，如巨灾债券（catastrophe bond）、或有盈余票据（contingent surplus note，CSN）等，对应保险证券化的第一种形式；比较有代表性的另一种类型为交易所公开交易，或者以 OTC（over the counter）形式交易的保险类衍生证券，例如巨灾期权、巨灾期货，保险互换等，对应保险证券化的第二种形式。[1] 以上提到的 ILS 产品多涉及巨灾，这是因为巨灾风险为威胁保险机构，尤其是财产保险公司偿付能力的最主要风险，是保险证券化的重要动因。

---

[1] Gorvett，R. W.，"Insurance Securitization：The Development of a New Asset Class"，https：//www. casact. org/sites/default/files/database/dpp_dpp99_99dpp133. pdf.

随着风险的演变、世界各国金融市场与保险行业的发展，以及跨市场行为日益增多，保险证券化与 ILS 产品的形式也愈来愈多样化。但由于我国保险类衍生品市场尚未形成，保险证券化的实践仅限于巨灾债券的发行，因此本章提到的保险证券化和 ILS 均采用狭义的定义，即以承保现金流为基础构造结构化证券的行为，以及由此产生的结构化证券。

本章共分四节。第一节分析世界经济金融形势，从宏观经济与贸易、商品价格与通货膨胀、金融市场与融资成本三个角度重点阐述保险证券化的宏观经济背景；第二节介绍世界保险证券化的发展概况，对 2021 年国际市场上发行额度较大的巨灾债券进行特点分析；第三节分析我国保险证券化的发展状况，重点对中再产险 2021 年发行的台风债券与 2015 年发行的地震债券进行比较，分析证券化安排的相同点与不同点；第四节对我国未来保险证券化发展进行展望，从产品供给方向选择、触发条件设计以及市场基础构造三个层面对保险证券化与 ILS 产品的发展走向开展具体分析。

第一节　世界经济金融形势

2021 年，全球经济与金融市场继续受到新冠肺炎疫情的冲击和影响。但由于各国在 2020 年采取了较为积极的财政政策与货币政策，市场流动性加强，加上公众对新冠肺炎疫情的应对有更为乐观的预期，宏观经济与金融市场都有较为显著的恢复与回调。

一、宏观经济形势

（一）经济增长

2020 年，新冠肺炎疫情的迅速蔓延使世界各国经济遭受重大打击。为确保宏观经济稳定增长、支持企业部门发展和保障就业，世界各国都在利率处于历史低位的背景下，推出了大规模的财政和货币刺激措施。2021 年新冠肺炎疫情的影响持续。由于疫苗接种率上升以及药物研究取得突破，疫情所带来的负面经济影响有所弱化。但公众的不确定性预期仍然在抑制需求，生产端的"瓶颈"也仍然存在，加上各国防疫政策的差异性对生产要素流动产生着影响，2021 年世界各国继续实施财政刺激和货币宽松政策。

积极的经济政策为 2021 年带来了较为显著的正向影响。根据 2021 年联合国经济形势报告，2021 年全球经济增长率为 5.5%，为 1976 年以来的最高增速，比 2019 年疫情前的增长率高出 1.9%。基于 2021 年各国的经济表现，报告预计世界经济 2022 年增长率为 4%，2023 年增长率为 3.5%。与此同时，根据亚洲发展中经济体的表现，预计未来几年其仍将是拉动经济增长的主要力量。[①] 经济产出的增长依赖于居民消费、投资与国际贸易的恢复。但进入 2022 年之后，新冠肺炎疫情出现新的变化、俄乌战争爆发、地缘冲突增多等因素加大了各部门经济增长的不确定性，世界范围内的预期经济增速被不同程度地下调。

(二) 国际贸易

宏观经济恢复的一大推动力为国际贸易。2022 年 IMF 全球金融稳定报告显示，虽然 2020 年国际商品贸易由于新冠肺炎疫情的冲击陷入低谷，但一年多后国际商品贸易额大幅度增长。仅 2021 年前 8 个月，全球商品出口额增长了 30.1%，其中发展中经济体增长了 38.3%，发达国家增长了 26.1%。前 8 个月，中国仍然是全球最大的贸易国，占全球商品贸易总额的 18.1%；其次是美国，占 13.4%；其后德国 9%，日本 4.5%，法国 3.8%。[②]

与之前有所不同的是，商品贸易主要集中在医疗物资供给以及电子类产品，结构出现变化。且由于一些国家尚未完全开放经济，地缘冲突可能性增大，加上新冠肺炎疫情本身仍存在较大不确定性，服务业贸易仍处于相对较

---

① United Nations, "World Economic Situation and Prospect (2022)", https://desapublications. un. org/publications/world-economic-situation-and-prospects-mid-2022.

② IMF, "Global Financial Stability Report (2022)", https：//www. imf. org/en/Publications/GF-SR/Issues/2022/04/19/global-financial-stability-report-april-2022；World Trade Organization, "World Trade Report 2021：Economic Resilience and Trade", https：//www. wto-ilibrary. org/content/books/9789287051400/read.

为低迷的状态。

（三）商品价格与通货膨胀

2021 年，宏观经济整体在一定程度上得以复苏，尤其需求端对于宽松型的经济政策反应较为迅速。但由于疫情、极端天气等造成供应链"瓶颈"等因素，供给端未能充分与需求同步，这造成了主要商品价格呈上升态势。整体来看，商品价格指数在 2021 年前 9 个月增长了 30%，金属、煤、原油和天然气都是价格涨幅较高的商品。其中，原油价格平均上涨了 70%，达到每桶 70 美元。受极端天气与劳动力短缺的影响，食品价格也上升了 22%，达到了近十年中的最高水平。[①] 农业原材料与食品价格的上升对贫困人口的日常消费产生了较大的影响。

基础商品价格的上升加大了全球通货膨胀的压力。2021 年，全球通胀率上升到约 5.2% 的水平，比过去十年的趋势值高 2%。不过随着供应链瓶颈得以缓解、大宗商品价格趋于稳定，以及财政和货币刺激力度减弱，全球通胀压力预期将有所缓解。全球金融稳定报告的预期是，2022 年全球通胀预期将逐步回落至 3.8%，其中发达经济体将从 2.7% 降至 2.2%，发展中经济体将从 5.5% 降至 4.9%。[②]

二、金融市场与融资成本

（一）金融市场

在一些国家和地区，由于宽松的财政政策、货币政策以及逐渐放宽的疫情防控政策的共同作用下，投资也开始变得活跃。2022 年联合国经济形势报告显示，在 2020 年减少 2.7% 之后，2021 年全球投资额增长了约 7.5%，且资本不断流向新兴市场。2021 年前 9 个月，新兴市场投资组合净流入达到 2240 亿美元，较上年同期增长 9 倍；前 6 个月外商直接投资净流入达 2300 亿

---

① ② 　United Nations，"World Economic Situation and Prospect（2022）"，https：//desapublications. un. org/publications/world-economic-situation-and-prospects-mid-2022.

美元，同期增长 22%。① 资金流向是市场预期的直接说明，发展中经济体有望成为市场持续的关注热点。

逐渐恢复的宏观经济和资本流动也很快反映到金融市场上。许多国家的股票市场从 2020 年初由于新冠肺炎疫情触发系统性下跌后逐渐恢复繁荣态势。资料显示，2020 年 3 月下旬至 12 月末，美国主要股指快速反弹，恢复至疫情前水平之后再创新高，日本和多数亚洲新兴市场经济体主要股指也已恢复至疫情前水平。② 进入 2021 年后，股票市场上涨趋势更加明显。例如全球股票指数，这里以 MSCJ 世界指数（MSCI World Index）为代表，其上升了 21%。③ 新冠肺炎疫苗的推广、新疗法的应用，政府政策支持以及消费者信心等支持了全球资本市场的回暖。股市的迅速升温也伴随着波动性的增大，各国金融市场蕴含的内在风险值得重视。

（二）融资成本

与股票市场相似，债券市场也因受到新冠肺炎疫情的冲击出现较大的价格波动，不同的是固定收益产品市场会更多地受货币政策影响，呈现出不同的波动规律。以国债为例，疫情暴发初期，全球金融市场产生恐慌，国债作为传统意义上的安全资产亦遭抛售，收益率飙升。随着主要发达经济体实施超宽松货币政策，国债收益率震荡下行。截至 2020 年末，美国、德国、英国的 10 年期国债收益率较 2019 年末分别下降了 99 个、38 个、62 个基点。④

2020 年 8 月后，受经济前景预期改善以及投资者资产配置调整的影响，

---

① United Nations, "World Economic Situation and Prospect（2022）", https：//desapublications. un. org/publications/world-economic-situation-and-prospects-mid-2022.

② 中国人民银行：《金融稳定报告 2021》, http：//www. pbc. gov. cn/goutongjiaoliu/113456/113469/4332768/2021090315580868236. pdf；IMF, "Global Financial Stability Report（2022）", https：//www. imf. org/en/Publications/GFSR/Issues/2022/04/19/global-financial-stability-report-april-2022.

③ Fidelity, "2021 stock market report", https：//www. fidelity. com/learning-center/trading-investing/markets-sectors/2021-stock-market-report.

④ 中国人民银行：《金融稳定报告 2021》, http：//www. pbc. gov. cn/goutongjiaoliu/113456/113469/4332768/2021090315580868236. pdf.

发达经济体长期国债收益率逐步上升。伴随宽松货币政策支持会逐渐退出的预期，2021 年主要发达经济体，例如美国、德国、英国 10 年期国债收益率呈现出更快的上升速度，作为市场参照基础的融资成本在 2021 年进一步提高，几乎回到疫情前水平。[①] 通胀压力、货币政策退出预期以及新冠肺炎病毒的变异都增加了金融市场的不确定性，也加大了投资者的风险厌恶程度，这些都可能进一步推动债务融资成本的上升，使得金融市场融资条件更加紧张。

第二节　世界保险证券化的发展概况

根据第一节的分析，保险证券化在市场上的工具载体为 ILS 产品。广义的 ILS 包含债券等或有资金安排，也包含对冲性金融工具。狭义的 ILS 产品主要包括前者，即本部分所涉及的研究对象。自 1996 年开始，ILS 市场即开始了较为强劲的增长，保险人、再保险人、政府以及公司机构等通过交易 ILS 产品的方式为极端事件损失融资，通过保险市场与资本市场的结合优化资本管理，成为传统保险安排的有效延伸。由于资本市场与保险市场均为金融市场的重要构成，深受宏观经济环境的影响，在全球经济形势变动的大背景下，近年来的保险证券化活动也呈现出新的特点。

一、ILS 市场的基本概况

由于资本市场与宏观经济关系密切，近年来，ILS 市场规模增长速度加快的同时也出现了一定的波动。Artemis 和瑞士再保险公司关于 ILS 的报告显示，受新冠肺炎疫情影响，2020 年 ILS 发行规模整体低于 2019 年，但伴随宏观经济的复苏与金融市场的回调，2020 年末期和 2021 年 ILS 发行量出现了显

---

① World Bank, "Global Economic Prospects (2022)", https://desapublications.un.org/publications/world-economic-situation-and-prospects-mid-2022; IMF, Global Financial Stability Report (2022), https://www.imf.org/en/Publications/GFSR/Issues/2022/04/19/global-financial-stability-report-april-2022.

著增长。① 如瑞士再保险公司报告所示，2021 全年度 ILS 发行量超过 128 亿美元，创年度新发行量历史最高水平，比 2020 年增长 15 亿美元。新增 ILS 发行量强劲的增长动力主要体现在五月、七月和年底又进入了高速增长阶段，这一般与 ILS 相关联的保险事件，尤其是自然灾害的季节性有关。② 自 2017 年以来各年度新增 ILS 名义发行量的变化如图 9 - 1 所示。从图中可以看出各年度 ILS 产品发行量总体呈现上升趋势，而发行量的季节性规律也相当显著。

（十亿美元，名义值）

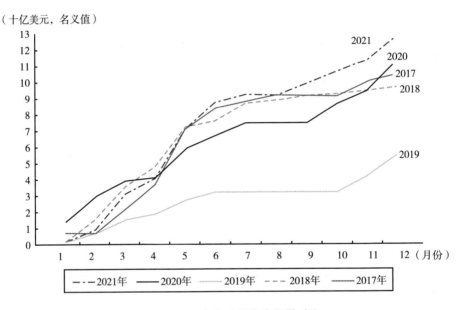

图 9 - 1　ILS 各年度累积发行量对比

资料来源：Swiss Re Group, "Insurance-Linked Securities Market insights 2022".

新增 ILS 发行量对于市场的整体增长具有重要贡献。2012 年以来各年度 ILS 发行量与存量规模（本年度之前已发行的债券额度，又称已发行债券余

---

① Swiss Re Group, "Insurance-Linked Securities Market insights 2022", https：// www. swissre. com/ our-business/ alternative-capital-partners/ ils-market-insights-feb-2022. html; Artemis, "Q4 2021 Catastrophe Bond and ILS Market Report", https：// www. artemis. bm/ wp-content/ uploads/ 2022/ 01/ catastrophe-bond-ils-market-report-q4-2021. pdf. 注：两机构报告中 ILS 统计口径略有不同，但趋势变动是相同的。

② Swiss Re Group, "Insurance-Linked Securities Market insights 2022", https：// www. swissre. com/ our-business/ alternative-capital-partners/ ils-market-insights-feb-2022. html.

额）如图 9 - 2 所示。从图中可以看出，截至 2021 年末，ILS 名义发行余额达到 338 亿美元，其中新增 ILS 发行量的增速超过了存量增速。2012 年以来，ILS 市场的复合年度增长率（compound annual growth rate，CAGR）达到了 9.4%。这说明 ILS 市场已成为保险业进行风险融资、优化资本结构的重要渠道。

（十亿美元，名义值）

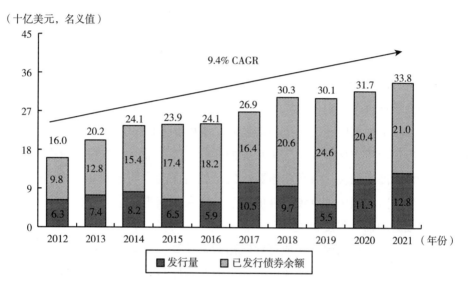

图 9 - 2　ILS 各年度发行量与已发行债券余额
资料来源：Swiss Re Group, Insurance-Linked Securities Market insights 2022.

二、ILS 产品的分类型发展

（一）不同类型 ILS 产品的市场份额

瑞士再保险公司关于 ILS 的报告中，对 ILS 采取了较为狭义的定义，即集中于不同类型的债券类产品。① 根据风险标的的不同，ILS 产品主要分为以下几个类型：抵押贷款类 ILS（mortgage ILS deals）、财产巨灾债券（property catastrophe bond）、专业性债券（specialty），以及以人身风险、死亡率风险为

---

① Swiss Re Group, "Insurance-Linked Securities Market insights 2022", https：//www. swissre. com/our-business/alternative-capital-partners/ils-market-insights-feb-2022. html.

基础的证券等。①

这里的巨灾债券与传统债券没有本质区别，也具有固定债券面额、固定期限，同样具有约定利息率。最大的不同是这类债券内嵌了一种看涨期权，即在约定巨灾事件发生，且发起人（通常为再保险公司）相关赔偿额度（或其他指数类指标）满足触发条件时，巨灾债券的本息可以获得部分或全部豁免。看涨期权的类型可因触发条件（也称为执行价格）的不同而不同。国际市场上存在三类主要的触发形式：保险赔偿（indemnity）触发、市场指数（market index）触发和参数化指数（parametric index）触发（Doherty，2000）。保险赔偿触发是基于特定或具有代表性的保险合同设计触发条件，即该触发条件包含特定保险人与巨灾相关的业务损失，最终的支付与这些保险人的加权损失高度相关。市场指数触发是基于所有保险合同设计触发条件，即该指数包含所有保险人与巨灾相关的业务损失，最终的支付与所有保险人的加权损失高度相关。参数化指数触发是脱离保险合同的独立形式，即将指数与导致保险人损失的巨灾事件的自然参数联系起来，最终支付与自然灾害的自然强度和辐射程度相关。

如果触发条件与保险人或再保险赔偿责任高度相关，则债券与普通债券更为接近，具有一定的道德风险；如果触发条件与某约定市场指数或参数相关，则该债券更类似于期权合同，基差风险会更为突出；无论是哪一种债券，由于涉及的是债务豁免，因此信用风险都相对较小。同时由于存在损失大额本息的可能，投资者一般会要求比普通债券更高的风险溢价。

其他类型的债券或证券（例如死亡率债券）与巨灾债券的运行原理相似，只是约定风险事件和触发条件有所不同。

不同类型巨灾债券与 ILS 产品的发行规模如图 9－3 所示，从中可以看出，财产巨灾债券仍在 ILS 市场上占据主导位置，具有最高的市场份额，但其他类型的 ILS 产品，例如以人身风险为基础的 ILS、私下交易的 ILS 等也在稳步发展当中。其中和抵押贷款相关的 ILS 增长最为迅速，这意味着保险与金融市场的融合程度在进一步加深。

---

① Swiss Re Group，"Insurance-Linked Securities Market insights 2022"，https：//www.swissre.com/our-business/alternative-capital-partners/ils-market-insights-feb-2022. html.

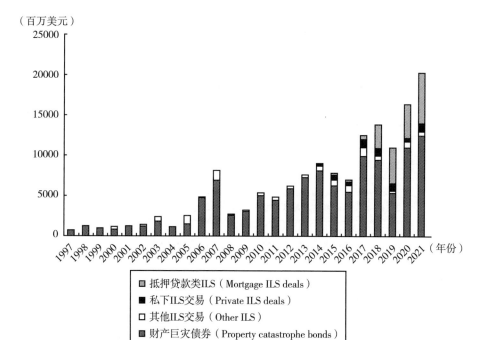

（百万美元）

图例：
- □ 抵押贷款类ILS（Mortgage ILS deals）
- ■ 私下ILS交易（Private ILS deals）
- □ 其他ILS交易（Other ILS）
- ▨ 财产巨灾债券（Property catastrophe bonds）

图9-3 巨灾债券与ILS的分类别发行规模

注：图9-3所引用数据来源与图9-1、图9-2数据来源不同，关于ILS的统计口径也有所差异，这里纵轴代表的是"risk capital issued"，因此ILS发行量在数据上接近但不完全一致。

资料来源：Artemis，"Catastrophe bonds & ILS issued by type and year"，https：//www. artemis. bm/dashboard/catastrophe-bonds-ils-issued-by-type-and-year/.

（二）巨灾债券的发行特点

财产巨灾债券是国际市场上最具代表性的ILS产品。2021年国际市场上发行额度较大的几类巨灾债券如表9-1所示。

表9-1　　　　　　　　　　**2021年新发行的主要巨灾债券**

发行方	债券名称	风险事故	触发条件	保障方式	结算期	名义额度（百万美元）	发行利差（基点）
Universal	Cosaint Re 2021-1 A	美国大风	实际赔付	次数	2021 年 3月 26 日	150	925

续表

发行方	债券名称	风险事故	触发条件	保障方式	结算期	名义额度（百万美元）	发行利差（基点）
Vantage Risk	Vista Re 2021－1 A	美国地震、加拿大地震、美国大风	PCS 指数	总额	2021 年 5 月 4 日	225	675
St Johns	Putnam Re 2021－1 A	佛罗里达大风、南卡罗来纳大风	实际赔付	次数	2021 年 5 月 28 日	120	550
Syndicate 1910	Titania Re 2021－1 A	美国大风、地震；加拿大大风、地震	PCS 指数	总额	2021 年 6 月 16 日	150	450
Gryphon Mutual	Wrigley Re 2021－1 A	加利福尼亚地震	参数指数	次数	2021 年 6 月 23 日	50	240
Vermont Mutual	Baldwin Re 2021－1 A	美国大风、地震、雷暴、野火	实际赔付	次数	2021 年 6 月 29 日	150	225
Arch	Claveau Re 2021－1 A	全球风险事故	PCS 指数/风险事故	总额	2021 年 7 月 6 日	150	1725
Government of Jamaica	IBRD CAR 130	牙买加大风	参数指数	次数	2021 年 7 月 23 日	185	440
Prologis	Logistics Re 2021－1 A	美国地震	实际赔付	次数	2021 年 12 月 14 日	95	350
Syndicate 1910	Titania Re 2021－1 A	美国大风、地震；加拿大大风、地震	PCS 指数	总额	2021 年 12 月 21 日	175	650
Farmers	Topanga Re 2021－1 A	美国大风、地震、雷暴、暴风雪、山火	实际赔付	次数 总额	2021 年 12 月 22 日	100 60	475 1500
NN Re	Orange Capital Re 2021－1 A	荷兰和比利时大风、冰雹	实际赔付	次数	2021 年 12 月 30 日	85	325

资料来源：Swiss Re Group，"Insurance-Linked Securities Market insights 2022"。

2021 年的大额巨灾债券发行与往年相比较有以下几个特点。

第一，债券发起者来源和类型更加多元化。2021 年，北美和欧洲发达经济体仍然是市场上的主要发行方。但除了有来自发达经济体的保险人和再保险人等，也有来自发展中经济体的政府机构（例如牙买加政府），地理范围与机构性质都实现了扩展。

第二，触发条件保持多样化。与之前相似，列表中的大额巨灾债券，以保险赔付为触发条件与以 PCS 指数为触发条件的债券类型各占大约一半，还有少量债券以参数化指数为触发条件。[①]

第三，风险类型集中于特定风险。就巨灾债券所覆盖的风险而言，地震、大风在不同债券中占比最大，前者是灾害后果非常严重的风险事故，后者则是发生频率相对较高的风险事故。可以看出市场很重视这两个风险维度，相应地，发行者（保险公司或再保险公司）也在这些风险领域拥有最强烈的风险转移和分散动机。

第四，发行额度与利差保持在较高水平。与之前相比，巨灾债券的名义面额有所增加，其中，Vista Re 2021 - 1 A 发行名义面额为 2 亿美元，在所有巨灾债券中占据首位；利差则是从 2.25% 至 17.25% 不等，市场评级越低、涉及灾害类型越多，债券风险溢价越高。

第三节　我国保险证券化的总体发展状况

与国际市场相比，我国的保险证券化活动或者说 ILS 发展起步较晚。但作为保险证券化活动的市场需求基础，也即对保险行业挑战较大的巨灾保险、指数保险、巨灾再保险等一直在稳步推进当中。保险证券化的实践也基本与此同步，保持了较低频次但质量较高的巨灾债券发行。

一、保险证券化的需求基础

对于保险行业而言，巨灾风险不属于理想的可保风险，如果保险公司或再保险公司决定进行承保，其对于进一步进行风险转移和分散，尤其是保险

[①] PCS 是"property claims services"的简称，PCS 指数是指 PCS 发布的巨灾损失指数（Catastrophe Loss Index），参见 Verisk，"Using the PCS Catastrophe Loss Index in cat bonds and ILWs"，https://www.verisk.com/insurance/products/property-claim-services/pcs-catastrophe-loss-index/。

证券化安排等会有较为强烈的需求。与国际经验一致，巨灾保险也是我国保险证券化的主要市场需求基础，其发展主要经历了以下重要节点。

（一）区域性巨灾保险制度的建立

中共十八届三中全会通过的《中共中央关于全面深化改革若干重大问题的决定》指出，要完善保险补偿机制，建立巨灾保险制度。2013 年 12 月，《深圳市巨灾保险方案》经深圳市政府常务会议审议并原则通过，深圳市巨灾保险制度正式实施。该制度由政府巨灾救助保险、巨灾基金和个人巨灾保险三部分组成。此后，吉林、陕西等省陆续开展巨灾保险制度建设，并努力开展巨灾保险试点工作。尽管各地区积极推进巨灾保险，但这一时期的巨灾保险制度框架相对较为简单，也存在一些争议。首先，各地关于巨灾的界定不同，对于自然灾害类型与损失程度的判断缺乏一致性标准，这导致巨灾保险标的的差异性巨大，不利于进一步通过再保险或其他金融安排进行风险分散。其次，这一时期的巨灾保险多为地方财政支持，市场化的风险转移与分散手段未得到充分重视。

（二）全国统一的巨灾保险制度的开启

2016 年 5 月，中国保监会、财政部印发《建立城乡居民住宅地震巨灾保险制度实施方案》（以下简称《实施方案》），标志着以具体风险为承保对象、全国统一的巨灾保险制度开启实践。在保监会关于实施方案的通知中提到，巨灾保险制度要坚持"政府推动、市场运作、保障民生"的原则。这意味着政府要为地震巨灾保险营造良好的制度环境、法律环境和政策环境，同时要发挥市场在资源配置中的决定性作用，引导商业保险公司积极参与地震巨灾保险制度建设，运用国内外再保险市场和资本市场，有效分散风险。"运用国内外再保险市场和资本市场，有效分散风险"将巨灾保险与资本市场的联系在政策性文件中加以明确，加快了保险证券化经验的积累。

（三）巨灾指数保险制度的实施

巨灾指数保险制度是地方政府运用商业保险机制防范和化解巨灾风险，

以指数为基础，为投保人灾后损失提供以经济补偿的制度安排。根据《广东省巨灾保险试点工作实施方案》，巨灾保险以广东地区高发的台风、强降雨作为赔付触发因子，当灾害级别达到赔付阈值，保险公司即会启动理赔给当地政府，及时对灾害造成的生命、财产损失进行经济补偿。2016 年下半年，巨灾指数保险开始在广东湛江、韶关、梅州等多个地市正式开启试点。

指数型的巨灾保险为保险证券化的发展提供了更多可能。除了可以更加便捷地安排再保险合同，还可以在巨灾债券发行时进行多元化的触发条件设计。既可以选择保险赔偿，也可以选择市场指数或参数指数作为触发机制，能够更加灵活地满足保险证券化供需双方不同类型的需求，也更容易适应国际资本市场的发行规则。

二、我国保险证券化的相关实践

（一）保险证券化的初期实践

如前所述，巨灾保险制度的开展与推进，带来巨灾保险覆盖程度的提高与市场容量的扩大，而这对巨灾保险运营主体的偿付能力和流动性提出了新的要求。以中国财产再保险公司（以下简称"中再产险"）为例。作为巨灾风险的聚合主体，中再产险参与国内大部分直接保险公司的巨灾再保险合约，并通过转分保机制向国际市场转移地震、海啸、台风、冰雪灾害等巨灾风险。巨灾风险种类在增多，巨灾再保险承保风险保额也在增加。据中再产险网站2022 年 5 月报道，中再产险在政策性巨灾保险和商业保险中平均每年承保台风风险保额超过 9 万亿元，地震风险保额近 5 万亿元，[①] 仅通过转分保方式转移和分散风险已逐渐无法满足发展需求。

为了缓解财政与保险机构本身的经济压力，保险证券化越来越成为一项重要的市场选择。2015 年，我国的保险证券化实践正式开启。作为发起人，中再产险利用特殊目的机构（special purpose vehicle，SPV）熊猫再保险有限

---

① 《发挥再保险职能将巨灾保险融入国家灾害治理生态圈——访中国财产再保险有限责任公司总经理张仁江》，中再产险官网，2022 年 5 月 19 日。

公司（Panda Re Ltd.）在百慕大发行了中国首笔巨灾债券，发行额度为 5000 万美元，期限为 3 年，成功向境外资本市场转移了中国地震风险，实现了保险连接资本市场的首次尝试。具体方式为：中再集团及中再产险以再保险转分的方式，将其所承保的部分国内地震风险分保给特殊目的机构，再由该机构在境外资本市场发行巨灾债券进行融资，以融得资金为这部分风险提供全额抵押保险保障。[①]

首次巨灾债券成功发行后，ILS 日益受到监管部门与行业的重视。2016 年 9 月，中国保监会发布《中国保险业发展"十三五"规划纲要》，指出要探索符合我国国情的巨灾指数保险试点，推动巨灾债券的应用，逐步形成财政支持下的多层次巨灾风险分散机制，研究建立巨灾风险管理数据库等。2021 年，中国气象局、国家发展改革委共同编制的《全国气象发展"十四五"规划》指出，要发展天气指数保险、天气衍生品和气候投融资新产品。2021 年 6 月，郑州商品交易所宣布该所与国家气象信息中心签署战略合作框架协议，双方拟全面启动天气指数编制与应用，以及天气衍生品的研发上市。

从以上关于经济环境、金融市场，以及保险证券化历史经验的分析来看，近年来保险证券化的环境既存在有利条件，也存在不利条件。有利条件在于宏观经济与金融市场均出现复苏，保险证券化实践数量有限但流程完整，政策与技术支持力度均在逐步加大，发行 ILS 的基本环境好于早期，尤其好于新冠肺炎疫情暴发初期。不利条件在于，由于对新冠肺炎疫情、生产要素流动以及宽松的经济政策存在不确定预期，服务业的国际贸易活动受限，金融市场尤其是固定收益产品市场的融资成本有所上升，这对于通过证券化活动发行 ILS，在国际资本市场分散保险公司承保风险形成了难度。

（二）2021 年保险证券化的新突破

尽管存在不利因素，但市场、制度、技术的积累也非常可观。2021 年 9 月，中再产险再次作为发起人通过特殊目的机构（special purpose insurer，

---

① Panda Re Ltd.（Series 2015 - 1），https：//www.artemis.bm/deal-directory/panda-re-ltd-series-2015 - 1/.

SPI）大湾区再保险有限公司（Greater Bay Re Ltd.）发行了以中国台风风险
为标的的巨灾债券，发行额度为 3000 万美元，发行期为 1 年。两类债券均以
再保险人损失赔偿为触发条件。与之前不同的是，此次巨灾债券的发行方为
香港 SPI，面向的也是香港证券市场，这是金融与保险市场联动、区域经济
联合以及巨灾风险分散本土化的一项重要尝试。2021 年与 2015 年两次巨灾
债券发行的详细对比信息如表 9 - 2 所示。

表 9 - 2

巨灾债券发行对比

名称	大湾区再保险 （Greater Bay Re Ltd.） 2021 - 1 序列	熊猫再保险 （Panda Re Ltd.） 2015 - 1 序列
发行方	大湾区再保险有限公司（香港）	熊猫再保险有限公司（百慕大）
分出方/发起方	中国财产再保险公司	中国财产再保险公司
覆盖风险/事故	中国台风风险	中国地震风险
募资与债券构造代理机构 （Placement/structuring agent）	Aon Securities（债券构造代理与 簿记管理人）	GC Securities（债券构造代理与 簿记管理人）
发行规模	3000 万美元	5000 万美元
触发条件	损失赔偿	损失赔偿
评级	无	无
发行日期	2021 年 9 月	2015 年 7 月
期限	1 年	3 年

资料来源：Greater Bay Re registered for China Re cat bond in Hong kong, https://www.artemis.bm/news/greater-bay-re-registered-for-china-re-cat-bond-in-hong-kong/; Panda Re Ltd. (Series 2015 - 1), https://www.artemis.bm/deal-directory/panda-re-ltd-series-2015 - 1/; Greater Bay Re Led. (Series 2021 - 1), https://www.artemis.bm/deal-directory/greater-bay-re-ltd-series-2021 - 1/.

　　尽管巨灾风险类型有所不同，但两类债券的发行及运作程序是相似的。
首先，为了便于发行债券以及独立核算，成立专门性的中介机构即 SPI。这
里的 SPI 是大湾区再保险有限公司（香港）。其次，中再产险与 SPI 签订再保
险合同，保费支付与预期赔付按照正常方式进行。最后，为支持再保险合同，
SPI 向投资人发行与保单面值相关联的巨灾债券。这里大湾区再保险有限公
司发行了 2021 - 1 序列债券，该债券被构造为零息债券，发行规模为 3000 万
美元，可以为中再产险提供一年期的针对台风风险的再保险保护。债券以保

险赔偿为触发条件,以单次发生为基础,涵盖的地理范围包含大湾区和其他台风频发的地区。如果触发条件没有发生,SPI 将向投资人偿还全部本金。如果触发条件发生,则 SPI 将优先履行再保险合同责任,再向投资人返还资金剩余。这一过程中怡安证券(Aon Securities)是募资与债券构造代理机构,也是发行的簿记管理人。

与 2015 年中再产险的第一次巨灾债券发行相比较,本次发行规模相对较小、期限较短,但却是首次全程在本土完成发起、发行以及后续交易的 ILS。保险证券化活动的本土化突破有效提高了融资方式多元化程度,且有效规避了地缘风险。一方面意味着巨灾风险融资过程中交易成本和融资成本可能更低;另一方面意味着内地与香港市场结合后金融资源自主配置能力将有效提升。以上为建立整体化的、覆盖更大地理范围的巨灾风险融资体系以及创新更多 ILS 产品奠定了良好的基础。

三、保险证券化的制度与市场准备

保险证券化的开展离不开环境条件的成熟,两次巨灾债券的发行都说明了这一点。而与前次巨灾债券发行相比,2021 年大湾区巨灾债券的发行体现了更为系统的制度准备、市场基础以及技术准备。

(一)政策引导

早在 2016 年 9 月,中国保监会发布的《中国保险业发展"十三五"规划纲要》即指出要推动巨灾债券的应用。2019 年 11 月,粤港澳大湾区建设领导小组会议公布十六项普惠政策措施,其中第十三项提到,随着内地保险业迅速发展,对地震和台风等自然灾害的风险转移需求甚殷。香港有成熟开放的资本市场及完善的司法制度,加上大量具备国际视野的专业人才,可为内地保险公司提供平台发行巨灾债券,推动金融业可持续发展。中央政府支持内地保险公司在港澳市场发行巨灾债券,放宽对他们在港澳设立特殊目的保险公司时所受到的限制。

与以上政策并行的还有,2021 年 2 月 24 日,香港保监局于 2021—2022

年度《财政预算案》中公布"保险相连证券资助先导计划"（以下简称"先导计划"）。5 月 3 日，香港保监局就《财政预算案》所颁布为期 2 年的"保险相连证券资助先导计划"公布相关细节（以下简称"计划细节"）。计划细节显示，合格申请人涉及在岸与离岸发行人或保荐人，① 包括跨国或多国机构。合格保险相连证券必须在香港发行，发行额不少于 2.5 亿元港币（或等值外币），以及前期发行成本有不少于 20% 用于本地服务提供者。此外，首次发行保险相连证券的发行人或保荐人，以及在可行情况下使用由金管局管理的债务工具中央结算系统（Central Moneymarkets Unit，CMU）托管及结算的发行，将获优先考虑。资助金额涵盖合格保险相连证券的前期发行成本。

（二）制度准备

在制度方面，香港与内地也分别对巨灾债券的发展方向、ILS 的相关规管框架以及内地公司在香港发行巨灾债券提供了政策指引。根据香港特别行政区政府新闻公报，保险相连证券业务规管制度于 2021 年 3 月 29 日正式实施。为实施该新制度，香港特区政府在《香港特别行政区政府宪报》陆续刊登《2021 年保险业（授权费及年费）（修订）规例》、《〈2020 年保险业（修订）条例〉（生效日期）公告》及《保险业（特定目的业务）规则》（第 41P 章），为通过成立特定目的保险公司发行保险相连证券提供特定和简化的规管框架。之所以要在保险业条例下强调设立针对 ILS 专门化的监管制度，是因为保险业条例对于 ILS 业务来说相对更加严格，包括偿付能力要求、申报要求、企业治理要求等，这可能会导致发行方在香港发行 ILS 承担高额的发行费用。

2021 年 9 月 27 日，中国银保监会为支持有意愿的境内保险公司在香港市场发行巨灾债券，发布《中国银保监会办公厅关于境内保险公司在香港市场发行巨灾债券有关事项的通知》（以下简称《通知》）。《通知》重点对五方面的内容作出规定：一是明确巨灾债券的适用范围为转移地震、台风、洪水等自然灾害事件或突发公共卫生事件带来的巨灾风险损失；二是明确特殊

---

① 这里的"合格"在原文中为"合资格"，英文对应"eligible"，根据语习惯改为"合格"，以下同。

目的保险公司（SPI）应经香港保险监管机构批准，并具有健全的分出保险公司保护机制，符合能与向其分出保险风险的保险公司实现破产隔离等要求；三是明确 SPI 可作为特殊保险公司进行再保险登记并接受保险公司分出的巨灾风险，豁免评级、资本金、偿付能力等相关监管要求；作为境外再保险人，还应当在中国再保险登记系统中进行登记，提供完备信息；四是明确保险公司应严格遵守内地及香港地区相关法律，加强法律、信用等风险管控，制定应急处置预案，确保巨灾债券发行合法、合规、安全；五是明确保险公司发行巨灾债券的信息报告要求。以上与保险证券化相关法规与指导性文件的陆续出台为巨灾债券的发行提供了完整和系统化的制度框架。

（三）市场与技术准备

1. 金融市场基础设施准备

与政策导向相配合的是金融市场的基础设施建设。因为本次台风债券发行是在香港市场实现，香港的市场基础成为债券发行的有力依托。第一，香港是全球最开放的保险市场之一，也是全亚洲保险公司最集中和保险密度最高的地方。第二，自 2018/19 课税年度起，特区政府已将利得税可获减半的税务宽减措施（由 16.5% 减至 8.25%），由专业再保险公司的离岸风险保险业务延伸至在岸风险保险业务。第三，香港保险业监管局与中国银保监会于 2018 年 7 月达成共识，在中国风险导向的偿付能力体系（C-ROSS）下，当内地保险公司分出业务予符合要求的香港再保险公司时，该内地保险公司资本额要求可获降低。第四，香港是国际金融中心和亚洲领先的债券市场，以发行量计，香港债券市场在亚洲（不计日本）排名第三，仅次于中国内地及韩国。相对健全的法律和监管制度，使其成为兼具有深度和高流动性的资本市场。此外，债权市场参与者还受益于一系列激励措施，例如在香港买卖债务票据的投资者可通过已优化的合格债务票据计划享有利得税豁免优惠。[①]

这些措施激励了更多保险经营主体进入大湾区扩展保险与再保险业务，也激励了更多成熟的投资者进入市场构建多元化组合。随着保险市场与金融

---

① 政策范畴—金融服务，粤港澳大湾区官网，https：//www.bayarea.gov.hk/sc/opportunities/finance.html。

市场交叉融合度的进一步上升，开展保险证券化活动也获得了更大空间。

2. 巨灾风险模型准备

巨灾模型的应用是巨灾风险证券产品定价的重要依据，也是巨灾债券发行的重要技术基础。2018年，中再集团成立国内首家专注巨灾风险管理的保险科技公司——中再巨灾风险管理股份有限公司，联合科研机构开发出我国第一个拥有自主知识产权的商用地震巨灾模型。2019年12月，中再集团发布"中国台风巨灾模型1.0"。在以上模型研发的基础上，2021年9月，中再集团发布"中国台风巨灾模型2.0"。该模型更加重视风险因素与财产损失之间的联系，能够满足保险公司对巨灾事件发生概率、财产损失与理赔额度的模拟需求。其在中再产险发行台风巨灾债券之前投入使用，对于台风债券的构造、再保险合约与债券的定价提供了关键性支撑。越来越多技术层面的积累和突破为保险证券化的实施提供了保证。

第四节　我国保险证券化发展展望

如前所述，风险的演变、经济环境的变化、制度与技术的完善等共同构成了保险证券化需求与供给的基础。从国际经验看，保险证券化形式日趋多样化，ILS产品可以以财产损失风险为基础，也可以以信贷风险为基础，还可以与人身风险相关。尤其是近年来，还出现以健康险指标，例如以新冠肺炎疫情指标为基础的ILS产品。但保险证券化的发展是以保险市场为起点和基础，无论从我国保险市场的发展阶段或是面临风险的紧迫性来说，与自然灾害，尤其是巨灾财产损失风险相关的证券化活动仍将是较长时间内的主题。而要保障该类型保险证券化活动的可持续发展，未来需要借鉴多方经验，进一步厘清一些方向性问题。

一、证券化的先后次序

保险证券化的实际动因是保险市场承保风险向资本市场的溢出。在进行产品设计时，要从承保风险的特性、保险市场基础、金融市场条件以及实施的难易程度等多个维度综合考虑实践的优先顺序。

通过对我国自然灾害风险进行的考察可知，在较长的时期里，洪水、地震、台风、干旱、雨雪冰冻天气是在我国发生次数较多且经济影响程度、人力资源消耗程度都较高的自然灾害。在这些重大或巨灾型自然灾害中，保险失灵现象最显著的是洪水、干旱与地震风险。这些风险较难实施常规的预测与防控，且由于风险单位之间的强相关性，容易带来系统性财产损失。作为非理想的可保风险，保险公司一般以附加保险的形式为这些风险提供相关保障，同时进行再保险安排。相应地，再保险公司同样具有较为强烈的风险转移需求。从这个角度看，风险等级较高的自然灾害仍是保险证券化优先考虑的对象。

台风、雨雪冰冻、极端天气变化等风险则是相比较为容易预测和评估的风险。这些风险同样存在系统性风险特征，但由于损失后果相对可控，损失概率相对可评估，是保险公司在一般财产保险中可以覆盖到的风险，对于保险公司偿付能力的影响也相对有限。从市场基础来讲，针对这些承保风险进行保险证券化更加具有可行性。此外，为降低自然灾害发生的不确定性和合约本身的投机性，从而减少风险溢价，降低发债成本，一般要求承保风险的发生有较长间隔的周期性，地域上有一定的分散性，且损失指标可量化。从这个角度讲，地震、台风、极端天气是比较合适的设计对象。这几种风险具有一定的时间规律，存在较强的地域特征，且其损失多可以和地震强度、烈度，以及降雨量等量化指标相联系，在技术上存在更强的可操作性。

金融市场的容量及成熟度最终决定了保险证券化的应用范围和推进步骤。例如经常面对台风风险的沿海地区，经济繁荣程度、金融市场发达程度、人口密度往往与自然风险等级存在正相关关系。这样的区域承受巨灾的能力相对更强，对于一般的灾害性风险也会具有更强的消化能力。随着市场效率的提高，保险证券化在自然灾害风险管理方面的功能会进一步得到加强。目前，地震风险已实现在国际金融市场分散，台风风险实现在香港金融市场分散，和天气相关的承保风险可以优先尝试在金融市场更加成熟的区域性市场开展实践。

二、触发条件的设定

从多个维度分析保险证券化的实践开展次序，有助于厘清保险证券化的设计方向。在此基础上，可以考虑更多关于债券合约触发条件的设计与选择问题。如前所述，国际市场上存在三类主要的触发形式：保险赔偿触发、市场指数触发和参数化指数触发。对于特定的发行方，主要是需要转移巨灾风险的保险人而言，理想的触发条件依次为保险赔偿、市场指数和参数化指数。因为从保险人巨灾赔付与指数的相关性来判断，这些产品的基差风险依次上升。而对市场的需求方，一般为巨灾债券的投资者，理想的触发条件排序则恰恰相反，因为三者的道德风险依次下降，而道德风险除了会影响投资结果外，也会反过来影响 ILS 产品的定价，扰乱正常的市场信号，进而影响整个市场的效率。供需双方的矛盾意味着我们需要根据出发点以及所处阶段进行选择，在基差风险与道德风险之间寻找适合的平衡点。

从国际经验来看，除了以上影响因素，触发条件的选择与巨灾债券的发行额度、风险特性与发行历史等也存在一定关系。例如发行额度较小的巨灾债券，会倾向于选择基差风险较大的参数化指数触发；发行额度较大的巨灾债券，则更倾向于选择基差风险较小的保险赔偿触发或市场指数出发。又例如涉及单一风险事故的，会倾向于选择市场指数或参数指数触发；涉及多风险事故的，则倾向于选择保险赔偿触发。这些例子说明，对于风险转移的迫切程度、编制综合指数的难度都可能在一定程度上影响保险供给方对基差风险的容忍度。

我国的保险证券化目前仍处于发展初期。在发展初期，巨灾债券发行方会更加重视风险转移的效果，也即会更注重于控制基差风险，通过将保险赔偿或市场指数类设定为触发条件，获取足够流动性以对冲保险赔偿风险。但随着证券化活动的开展，控制道德风险、降低融资成本，同时吸引更多投资者进入将成为发行方的主要任务。这种情境下，债券发行方更适于以再保险合同为依托，构造基差风险适度存在的触发机制，加强市场间联系与损失控制功能，进而避免外部融资成本过高，同时提高市场的流动性和可交易性。

三、制度与市场基础的完善

（一）完善债券市场的运作机制

理顺基准利率的市场形成机制可以为巨灾债券和巨灾衍生品提供合理的定价基础，理顺金融资产一级市场和二级市场的关系则可以使价格杠杆提供更准确有效的信息，促进市场间更加有效的资源流动和配置，为巨灾债券及相关衍生品的发行和流通创造良好的市场环境。2021 年 3 月，《中华人民共和国国民经济和社会发展第十四个五年规划和 2035 年远景目标纲要》提出，要完善市场化债券发行机制，稳步扩大债券市场规模，丰富债券品种，发行长期国债和基础设施长期债券，完善投资者保护制度和存款保险制度。这些为债券市场的完善提供了政策指引。更加有效的市场运作机制将有助于扩大债券市场容量，培育成熟度结构和个体投资者，为保险证券化提供更加广阔的发展空间。

（二）完善信用评估体系

保险证券化为虚拟交易，且产品形成链条加长，初始风险转出者与尾端风险承担者之间存在多重委托代理关系，要保证各个环节的高效运行需要良好的信用环境和制度支持。尽管与其他证券化活动相比较，保险证券化所依托的承保业务与触发条件相对单一，但信息不对称问题依然存在。增加市场上高资质的评估机构、优化信用评级方式，对创新性金融工具的风险进行客观准确的评估，不仅有利于机构与个体投资者优化资产组合，也有利于对ILS 产品进行合理定价，进而对市场供需进行有效调节。此外，大部分结构化金融产品，尤其是巨灾债券的交易涉及杠杆效应。尽管巨灾债券内嵌"债务豁免"期权，但仍需处理好再保险合同、资金托管合同以及债券合约的结算问题，这也是信用评价的又一个重要维度。

（三）加强综合性金融监管

保险证券化具有更复杂的交易环节，ILS 产品也具有多种金融产品的交叉特性，因而需要更多元和更多层次的监管。从投资者保护的角度来看，证券监管部门需对相关的会计及财务制度进行规范，对交易过程提出信息披露和合规要求，同时对供需方以及 SPV、SPI 这样的中介机构进行实体监督。从投保人保护的角度来看，银行保险监管部门需要对保险机构、再保险合同及其定价、保险资金运用等过程进行规范，这有利于形成同质程度较高的保险合同集群，为保险证券化提供高质量标的。无论是保险消费者和投资者保护，还是市场秩序维护的需要，在监管过程中建立综合性金融监管理念，并在现有监管框架下加强保险市场监管与金融市场监管之间的合作协调机制都尤为重要。

参考文献

［1］《广东省巨灾保险 10 地市试点全落地》，http：//www. gov. cn/xin-wen/2016 – 11/23/content_5136459. htm，2016。

［2］国务院公报：《保监会关于印发〈中国保险业发展"十三五"规划纲要〉的通知》，中国政府网，2016 年 8 月 23 日。

［3］刘新立：《风险管理》，北京大学出版社 2014 年版。

［4］香港保险业监管局：《2020 年保险业（修订）（第 2 号）条例》，香港保险业监管局官网，2020 年。

［5］香港特别行政区政府新闻公报：《保险相连证券业务规管制度于二零二一年三月二十九日开始生效》，香港特别行政区政府官网，2021 年 1 月 15 日。

［6］应急管理部各年度自然灾害统计数据，https：//www. mem. gov. cn/gk/tjsj/。

［7］政策范畴—金融服务，粤港澳大湾区官网，https：//www. bayarea. gov. hk/sc/opportunities/finance. html。

［8］张楠楠：《自然灾害风险管理研究》，中国商业出版社 2010 年版。

［9］中国保监会：《巨灾保险制度或以住宅地震为突破口鼓励推出地方"特色模式"》，中国证券报·中证网，2014 年 1 月 26 日。

［10］中国保监会:《中国城乡居民住宅地震巨灾保险制度正式落地》,中国政府网,2016 年 7 月 2 日。

［11］中国财产再保险股份有限公司:《发挥再保险职能 将巨灾保险融入国家灾害治理生态圈》,中再产险官网,2022 年 5 月 19 日。

［12］中国气象局:《国家气象信息中心和郑州商品交易所合作开发天气指数期货等衍生品》,国家气象局官网,2021 年 6 月 10 日。

［13］中国气象局:《中国气象局 国家发展改革委关于印发全国气象发展"十四五"规划的通知》,国家气象局官网,2021 年 11 月 24 日。

［14］中国人民银行:《金融稳定报告 2021》,中国人民银行官网,2021 年。

［15］中国银行保险监督管理委员会:《中国保监会 财政部关于印发〈建立城乡居民住宅地震巨灾保险制度实施方案〉的通知》,中国银保监会官网,2016 年 5 月 1 日。

［16］中国银行保险监督管理委员会:《中国银保监会发布〈关于境内保险公司在香港市场发行巨灾债券有关事项的通知〉》,中国银保监会官网,2021 年 9 月 27 日。

［17］《中华人民共和国国民经济和社会发展第十四个五年规划和 2035 年远景目标纲要》,中国政府网,2021 年 3 月 13 日。

［18］中华人民共和国商务部:《粤港澳大湾区建设领导小组会议公布十六项普惠政策措施》,商务部官网,2019 年 11 月 7 日。

［19］中华人民共和国应急管理部各年度自然灾害统计数据,https：//www. mem. gov. cn/gk/tjsj/。

［20］中再集团:《创新风险分散机制 推进巨灾保险试点》,中再集团官网,2021 年 12 月 6 日。

［21］中再集团各年度"新闻动态",https：//www. chinare. com. cn。

［22］Artemis, "Catastrophe bonds & ILS issued by type and year", https://www. artemis. bm/dashboard/catastrophe-bonds-ils-issued-by-type-and-year/, 2022.

［23］Artemis, "Deal directory", https：//www. artemis. bm/deal-directory/greater-bay-re-ltd-series-2021－1/, 2021.

〔24〕Artemis,"Deal directory", https：//www. artemis. bm/deal-directory/panda-re-ltd-series-2015 − 1/, 2015.

〔25〕Artemis,"Greater Bay Re registered for China Re cat bond in Hong Kong ", https：//www. artemis. bm/news/greater-bay-re-registered-for-china-re-cat-bond-in-hong-kong/, 2021.

〔26〕Artemis," Q4 2021 Catastrophe Bond and ILS Market Report", ttps：//www. artemis. bm/wp-content/uploads/2022/01/catastrophe-bond-ils-market-report-q4-2021. pdf.

〔27〕Doherty, N. A. , Integrated Risk Management：Techniques and Strategies for Managing Corporate Risk, McGraw-Hill, 2000.

〔28〕Financial Times, "After COVID-19：The future of pandemic bonds", https：//www. ft. com/partnercontent/calvert/after-covid-19-the-future-of-pandemic-bonds. html, 2020.

〔29〕Gorvett, R. W. , "Insurance Securitization：The Development of a New Asset Class", https：//www. casact. org/sites/default/files/database/dpp_dpp99_99dpp133. pdf, 1999.

〔30〕Hull, J. C. , *Risk Management and Financial Institution*, John Wiley & Sons, Inc. , 2018.

〔31〕IMF, " Global Financial Stability Report （2022） ", https：//www. imf. org/en/Publications/GFSR/Issues/2022/04/19/global-financial-stability-report-april-2022, 2022.

〔32〕Swiss Re Group, "Insurance-Linked Securities Market insights 2022", https：//www. swissre. com/our-business/alternative-capital-partners/ils-market-insights-feb-2022. html, 2022.

〔33〕United Nations, "World Economic Situation and Prospect2022 ", https://desapublications. un. org/publications/world-economic-situation-and-prospects-mid-2022, 2022.

〔34〕Verisk, "Using the PCS Catastrophe Loss Index in cat bonds and ILWs", https：//www. verisk. com/insurance/products/property-claim-services/

pcs-catastrophe-loss-index/.

　　[35] World Bank, "Global Economic Prospects (2022)", https://
www. worldbank. org/en/publication/global-economic-prospects, 2022.

　　[36] World Trade Organization, "World Trade Report 2021: Economic Resil-
ience and Trade, https://www. wto-library. org/content/books/9789287051400/
read, 2021.

第十章

出口信用保险市场

2021 年，全球出口信用保险市场[①]面临的形势发生显著变化。大国竞争博弈加剧，叠加热点地区风险事件层出不穷，政治风险高位运行；新冠肺炎疫情仍未得到有效控制，全球免疫鸿沟依然巨大；全球债务负担不断攀升，低收入国家债务可持续性问题更加突出；各国经济结构改革进程缓慢，就业恢复难度加大；通货膨胀水平持续高企，产业链、供应链风险不断加剧，多国财政或货币刺激政策转向或退潮，削弱了全球经济增长动能，造成复苏进程明显放缓。

在全球政治风险和宏观经济风险加剧的大背景下，作为世界贸易组织（WTO）所允许的出口贸易和对外投资促进政策工具，出口信用保险机构对实现各国产业发展、对外经贸政策目标、促进经济增长和保障充分就业发挥了积极作用。根据伯尔尼协会[②]统计，2021 年协会成员出口信用保险业务总承保金额（含直接贷款）约 2.6 万亿美元，出口信用承保总规模实现同比增长 12%。其中，短期险承保金额 24553 亿美元，中长期险 1177 亿美元，投资

[①] 英文原文为：The Structured Credit and Political Risk Insurance（CPRI）Market，直译为结构融资和政治风险保险市场，也称出口信用保险市场。

[②] 伯尔尼协会，全称"国际信用和投资保险人协会"（The International Union of Credit & Investment Insurers），1934 年在瑞士伯尔尼成立，协会秘书处设在英国伦敦。目前该协会共有 85 家会员，分别来自 73 个国家和地区的官方支持的出口信用机构（如中国出口信用保险公司、加拿大皇家发展公司）、商业保险公司（如美国 AIG、中国人民财产保险股份有限公司），以及国际金融组织（如世界银行下属的多边投资担保机构）。该协会成员是全球政治风险保险市场的主要供给方。

险 346 亿美元。

　　本章共分四节。第一节分析 2021 年我国出口信用保险市场的发展概况和运行格局；第二节简述 2021 年全球出口信用保险市场的发展概况和结构变化；第三节讨论当前影响出口信用保险市场运行的国家风险的变化趋势、典型事件和变化展望；第四节论述我国出口信用保险市场面临的内外部宏观经济环境和未来发展展望。①

第一节　我国出口信用保险市场运行格局

　　面对当前贸易摩擦、疫情反复、全球产业链供应链不畅等严峻复杂的外经贸形势，我国出口信用保险市场充分发挥金融支持实体经济作用。以中国出口信用保险公司（以下简称"中国信保"）为例，根据《中国出口信用保险公司 2021 年度报告》统计，2021 年中国信保全年实现出口信用保险承保金额 8301.7 亿美元，同比增长 17.9%，其中短期险和中长期险承保金额合计达到 6825.5 亿美元，有力支持了我国企业的对外贸易与直接投资活动，有效促进了我国开放经济的高质量发展，实现了"十四五"良好开局。

一、出口信用保险的政策解读

　　出口信用保险②是我国政府促进出口贸易和对外投资、保障本国出口商和投资者权益，由国家财政提供保险风险基金的政策性保险业务，在防风险、促融资、稳外贸、稳就业等方面发挥着独特功能。习近平总书记多次对出口信用保险作出重要指示，强调要发挥好出口信用保险的作用。2020 年 2 月 12

---

　　①　除特别说明外，本章数据均来源于《中国出口信用保险公司 2021 年度报告》、《中国出口信用保险公司政策性职能履行评估报告（2021 年度）》、中国银保监会官方网站以及伯尔尼协会官方网站。

　　②　出口信用保险也称出口信贷保险，是指出口信贷机构对企业或其他投保人的出口货物、服务、技术和资本的出口应收账款提供安全保障机制，以企业或政府机构在对外贸易和海外投资过程中面临的国家风险，或者称为政治风险，以及海外买方的商业信用风险为保险标的。也可以简单地说，是保险人承保出口商、投资人或银行等经营主体因政治风险而遭受的损失。

日，习近平总书记主持召开中央政治局常委会议，要求"充分发挥出口信用保险作用"。① 2 月 21 日，习近平总书记主持召开中央政治局会议，要求"支持出口重点企业尽快复工复产，发挥好出口信用保险作用"。② 2 月 23 日，习近平总书记出席统筹推进新冠肺炎疫情防控和经济社会发展工作部署会议，要求"稳住外贸外资基本盘。用足用好出口信用保险等合规的外贸政策工具，扩大出口信贷投放，适度放宽承保和理赔条件"。③

国务院的《政府工作报告》则第 11 年、连续 8 年对出口信用保险提出具体工作要求，如表 10 - 1 所示。

表 10 - 1　　国务院《政府工作报告》对出口信用保险工作的明确要求

年份	对出口信用保险工作具体要求
2015	扩大出口信用保险规模，加大对大型成套设备出口融资应保尽保
2016	增加短期出口信用保险规模，实现成套设备出口融资保险应保尽保
2017	扩大出口信用保险覆盖面，对成套设备出口融资应保尽保
2018	扩大出口信用保险覆盖面，整体通关时间再压缩三分之一
2019	扩大出口信用保险覆盖面
2020	围绕支持企业增订单稳岗位保就业，加大信贷投放，扩大出口信用保险覆盖面，降低进出口合规成本，支持出口产品转内销
2021	推动进出口稳定发展。加强对中小外贸企业信贷支持，扩大出口信用保险覆盖面、优化承保和理赔条件
2022	扩大出口信用保险对中小微外贸企业的覆盖面，加强出口信贷支持，优化外汇服务，加快出口退税进度，帮助外贸企业稳订单稳生产

此外，2020 年 11 月 9 日，《国务院办公厅关于推进对外贸易创新发展的实施意见》提出，要充分发挥出口信用保险作用，进一步扩大出口信用保险覆盖面，根据市场化原则适度降低保险费率。2021 年 3 月 15 日，商务部与中国出口信用保险公司联合印发《关于进一步发挥出口信用保险作用加快商务高质量发展的通知》要求，各地商务主管部门、中信保公司各营业机构加

① 《中共中央政治局常委会会议要求"确保就业大局稳定"》，中国新闻网，2020 年 2 月 12 日。
② 《习近平主持召开政治局会议，研究部署当前重要工作》，人民日报，2020 年 2 月 21 日。
③ 《习近平战"疫"方略 稳外贸外资基本盘》，人民网，2020 年 2 月 23 日。

强"总对总、分对分、数对数"合作，在促进外贸外资稳中提质，提升产业链供应链现代化水平，推进内外贸一体化发展，创新推动服务贸易发展，着力扩大保单融资，提升中小微企业服务质效等方面，结合形势和地方实际出台针对性措施，加大出口信用保险精准有效支持。

二、2021 年我国出口信用保险市场概况

（一）政策性出口信用机构

作为我国唯一官方出口信用保险机构①，中国信保是由国家出资设立、支持中国对外经济贸易发展与合作、具有独立法人地位的国有政策性保险公司。自 2001 年成立以来，中国信保积极扩大出口信用保险覆盖面，为中国货物、技术、服务出口，以及海外工程承包、海外投资项目提供全方位风险保障，带动中国信用保险市场实现了质的飞跃，其产品服务体系日臻完善，形成了中长期出口信用保险、海外投资保险、出口贸易险、出口特险、国内贸易信用险、进口信用保险和担保业务，以及包括资信评估、融资增信等在内的完整的信用风险管理服务体系。根据《中国出口信用保险公司政策性职能履行评估报告（2021 年度）》统计，截至 2021 年末，中国信保累计支持国内外贸易和投资的规模达到 6.2 万亿美元，为超过 24 万家企业提供了信用保险及相关服务，为数百个中长期项目提供了保险支持，包括高科技出口项目、大型机电产品和成套设备出口项目、大型对外工程承包项目等，累计向企业支付赔款 178 亿美元，实现融资增信保额超过 4 万亿元。

根据伯尔尼协会统计，2015 年以来，中国信保承保各项业务总规模连续在全球官方出口信用保险机构中排名第一。2021 年度，伯尔尼协会成员短期险、中长期险和海外投资险业务承保总金额（含直接贷款）约 2.6 万亿美元，增长约 12%。其中，短期险项下，协会成员机构共实现保额 2.5 万亿美

---

① 欧洲与美国的出口信用保险市场发展的一个重要经验，是通过国家设立的官方出口信用机构（Export Credit Insurance，ECA）向本国出口商、投资人提供政策性保险和融资支持，可以有效地支持本国企业参与国际市场竞争，促进经济增长，实现经济或地缘政治目标。

元，增长 13%；中长期险项下，协会成员机构共实现保额 1170 亿美元，增长 9%；海外投资险项下，协会成员机构共实现新增保额 340 亿美元，下降 11%。按承保金额计算，2021 年度中国信保上述三项主要险种的总计保额约占协会整体业务规模的 25%，其中，短期险承保金额居协会全体成员第 1 位（官方出口信贷机构），中长期险业务居第 6 位①，海外投资险业务规模居协会全体成员第 1 位（见表 10-2）。

表 10-2 中国信保各项业务承保金额在伯尔尼协会中的排名

业务分类	2017 年	2018 年	2019 年	2020 年	2021 年
短期险（官方机构）	1	1	1	1	1
中长期险	1	1	2	2	6
海外投资险	1	1	1	1	1

资料来源：根据伯尔尼协会对成员机构统计的各项业务数据进行排序。

（二）2021 年中国出口信用保险市场发展现状②

由于近年来监管机构未发布单独的出口信用保险市场数据，考虑到中国信保在出口信用保险市场规模的绝对领先地位③，本部分选取中国信保的业务经营情况进行分析，以近似反映出口信用保险市场的发展现状。

1. 总体业务规模概述

2021 年中国信保实现出口信用保险承保总金额 8301.7 亿美元，同比增长 17.9%。其中，出口信用保险项下短期险和中长期险承保金额合计达到 6825.5 亿美元，占我国出口总额比重（出口渗透率）达到 20.3%；服务支持客户 16.2 万家，增长 10.2%；累计向客户支付赔款 18.7 亿美元，增长 3.5%；实现追偿收入 2.8 亿美元。2017~2021 年，中国信保承保金额从 2017 年的 5245.9 亿美元增长至 2021 年的 8301.7 亿美元，增幅高达 58.2%。但随着承保金额的增长，

---

① 2021 年度中国信保的中长期险业务排名第 6 的结论是根据伯尔尼协会数据表统计，非协会官方排名。

② 本部分数据均来源于《中国出口信用保险公司 2021 年度报告》。

③ 短期出口信用保险市场下中国信保长期占据主导地位（承保规模占比始终超过 90%），中长期险和海外投资险市场由中国信保独家经营。

承保保费呈现震荡下行趋势。2021 年的承保保费收入为 24.1 亿美元,较 2017 年的 27.4 亿美元下降 12.0%。表明中国信保作为官方政策性金融机构,以保本微利为经营原则,努力降低各类险种和产品费率,不仅低于商业贷款违约保险 (credit default swap,CDS) 的价格,也低于 OECD 国家官方出口信用机构 (export credit agency,ECA) 大部分产品的费率,有力支持了中国企业的对外贸易与直接投资活动。具体如图 10-1 至图 10-3 所示。

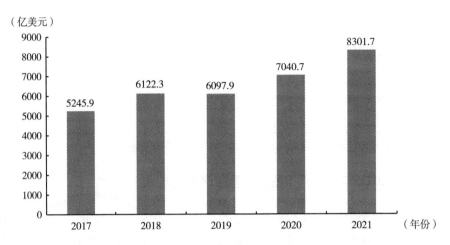

图 10-1 2017~2021 年中国信保出口信用保险承保总金额

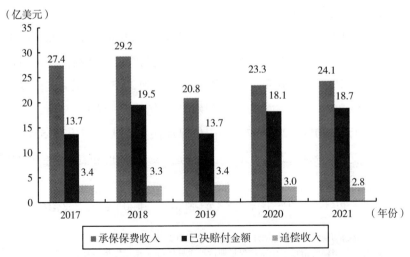

图 10-2 2017~2021 年中国信保出口信用保险承保保费、已决赔付和追偿收入

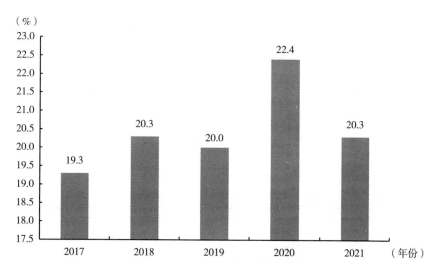

图 10 – 3　2017～2021 年中国信保出口渗透率

2. 短期险

短期险是面向出口企业以及融资银行等金融机构，主要适用于各类商品或服务的常规出口贸易，为以信用证、非信用证方式从中国出口的货物或服务提供应收账款收汇风险保障，承保业务的信用期限一般为一年以内，最长不超过两年。官方出口信用机构（ECA）短期险承保业务流程如图 10 – 4 所示。

短期险一直是出口信用保险市场规模最大的险种，中国信保的短期险业务长期保持增长态势。如图 10 – 5 和图 10 – 6 所示，2021 年中国信保短期险承保金额达到 6763.8 亿美元，同比增长 18.8%；短期险保费收入 16.9 亿美元，同比增长 21.2%；全年新签保单 48410 件，同比下降 8.8%，续转保单 70735 件，同比增长 22.1%；全年服务支持客户 16.0 万家，其中新增客户 2.9 万家；全年支付赔款 12.0 亿美元，有效发挥了出口信用保险的风险补偿功能。2017～2021 年，短期险承保金额从 2017 年的 4127.3 亿美元增长至 2021 年的 6763.8 亿美元，增幅高达 63.9%。

3. 中长期险

中长期险旨在鼓励资本性货物的出口以及海外工程承包项目，为金融机构、出口企业或融资租赁公司收回融资协议、商务合同或租赁协议项下应收

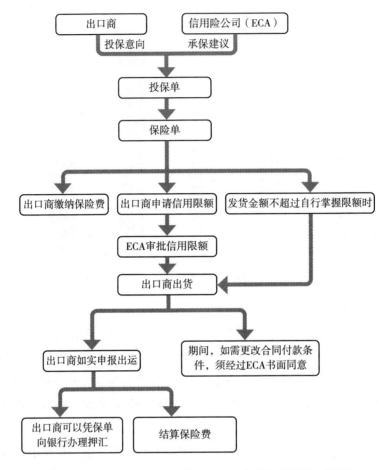

图 10 – 4 官方出口信用机构（ECA）短期险承保业务流程

款项提供风险保障，承保业务的保险期限一般为 2 ~ 15 年。如图 10 – 7 所示，2021 年中国信保中长期险承保项目 95 个，覆盖孟加拉国、加拿大、土耳其、巴西、瑞士等 34 个国家（地区），主要分布在交通运输（占比 24.2%）、电力生产和供应（占比 22.2%）、电子信息设备及产品制造（占比 13.5%）等行业，同时，创新华为、中兴"框架 + 订单"模式，承保了一批效益良好、技术领先的"小而美"、惠民生项目。如图 10 – 8 所示，2021 年中长期险承保金额 58.1 亿美元，中长期险保费收入 2.4 亿美元，全年累计向企业支付赔款 5.3 亿美元。

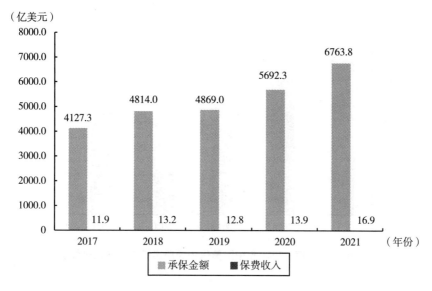

图 10 - 5 2017～2021 年中国信保短期出口险承保金额和保费收入

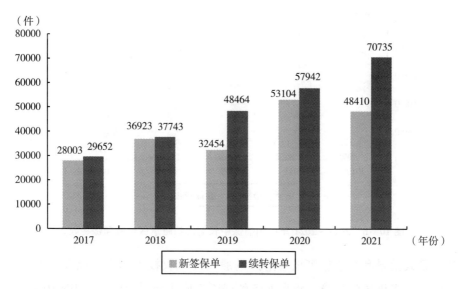

图 10 - 6 2017～2021 年中国信保短期出口险新签和续转保单数量

4. 海外投资险

海外投资险旨在为投资者或融资银行因东道国发生的征收、汇兑限制、

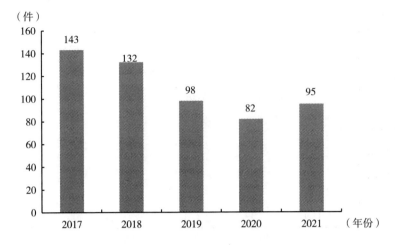

图 10 - 7   2017~2021 年中国信保中长期出口险新签保单数量

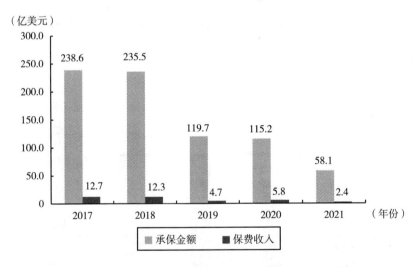

图 10 - 8   2017~2021 年中国信保中长期出口险承保金额和保费收入

战争及政治暴乱与违约等风险造成的股权或债权投入损失，以及贷款无法
收回损失提供风险保障，承保业务的保险期限不超过 20 年。如图 10 - 9 和
图 10 - 10 所示，2021 年中国信保的海外投资险业务规模再创历史新高，全
年累计承保金额达到 661. 2 亿美元，同比增长 5. 7%；海投险保费收入 2. 8 亿
美元，同比增长 32. 1%；全年新签保单 212 件，续转保单 741 件，承保项目

覆盖印度尼西亚、巴基斯坦、越南、刚果（金）、哈萨克斯坦等 90 个国家（地区）；业务主要分布在电力生产和供应（占比 34.7%）、其他制造业（占比 19.5%）、其他采矿业（占比 17.9%）等行业。

图 10 – 9　2017～2021 年中国信保海外投资险承保金额和保费收入

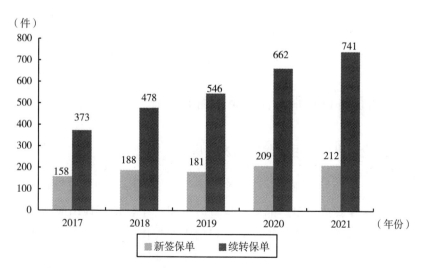

图 10 – 10　2017～2021 年中国信保海外投资险新签和续转保单数量

5. 出口特险

出口特险旨在保障出口企业在出口合同和工程承包合同项下，由于买方未履行或无法履行合同项下的付款义务或因政治风险而遭受的应收账款损失或实际投入成本损失风险，承保业务的信用期限为两年（含）以内①。如图 10－11 和图 10－12 所示，2018 年中国信保出口特险业务规模达到历史最高的 419.1 亿美元，此后出口特险业务规模有所下降，2021 年出口特险承保金额下降至 207.8 亿美元，同比下降 5.3%；出口特险保费收入 0.77 亿美元，同比增长 2.7%；全年新签保单 253 件，已决赔付 5.6 亿美元。

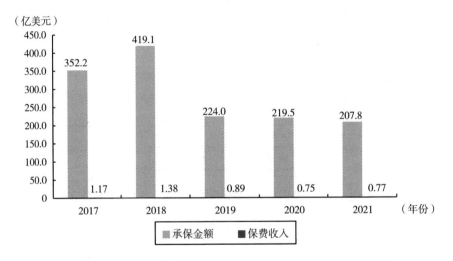

图 10－11　2017～2021 年中国信保出口特险承保金额和保费收入

三、我国出口信用保险市场的结构特征

（一）我国出口信用保险市场发展历程

我国出口信用保险业务起步较晚，1985 年 10 月，《国务院批转国家计委等八个部门关于扩大机电产品出口报告的通知》中，正式提出应在我国按国际惯例开办出口信用保险，把办好出口信用保险作为扶植机电产品出口的重要政策措施。1988 年 8 月，国务院决定由中国人民保险公司（以下简称"中

---

①　短期险主要针对中国企业的货物出口或服务出口提供应收账款收汇风险保障，信用期限一般为一年以内；出口特险主要针对中国企业在出口合同和工程承包合同项下遭受损失而提供的风险保障，信用期限一般为两年（含）以内。

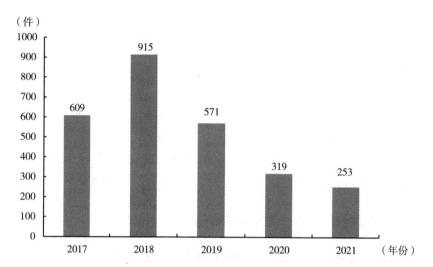

图 10－12　2017～2021 年中国信保出口特险新签保单数量

国人保"）探索试办短期出口险业务（以下简称"短期险"），5 年后开始承保中长期出口险（以下简称"中长期险"）、海外投资险业务，这标志着出口信用保险业务在我国正式开展。

1988～1993 年是中国出口信用市场发展的早期阶段，根据中国银保监会统计数据，该阶段我国短期险累计保额超过 20 亿美元，但相较于同期累计 4106 亿美元的对外出口贸易额而言，短期险承保规模偏小，对同期出口的渗透率不到 0.5%，政策性作用发挥相对有限。1994 年起，中国进出口银行出于业务发展的需要，也开始经营出口信用保险、国际保理等业务，出口信用保险进入"两家办"阶段：中国人保以承办短期信用保险业务为主，中国进出口银行以承办大型成套机电设备的中长期信用保险业务为主。

1994～2001 年是我国出口信用市场初步发展阶段，根据中国银保监会统计数据，该阶段我国短期险承保规模逐步增长，累计保额超过 110 亿美元，中长期险和海外投资险累计保额达到 56 亿美元。但相较于快速增长的中国出口贸易，出口信用保险业务发展相对缓慢，短期险渗透率不到 1%，促进外经贸发展作用未及预期。

中国加入 WTO 以后，为了理顺出口信用保险的经营体制，2001 年 12 月 18 日，在中国人保和中国进出口银行出口信用保险部的基础上组建了中国出口信用保险公司，由其独家从事政策性出口信用保险业务，为国内企业开拓国际市场提供风险保障服务。从此中国出口信用保险市场进入了一个崭新的高速发展阶段，出口信用保险的政策性功能大幅提升。

为了更好发挥出口信用保险对出口的支持作用，优化出口信用保险市场结构，2013 年 1 月 1 日，中国人民财产保险公司获批经营短期出口信用保险业务；2014 年，国务院批准平安财险、太平洋财险和大地财险三家商业保险机构试点经营短期险业务，加上已试点的人保财险，经营短期险的商业保险机构达到四家，标志着我国出口信用保险市场独家经营阶段的结束。

（二）我国出口信用保险市场的结构特征

无论是从政策效果，还是从市场结构来看，多元市场主体的引入，有效推动了短期出口信用保险经营主体的降费让利，也进一步激发了市场活力。

从整个出口信用保险的市场结构来看，中国信保在国内出口信用保险市场的份额一直遥遥领先。在短期出口信用保险市场，中国信保长期占据主导地位，其短期险承保规模占市场比重超过 90%（2021 年约占短期险承保总规模的 92%）[①]，人保财险、平安财险、太平洋财险和大地财险四家商业保险机构短期险承保规模占市场比重不到 10%（2021 年约占短期险承保总规模的 8%）[②]（见图 10 - 13）。中长期险和海外投资险市场则由中国信保独家经营。因此，中国信保在我国出口信用保险市场长期占据主导地位，决定了其始终充分履行政策性职能和服务高水平开放的功能。

四、出口信用保险的功能与作用[③]

从理论上说，出口信用保险作为保险业的重要组成部分，同样具有损失补偿、融资支持、社会管理等功能，对于解决出口市场失灵、提升国家竞争力、加强企业海外经营的风险管理能力等具有积极作用。2013 年至今，国务

[①②] 作者估算值。

[③] 本部分数据均来源于国务院发展研究中心发布的《中国出口信用保险公司政策性职能履行评估报告（2021 年度）》。

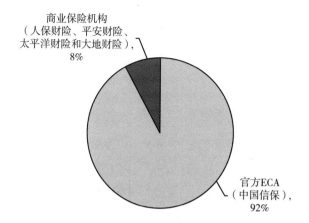

图 10 - 13　2021 年中国短期出口信用保险市场份额

院发展研究中心每年都发布《中国出口信用保险公司政策性职能履行评估报告》，通过构建"中国信保政策性职能履行评价指标体系"，对中国信保的政策性职能履行情况进行测算（见表 10 - 3）。2021 年度报告的研究结果表明，出口信用保险对于我国开放经济高质量发展具有十分重要的作用。

表 10 - 3　　　　　　　中国信保政策性职能履行评价指标数据

序号	指标	2017 年	2018 年	2019 年	2020 年	2021 年
1	出口促进比例	26.7	25.9	25.6	27.0	22.2
2	投资促进比例	3.4	3.9	4.1	4.3	3.8
3	消费促进比例	1.5	1.5	1.5	1.7	1.5
4	GDP 促进比例	4.8	4.9	4.4	4.7	4.2
5	就业促进比例	10.8	10.9	10.9	11.0	10.9
6	海外投资渗透率	6.9	12.3	8.8	5.8	7.2
7	"一带一路"渗透率	14.3	15.5	12.1	13.7	12.0
8	"一带一路"业务占比	26.6	26.7	23.9	23.7	22.7
9	出口渗透率	19.3	20.3	20.0	22.4	20.3
10	客户覆盖率	24.6	27.8	29.0	34.1	35.1
11	新兴市场渗透率	23.8	25.2	20.1	25.0	20.7
12	新兴市场业务占比	46.6	46.1	44.2	47.0	43.0
13	服务贸易承保金额（亿美元）	5.7	6.1	14.0	33.1	46.8

续表

序号	指标	2017 年	2018 年	2019 年	2020 年	2021 年
14	外贸新业态承保金额（亿美元）	—	—	—	125.5	171.5
15	长三角地区出口渗透率	20.4	21.3	22.1	23.6	21.3
16	长三角地区海外投资支持率	7.1	11.0	4.2	2.8	1.7
17	粤港澳大湾区出口渗透率	13.5	14.9	17.8	23.3	20.3
18	粤港澳大湾区海外投资支持率	6.5	5.9	5.6	3.7	2.5
19	损失补偿（亿美元）	13.7	19.5	13.7	18.1	18.7
20	追偿效果（亿美元）	3.4	2.2	3.4	3.3	2.7
21	融资比例	2.9	2.5	2.7	2.9	1.7
22	小微企业覆盖率	25.4	30.3	29.8	35.7	35.8

注：（1）除特别说明外，指标单位均为"%"；（2）部分历史数据根据统计口径变化作了相应调整；（3）因数据可得问题，2021 年客户覆盖率和小微企业覆盖率均为估算值。

2021 年是党和国家历史上具有里程碑意义的一年，也是中国信保成立 20 年来改革发展成效卓著的一年，全年中国信保的出口信用保险直接和间接带动我国出口金额近 7500 亿美元，占我国同期出口总额的 22.2%，占 GDP 的比重为 4.2%。促进和保障了超过 1500 万个与出口相关的就业岗位；全力支持企业抓订单、保市场、稳经营，支持客户 16.2 万家，增长 10.2%；坚守政策性金融定位，有效服务国家战略，支持"一带一路"沿线国家出口和投资 1700 亿美元；大力发展普惠金融，服务支持小微客户 13.4 万家，增长 15.3%。

（一）损失补偿功能是出口信用保险的基本功能

国际政治与经济的不稳定性，如战争、骚乱、罢工等政治因素，经济危机造成的全球性经济衰退等重大风险，对各国的出口收汇造成了极大的负面影响。由于这些风险往往难以预估，当风险发生后将会导致巨大损失，单个企业也没有足够的实力补救，往往会导致出口企业陷入困境。而当企业投保出口信用保险，信用保险机构将按合同规定在风险发生时对投保企业进行赔付，使得出口企业的损失能够及时得到补偿，保障企业经营安全，同时专业的信用保险机构能够通过其追偿能力实现企业无法实现的追偿效果。

2021 年，中国信保结合新冠肺炎疫情及雨雪自然灾害形势，研究制定优化报损索赔程序、理赔勘查快速反应、优先支付赔款追偿款等 19 项贸易险专项理赔追偿服务措施，为受疫情或自然灾害影响的企业提供便捷、高效、精准、优质的理赔追偿服务。同时，细化理赔举措、提高理赔速度，以实际行动护航我国外经贸企业开拓国际市场，全年支付赔款 18.7 亿美元，同比增长 3.5%，有效提振了企业开拓海外市场的信心。在项目险保后管理、定损核赔等领域出台 11 项操作指引和措施，指导营业机构服务客户，保障业务操作合规高效开展。中国信保承保的特险系列海洋工程项目案件，针对海工资产价值大幅缩水、转卖转租议价艰难的情况，创新工作思路，为大船海工提供了一揽子保险赔付解决方案，助力大船海工破产重整方案顺利落地实施，最终向被保险人支付赔款 17.8 亿元，为企业精准纾困。

2021 年，出口信用保险覆盖面进一步扩大。从出口渗透率看，出口信用保险承保金额占外贸出口比重达 20.3%，稳定在历史较高水平，出口保障作用较为显著；从一般贸易出口渗透率看，达到 33.3%，连续 9 年超过 30%，大大高于国际平均水平；从客户覆盖率看，超过 35%，再创历史新高，对出口企业的支持力度进一步加大；从支持小微企业情况看，小微企业覆盖率连续两年超过 35.0%，政策性出口信用保险资源惠及更多小微企业，有力帮助其防风险、拓市场、增质效。

此外，2021 年中国信保大力支持外贸创新发展，全年承保外贸新业态新模式和服务贸易出口分别为 171.5 亿美元和 46.8 亿美元，分别增长 36.6% 和 42%。

（二）出口信用保险具备独特的融资支持功能

出口信用保险，不同于其他金融工具，在全球结构性融资市场上，往往具备特定结构性融资的发起、担保和风险处置等关键作用：一是官方出口信贷机构 ECA 通过发挥损失补偿职能弥补被保险人因国家风险事件遭受的实际损失，同时若发起人出现资金紧张状况，承包商可以通过出口信用保险的特定合同保险弥补资金损失；二是 ECA 在结构性融资中凭借其"公权力"优势对东道国发挥"震慑"作用，要求东道国的国家风险事件不波及本国投资，或当东道国政策发生变更时维持本国在东道国原有的优惠政策；三是结构性融资的无追索权特征使得贷款人在提供项目贷款时通常要求项目提供融资担保，而多数融资担保仅对投资级及以上级别的项目提供担保，导致大量的项目无法获得担保，ECA 可以有效弥补融资担保的缺位，是结构性融资工具的重大创新；四是 ECA 凭借专业化的国家风险管理优势，承担贷款人不愿意承担的国家风险，降低贷款人的风险暴露，提高风险收益率，多元化融资来源，促进结构性融资关闭；五是出口信用保险能够提高项目的投资级别，降低融资成本，提高融资期限上限，进而促进项目可融性，缓解项目融资难、融资贵的问题。

2021 年，中国信保充分发挥政策性机构的融资支持作用，将更多信用资源投入共建"一带一路"中，全年支持对"一带一路"沿线国家出口和投资 1699.6 亿美元，同比增长 11.3%，对沿线国家出口渗透率为 12.0%，当年对"一带一路"沿线国家业务占总体业务的比重为 22.7%，有力推动了设施联通、贸易畅通和资金融通。同时，切实加大保单融资支持，打造保单融资专属应用场景，信用保险支持企业保单融资比例 1.7%，较好缓解了企业融资难、融资贵问题。

（三）出口信用保险具备独特的信息服务功能

从理论意义上说，"走出去"企业不同于国内经营的企业，常常面临难以控制的政治风险、国有化与征收风险、汇兑限制风险等，需要借助专业的信用保险机构获取东道国的国家风险信息和海外买方的信用状况，以防范和化解海外经营风险。出口信用保险通过为海外经营企业提供全面的国别风险与资信评估服务，助力企业更好地识别、判断、评估风险。同时，出口信用保险通过买方限额管理、费率机制和承保决策，使企业控制向高风险地区的出口及其与高风险买方的交易，提高国家风险和主权信用风险管理能力。

从中国信保的实践可以看出，出口信用保险具有解决出口"市场失灵"和提升"走出去"企业风险管理能力的重要作用。一方面，出口信用保险是解决出口市场失灵问题的有效工具。与其他经济领域一样，出口市场也存在依靠市场机制难以有效配置资源的"市场失灵"区域，如一些期限长、风险大、经济效益不确定的出口信贷项目，虽然社会效益很好，但商业性金融机构仍不愿涉足。而通过官方出口信用机构，以政策性金融手段来引导资金流向，填补商业性金融留下的空缺，优化资源配置，便成为各国政府借助"看得见的手"纠正市场失灵的重要选择。

另一方面，官方出口信用机构正越来越成为各国争夺国际市场的竞争工具。投保出口信用保险使企业能够采纳灵活的结算方式，接受银行信用之外的商业信用方式，使企业给予其买家更低的交易成本，从而在竞争中最大程度抓住贸易机会，提高产品国际市场竞争力，继而扩大一国贸易规模。作为国际认可的贸易与投资促进工具，官方出口信用保险通过支持本国企业参与国际市场竞争，能够体现国家战略意图并影响全球治理体系，从而提升本国在全球治理体系中的竞争力。

第二节　全球出口信用保险市场发展状况

2021年，随着新冠肺炎疫情有所控制，以及各国政府采取多种宏观刺激和贸易支持措施，全球出口信用保险市场出现复苏迹象。短期险和中长期险承保规模上升带动全球出口信用保险总承保金额恢复正增长；但是海外投资险承保规模持续下降；同时受到疫情持续冲击和全球贸易摩擦的影响，全球出口信用保险市场整体赔款较疫情前大幅增长，追偿难度有所增加。

一、2021 年全球出口信用保险市场概况

2021年，全球出口信用保险市场总承保金额恢复正增长。根据伯尔尼协会数据，2021年协会成员短期险、中长期险和投资险业务总承保金额（含直接贷款）约2.6万亿美元，同比增长12%。其中，短期险承保金额24553.3亿美元，中长期险1177.1亿美元，投资险346.1亿美元（见表10-4）。虽然通货膨胀水平不断上升、多币种兑美元汇率波动较大，使得承保金额的实际

增速低于名义增速，但伯尔尼协会2021年承保金额已经实现恢复性增长。

表10-4 　　　2019～2021年伯尔尼协会承保金额、已决赔款
和追偿金额变化情况

业务		金额（亿美元）			变化情况（%）	
		2019年	2020年	2021年	Δ19-21	Δ20-21
承保金额	短期业务	21448.4	21885.3	24553.3	14	12
	中长期业务	1331.0	1044.1	1177.1	-12	13
	投资险业务	466.5	392.6	346.1	-26	-12
已决赔款	短期业务	30.9	30.5	24.8	-20	-19
	中长期业务	27.8	35.2	43.1	55	22
	投资险业务	1.2	0.3	1.8	56	606
追偿金额	短期业务	8.4	5.5	6.0	-29	9
	中长期业务	21.2	15.0	13.7	-36	-9
	投资险业务	0.5	0.2	0.1	-87	-66

资料来源：伯尔尼协会。

如表10-4所示，2021年伯尔尼协会成员机构已决赔款共计69.7亿美元，同比增长6%，较疫情前的2019年增长16%。其中，短期险赔款24.8亿美元，中长期险赔款43.1亿美元，投资险赔款1.8亿美元。2021年追偿金额共计19.8亿美元，同比下降5%，较疫情前的2019年下降34%。其中，短期险追偿金额6亿美元，中长期险13.7亿美元，投资险0.1亿美元。三大险种中，中长期险和投资险均面临赔偿金额大幅增长和追偿收入大幅下降的问题，表明受到之前疫情负面冲击和贸易摩擦的影响，全球出口用保险市场赔款较疫情前大幅增长，追偿难度有所增加。伯尔尼协会部分官方出口信用机构如表10-5所示。

表10-5 　　　　　伯尔尼协会部分官方出口信用机构

国家	官方出口信贷机构	法律地位	简单描述
澳大利亚	出口融资和保险公司（EFIC）	政府部门	向澳大利亚外交贸易部报告，为澳大利亚企业的出口和海外投资提供融资、担保、保险等支持
日本	日本出口和投资保险机构（NEXI）	独立机构	独立行政法人，归属于日本经贸产业部管理

续表

国家	官方出口信贷机构	法律地位	简单描述
韩国	韩国出口保险公司（KEIC）	独立机构	在韩国商务产业和能源部的政策指导下运营
英国	出口信用担保局（ECGD）	政府部门	是英国政府的一个独立部门，向政府贸易和工业部报告
美国	海外私人投资公司（OPIC）	独立机构	独立的美国政府机构，为美国投资者、贷款人、出口商等向发展中国家的相关投资活动提供融资、保险等支持
	美国进出口银行	独立机构	独立的美国政府机构，依照《1945 年进出口银行法》运作。其主要职责是通过提供一般商业渠道所不能获得的信贷支持促进美国商品及服务的出口

资料来源：Kathryn Gordon，"Investment Guarantees and Political Risk Insurance：Institutions，Incentives and Development"，OECD Investment Policy Perspectives 114，2008.

二、全球出口信用保险市场的结构变化

（一）短期险

2021 年全球出口信用险项下短期险承保规模随着贸易复苏而显著增长。世界贸易组织数据显示，2021 年全球商品出口额 22.3 万亿美元，同比增长 22%。伯尔尼协会初步统计数据显示，2021 年协会成员机构短期险业务总保额 2.45 万亿美元，同比增长 12%，增幅低于商品出口增速。原因之一是 2020 年商品出口出现下降，存在基数效应，而短期险充分发挥了危机时期缓解风险的作用，在 2020 年依然小幅增长。官方出口信用保险机构（ECA）和私营机构业务规模相当，分别为 1.14 万亿美元和 1.31 万亿美元（见图 10 - 14）。保额前十位的机构分别为中国出口信用保险公司、EH 集团、科法斯、安卓集团、K-sure、AIG、ECGC、EDC、CREDENDO、NEXI。

2021 年，全球短期险市场主要行业承保金额均出现增长，部分行业为恢复性增长。伯尔尼协会的统计数据显示，承保规模最大的三个行业依次为产品制造业、电子行业和非能源大宗商品行业，2021 年承保金额分别为 2840 亿美元、2660 亿美元和 1150 亿美元，同比增速分别为 18%、26% 和 36%

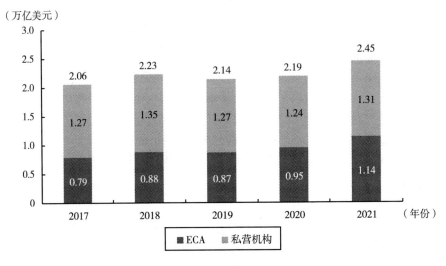

图 10－14　2017～2021 年伯尔尼协会成员机构短期险承保金额

资料来源：伯尔尼协会。

（见图 10－15）。其余行业 2021 年增速分别为资本货物制造业 23%、医药制品 21%、农产品及食品 22%、机车及交通制造 18%、建筑及工程 7%、能源大宗商品 42%。尽管所有行业均出现增长，但是汽车及交通制造、建筑及工程行业在 2020 年受疫情影响出现较大降幅，2021 年为恢复性增长。

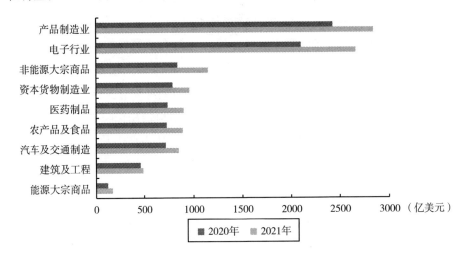

图 10－15　伯尔尼协会成员机构短期险行业承保情况

资料来源：伯尔尼协会。

在各国大规模支持性措施的影响下，2021 年短期险出险情况好于预期，赔款金额不升反降，赔款金额为近十年来最低水平。如图 10 - 16 所示，伯尔尼协会成员机构短期险已决赔款金额 24.8 亿美元，同比下降 19%，是 2012 年以来的最低赔款金额。ECA 和私营机构赔款金额均出现较大幅度下降，其中 ECA 已决赔款 15.7 亿美元，同比下降 15%；私营机构已决赔款 9.0 亿美元，同比下降 24%。由于近年来承保金额不断上升，赔款金额稳中有降，ECA 和私营机构的赔付率（已决赔款/责任余额）均呈现下降趋势，ECA 赔付率从 2018 年的 0.452% 下降至 2021 年的 0.295%，私营机构赔付率从 2019 年的 0.103% 下降至 2021 年的 0.067%。

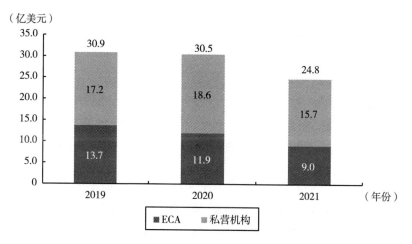

图 10 - 16　2019 ~ 2021 年伯尔尼协会成员机构短期险已决赔款情况
注：由于四舍五入等原因，个别计算值略有出入，下同。
资料来源：伯尔尼协会。

（二）中长期险

全球出口信用险项下中长期险主要承保方为官方出口信用保险机构。根据伯尔尼协会数据，2021 年中长期业务承保金额 1177 亿美元，同比增长 13%，但尚未恢复至疫情前水平。其中，ECA 承保金额达 976 亿美元，占比约 83%，私营机构和多边机构金额分别为 177 亿美元和 25 亿美元，占比分别为 15% 和 2%。在过去两年中，不同类型机构的承保金额变化趋势略有不同，

ECA 和私营机构承保金额在 2020 年均出现大幅下降，降幅分别为 26% 和 18%，随后 ECA 在 2021 年温和增长 9%，私营机构大幅反弹 23%。多边机构在 2020 年的承保金额保持稳定，但在 2021 年下降了近一半。具体如图 10 – 17 所示。

（亿美元）

图 10 – 17　2017～2021 年伯尔尼协会成员机构中长期险承保情况

全球中长期险新增承保业务集中于交通运输业。伯尔尼协会成员提供的出口信用保险覆盖交通运输、传统能源、制造业、可再生能源、基础设施、自然资源等多个行业。2021 年，交通运输业继续为新增保额最多的行业，承保金额 300 亿美元，主要由欧洲 ECA 承保。交通运输业承保金额在 ECA 中占比高达 32%，但在私营机构中占比仅为 8%。不同行业的新增保额变化差别较大，例如制造业、可再生能源和交通运输业 2021 年承保金额分别较上年增长 60%、40% 和 35%，而传统能源和自然资源行业分别下降 35% 和 18%。

从区域来看，欧洲、东亚及太平洋地区中长期险承保业务规模较大。2021 年欧洲再次成为中长期险业务新增保额最多的地区，承保金额 240 亿美元，同比增长 22%。近年来，东亚和太平洋地区的新增保额呈现下降趋势，但仍是业务规模第二大地区。大部分区域新增保额在 2020 年均出现大幅下降，但 2021 年各区域之间的复苏并不均衡，中东和北非、撒哈拉以南非洲、拉丁美洲和加勒比以及南亚新增保额仍远低于疫情前水平，分别较 2017～

2019 年平均承保金额下降48%、25%、23%和54%。具体如图 10 – 18 所示。

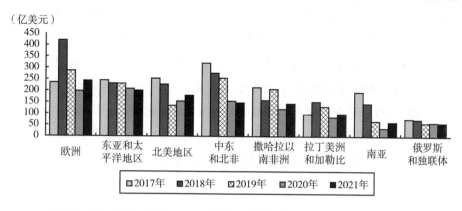

图 10 – 18 2017 ~ 2021 年伯尔尼协会成员机构中长期险区域承保情况

2021 年，全球中长期险业务赔款金额大幅增长，中长期险已决赔款金额达到 42.9 亿美元，为伯尔尼协会最高赔款记录，同比增长 22%，较疫情前 2017 ~ 2019 年平均水平增长近 50%。从赔款相关的风险类型看，商业风险仍然是主要赔款诱因，2021 年赔款金额 35 亿美元，占比 81%，但是政治风险相关赔款的增速（65%）远高于商业风险（16%）。从承保方的赔款情况看，ECA 支付赔款金额 41.4 亿美元，占比高达 96%，同比增长 25%；私营机构支付赔款 1.4 亿美元，同比下降 17%；多边机构支付赔款 0.1 亿万美元，与上年保持不变。具体如图 10 – 19 所示。

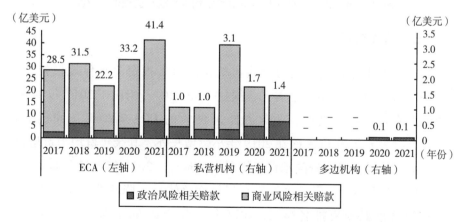

图 10 – 19 2017 ~ 2021 年伯尔尼协会成员机构中长期险已决赔款情况

2021 年，全球出口信用保险项下中长期险追偿金额 13.7 亿美元，同比下降 9%，为疫情暴发以来连续第二年下降（2020 年下降 29%）。从追偿相关的风险类型看，政治风险相关追偿金额同比下降 18% 至 6.9 亿美元，商业风险相关追偿金额增长 3% 至 6.8 亿美元，均远低于 2019 年水平。从追偿的国别地区看，2021 年追偿集中于中东北非地区以及拉丁美洲和加勒比地区（见图 10 - 20）。其中，中东北非地区追偿金额 3.5 亿美元，以政治风险相关追偿为主，主要包括 ECA 在伊拉克追偿的 2.7 亿美元；拉丁美洲和加勒比地区追偿金额 3.4 亿美元，以商业风险相关追偿为主。

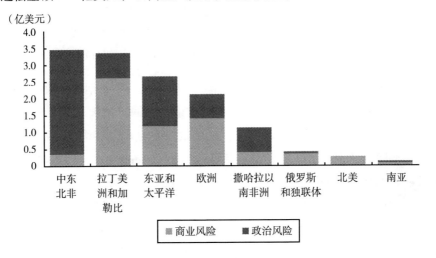

图 10 - 20　2021 年伯尔尼协会成员机构中长期险区域追偿情况

（三）海外投资险

2017～2021 年，伯尔尼协会成员机构的海外投资险承保规模持续下降，2021 年新增保额 346 亿美元，同比下降 12%，相比于 2017 年的 640 亿美元下降近一半。其中，业务占比达 69% 的 ECA 新增保额同比下降 26%，且过去五年中 ECA 除在 2019 年小幅增长外，其余年份均为负增长。东亚和太平洋地区是投资险承保规模最大的地区，2021 年承保金额 155 亿美元，同比增长 8%，但过去五年承保规模总体呈下降趋势。拉丁美洲和加勒比地区承保规模排名第二，2021 年承保金额 68 亿美元，同比增长 33%（见图 10 - 21）。

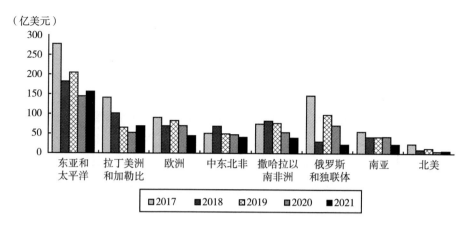

（亿美元）

2017 2018 2019 2020 2021

图 10 - 21　2017 ～ 2021 年伯尔尼协会成员机构投资险区域承保情况

2021 年全球海外投资险的赔款和追偿均处于较低水平，伯尔尼协会成员机构赔款金额约 1.8 亿美元（见表 10 - 6），尽管同比增长幅度高达 6 倍（2020 年赔款仅 2580 万美元），但低于疫情前 2017 ～ 2019 年的平均水平，0.1% 的赔付率也处于较低水平。2021 年仅在东亚和太平洋、南亚以及拉丁美洲和加勒比 3 个地区的 6 个经济体发生了赔款，其中 4 个经济体在拉丁美洲和加勒比地区。追偿方面，追偿金额和完成追偿的国家数量均较前几年有所下降。2021 年追偿金额仅 130 万美元，远低于 2020 年的 1100 万美元和 2019 年的 4600 万美元；仅在 2 个国家完成追偿，而 2020 年为 3 个国家，2017 ～ 2019 年平均为 6 个国家。

表 10 - 6　　　　　2021 年伯尔尼协会成员机构投资险已决赔款情况

经济体	区域	行业	承保机构	赔偿金额（万美元）
中国香港	东亚和太平洋	交通	SINOSURE	14600
秘鲁	拉丁美洲和加勒比	其他	NEXI	2700
玻利维亚	拉丁美洲和加勒比	其他	NEXI	1200
哥伦比亚	拉丁美洲和加勒比	能源	AXA XL	220
阿根廷	拉丁美洲和加勒比	制造业	NEXI	40
印度	南亚	能源	USDFC	10

资料来源：伯尔尼协会。

第三节　出口信用保险市场中的国家风险变化

对于开展对外贸易和直接投资的企业而言，部分海外经营风险属于商业风险，企业可以通过强化自身的风险管理能力进行应对，但是还有部分风险属于非商业性质的国家风险或政治风险，这是单个企业无力或无法单独应对的。其实在国家风险概念出现之前，各国官方出口信贷机构就已经通过承保汇兑限制、国有化征收、战争等政治事件和国家风险以促进全球的贸易和投资，可以说国家风险是出口信用保险市场面临的主要挑战，是官方出口信用机构面临的主要风险。因此，分析国家风险的内涵、趋势和变化对理解出口信用保险市场的运行显得尤为重要。

一、国家风险的内涵与评级方法

（一）国家风险的含义与影响因素

一般地，国家风险是一个由国家层面事件所导致的综合风险集合，包括政治风险、贸易限制风险、战争与政治暴乱风险等。出口信用保险市场运行中的国家风险内涵演变，经历了重商主义下的贸易限制风险、殖民扩张时期的战争与政治暴乱风险、跨国借贷加速兴起下的金融风险、大规模海外直接投资下的政治风险，以及间接投资迅猛发展下的主权信用风险五个阶段（见表 10 - 7）。

表 10 - 7　　　　　　　　　国家风险内涵的演变历程

时间阶段	不同时期国家风险内涵新增内容
重商主义时期	贸易限制风险
殖民地扩张时期	战争与政治暴乱风险
跨国借贷兴起时期	金融风险
大规模海外直接投资时期	政治风险
间接投资迅速发展时期	主权信用风险

　　基于其内涵的演变历程，从风险管理的视角看，国家风险可定义为东道国特定的国家层面事件通过直接或间接的方式，导致国际经济活动偏离预期结果造成损失的可能性。其核心是国家层面的风险事件，外延是一切国际经济活动，这些活动包括且不限于贸易、信贷、直接投资和间接投资，活动主体也不限于政府、银行、企业或私人。依据国家风险事件的类型，国家风险分为政治风险（包括战争与内乱风险、国有化与征收风险、汇兑限制风险等）和主权信用风险等，其中，政治风险又来源于东道国政府、东道国社会和国际环境（见表 10 - 8）。

表 10 - 8　　　　　　　　　　政治风险来源及其风险类型

风险来源	风险类型
东道国政府	·征收 ·拒绝履行合同 ·货币汇兑限制 ·所有权和人员限制 ·税收限制 ·进出口限制
东道国社会	·恐怖主义 ·示威、骚乱和暴动 ·革命、政变和内战
国际环境	·战争 ·经济制裁

　　注：在出口信用保险市场上，一般不严格区分政治风险和国家风险。阿德尔·哈达等（Adel Khattab et al.）在 "Managerial perceptions of political risk in international projects" 一文中对政治风险来源与分类进行了讨论。参见 Khattab A. , Anchor J. , Davies E. , "Managerial perceptions of political risk in international projects", *International Journal of Project Management*, 2007, 25（7）：734 - 743。

　　基于国家风险内涵的分析，其影响因素可分为四类。一是政治稳定类。政治稳定关乎一国的政权和相关政策能否延续，对战争和内乱、征收、汇兑限制、主权信用等方面的国家风险均有直接影响，是国家风险的关键指标，常用指标包括武装冲突的频率与范围、民族或族群矛盾、领导人换届、政治环境类指数等。二是经济金融类。经济金融指标体现一国经济的整体环境与经济发展情况，包括经济增长率、通货膨胀率、产业结构、利率、财政收支、公债规模、外债规模、IMF份额及优惠贷款、进出口规模、国际储备、汇率波动性、FDI 等。三是社会发展类。社会发展状况是国家风险主要影响因素之一，包括社会结构、收入分配状况等。四是营商环境类。营商环境恶化给政府治理带来挑战，尤其对经济能力较弱、经济结构较为单一的小国产生严重影响，具体指标包括政府行政效率、基础设施水平和自然灾害等。

（二）国家风险的评估方法

在出口信用保险市场运行过程中，出口信用保险机构的费率管理、限额管理、承保理赔、风险管理等经营流程和环节均有赖于对国家风险、主权信用风险、海外买方风险、海外项目风险的分析、识别和评估。因此，各国出口信贷机构都会研发自身的国家风险和政治风险评级技术体系和方法。在出口信用保险和国家风险管理理论中，一些智库，如标普、穆迪和惠誉三大评级机构与经济学人等，以及众多学者有大量的文献从宏观的全球国家风险、主权信用风险到微观的海外买方风险、项目风险等方面研究企业海外经营风险的影响机理和风险水平变化。一般的研究路径都是基于影响国家风险的因素，采用多指标综合评价模型，运用判别分析、概率选择模型、主成分分析、多目标决策、神经网络、递归和决策树、模糊集和粗糙集等参数或非参数等多种方法进行分析，对一国的风险事件和不确定性进行量化测度，最终给出全球国家风险的评级结果及其动态的调整和变化。

需要指出的是，从更广泛的意义上讲，国家风险的评级体系和方法，也是一国出口信贷机构软实力的重要体现。目前，经济合作与发展组织（OECD）的成员国均运用相同的国家风险评级体系和方法，OECD通过评估并划分国家风险等级，为成员国政府在提供官方出口信用时进行贷款定价和保险定价提供参考，也就是所谓的"君子协定"①。在OECD的国家风险分析框架下，国家风险包含两类风险：一类是转移和汇兑风险（例如资本和外汇

---

① 1970年，美国、英国、法国、联邦德国、日本、意大利和加拿大等国在巴黎召开首脑会议，就出口信贷问题达成一项协定。由于该协定只是各国之间的一项约定，不具备法律约束力，因此称为"出口信贷君子协定"。主要内容包括：（1）协调信贷利率；（2）信贷额最高可为贸易公司金额的85%，其余15%的贷款要支付现汇；（3）统一贷款期限。1978年，OECD把该协定用作协调会员国的出口信贷条件。"出口信贷君子协定"最重要的内容是关于最低利率的确定。

限制）；一类是不可抗力风险（如战争、征收、革命、内乱、洪水与地震等）。首先根据国家风险评价模型（country risk assessment，CRAM），从支付方式、经济变量和金融变量三个风险因素得到国家风险的一个量化结果，然后由 OECD 的专家采取定性的办法对 CRAM 中未涉及的政治风险因素等进行分析，对第一步的结果进行修正。

作为官方出口信贷机构，中国信保在长期的业务发展过程中形成了具有自主知识产权的国家风险评级体系和方法，涵盖国家风险、主权信用风险、行业风险、海外买方风险、海外项目风险五个评级模型，定期发布相关的评级结果，为企业和政府决策提供参考。其中，国家风险评级模型基于中国信保的业务经验，以"东道国特定的国家层面事件通过直接或间接的方式，导致国际经济活动偏离预期结果造成的损失和可能性"构建国家风险的损失函数；同时，通过构建基于四个维度，涵盖 17 个一级指标和 52 个二级指标的指标体系（自变量），对一国国家风险进行多角度、全方位、多层次的评估与刻画。该国家风险评级模型采用 Worst-DEA 的投入产出方法，以"国家风险管控效率"为判定准则，实现了不同国家在同一维度上的比较。国家风险评级标尺为 1 级到 9 级，分别代表国家风险由低到高的分布。[①]

此外，中国信保借鉴世界银行、国际货币基金组织的可持续债务风险分析框架，在大量文献研究的基础上自主研发了主权信用风险评级体系和模型。[②] 与穆迪等三大国际评级机构侧重于主权债券评级不同，中国信保的主权信用风险模型是基于主权信用风险事件，重点考察一国整体的主权债务偿付能力，除主权债券外还考虑了主权借款和主权担保。该主权信用风险评级模型基于中国信保的业务数据，通过观测主权债务重组、主权债务违约、主权拖欠、主权贷款超过警戒水平等主权信用风险事件，根据早期信号预警原理，构建涵盖经济、金融、财政、贸易等 51 个指标的指标体系。该主权信用风险评级模型以 CART、Logit 等方法作为评估手段，结合压力测试和替代情境测试，针对市场准入国和非市场准入国的不同特点，对全球 192 个主权国家进行分类评估，形成风险从低到高、评级从 AAA 级到 C 级的科学化的评估

---

① 王稳等：《国家风险分析框架重塑与评级研究》，载于《国际金融研究》2017 年第 10 期。
② 王稳等：《2015 年全球主权信用风险评级研究》，载于《保险研究》2016 年第 4 期。

体系。从评级效果上看，主权信用风险评级能够有效预测主权债务违约信号，对主权类风险进行合理判断，为中国出口信用保险承保企业中长期类、投资类项目的业务提供助力，为中国企业海外投资提供风险管理与预警手段。

二、未来全球国家风险变化展望

跟踪和监测全球国家风险和主权信用风险的变化趋势，对于分析和把握全球出口信用保险市场变化，构建我国海外利益保护和风险预警防范体系具有重要意义。展望未来，疫苗接种率提高和新冠药物的增多给全球战胜疫情带来曙光，但短期内彻底结束疫情的可能性不大；与此同时，驱动国家风险变化的政治、经济、社会因素相互交织，在一定程度上不断恶化，推动全球国家风险水平趋于上行，具体表现在以下几方面。

（一）大国竞争烈度处于高位，边缘或中间地带风险多点散发

政治风险的明显上升将成为未来全球风险的最主要特征。大国竞争围绕欧亚大陆两端进一步加剧：欧亚大陆西端，俄乌冲突成为重塑地区安全格局、国际地缘政治和能源格局的重大事件；欧亚大陆东端，美国对中国"最重要的战略竞争对手"的定位不会因俄乌冲突而改变，仍将继续联合盟友制约中国发展。此外，大国竞争加剧导致边缘或中间地带的风险可能显著上升，阿富汗、叙利亚、也门的安全局势进一步恶化的风险增大。美国、法国、巴西、菲律宾以及部分"临选易乱"的非洲国家将在 2022 年举行多场重要选举，选举结果及内外政策调整将影响全球风险走势。

（二）政策不确定性高企，经济复苏面临更大阻力

全球经济将大概率维持复苏趋势，但风险挑战明显增多：一是持续的通货膨胀压力或导致美联储加息步伐和幅度明显超过正常水平，全球货币政策超预期收紧；二是俄乌冲突等重大风险事件持续发酵引发全球经济剧烈震荡；三是地缘政治风险上升、供应链紊乱等因素将继续推升能源、粮食等大宗商品价格，全球通货膨胀压力进一步上升。

（三）新兴市场和低收入国家面临更大债务挑战

未来发达国家公共债务负担预计有所降低，但新兴市场国家和低收入国家债务状况难有好转，甚至可能出现恶化。对新兴市场国家而言，面临全球货币环境紧缩、融资成本上升、财政负担加重的多重冲击，债务问题将更加突出。对于低收入国家而言，由于经济复苏动力不足、外部融资需求高企等因素的存在，债务负担易升难降，"共同框架"作为"缓债倡议"的衔接机制，其减债力度总体有限，预计难以有效解决低收入国家的债务问题。

（四）全球能源、粮食安全风险上升，或引发社会危机

2022 年地缘政治风险上升等因素将继续扰乱全球能源市场，能源价格大概率呈螺旋上升态势，加剧各国对能源安全的担忧。同时，疫情、极端天气增多等因素导致全球食品价格指数一路攀升，叠加俄乌冲突影响全球粮食和化肥供给，食品价格进一步上升。能源和粮食价格持续上涨和供给短缺，可能导致部分国家爆发能源和粮食安全风险，引发社会危机。

第四节 我国出口信用保险市场发展展望

展望 2022 年及未来一段时期，全球经济复苏势头在多重风险叠加下显著放缓，而国内经济运行面临的"需求收缩、供给冲击、预期转弱"的三重压力，支撑我国出口高速增长的因素有所减弱，对外经贸仍然面临复杂严峻的内外部环境。我国出口信用保险市场应当从多个层面发力，继续支持贸易和投资高质量发展，推动高水平开放。

一、我国出口信用保险市场面临的内外部环境

（一）国际经济复苏势头显著放缓

2022 年以来，国际经济复苏势头受到俄乌冲突、病毒变异和疫苗分配、

高通货膨胀以及发达国家货币政策转向等因素影响，显著放缓。

1. 俄乌冲突引发全球经济震荡

首先，俄乌两国均是重要的资源和农业出口国，冲突引发国际能源和粮食价格大涨，加剧全球高通胀，引发资源和粮食进口国输入型通货膨胀风险，也会沿产业链从工业生产品端向消费品端传导，波及全球经济甚至引发滞胀风险。其次，俄乌冲突冲击全球贸易，俄罗斯暂停对欧洲地区的能源商品供应；西方国家对俄罗斯的金融制裁和 SWIFT 支付结算限制，影响其对外贸易结算和经济复苏；地缘政治风险导致中立国家对外贸易持观望态度，周边国家商品贸易中断；相关区域海运贸易被迫中断，俄罗斯相关海域航运运费大幅攀升，威胁全球产业链和供应链稳定性。最后，俄乌冲突下流动性风险上升，市场风险偏好显著下降，全球金融市场大幅震荡，同时随着全球避险情绪急剧升温，引发部分发展中国家出现资本大量外流和汇率大幅贬值风险。

2. 全球疫情形势依然严峻，阻碍经济复苏

一是奥密克戎等变异病毒在全球传播，降低了现有疫苗的保护效力，加剧疫情的冲击强度和持续时间，可能导致生产经营和贸易停滞，引发新一轮的封锁政策，加剧供需不匹配，造成全球经济增速回落。二是疫苗分配问题依然突出。供应缺口依然巨大，且疫苗分配存在严重不公平，使得全球广泛接种疫苗的目标短期内难以实现，"一隅不安，举世皆危"的状况难有改观。而疫情持续时间越长，对一国宏观政策空间限制的约束力越大，越有可能拖累其经济增长。

3. 通胀上升推高经济复苏不确定性

全球通货膨胀攀升导致企业原材料价格和生产要素成本快速上涨。特别是部分发展中国家，上游原材料生产能力相对较强，下游消费品生产能力相对较弱，疫情冲击下产成品供给能力雪上加霜，导致消费品供需缺口更加难以弥合，不断抬升价格中枢，带动生产要素成本上行，降低企业利润率，叠加产成品资金占用率过高，甚至造成企业经营亏损，抑制实体经济发展。为应对通胀压力，部分国家央行被迫选择加息以稳定物价水平，但是被迫加息也导致上述国家投资下降和消费减少，影响经济复苏进程。受疫情影响，未来供需不匹配仍将持续，叠加粮食和能源等价格上涨引发的通货膨胀具有滞后效应，全球通胀前景仍具有高度不确定。

4. 部分国家货币政策转向加剧全球债务压力

近年来，高债务和高杠杆问题日趋凸显。全球多国为应对疫情采取宏观政策刺激，财政赤字和债务规模不断放大，流动性过剩和低利率环境促使杠杆率进一步攀升。而 2022 年发达国家货币政策转向和加息预期，容易导致自身具有金融脆弱性的发展中国家出现跨境资本大量外流，叠加高通胀压力，引发新一轮通货膨胀与货币贬值的负向螺旋。发展中国家不仅将陷入是否加息的两难境地，限制其宏观政策操作空间，而且面临巨额外币债务和融资需求，引发偿债能力下降，加剧其金融脆弱性，进一步恶化自身高债务和高杠杆问题，拖累经济复苏进程。一些政局不稳、法治和信用体系不健全、宏观经济波动性较大的国家，甚至可能爆发主权信用风险和主权债务危机。

（二）国内经济和贸易仍面临诸多挑战

2022 年以来，国内经济运行面临的"需求收缩、供给冲击、预期转弱"的三重压力有增无减，同时支撑我国出口高速增长的因素也有所减弱。

1. 疫情冲击加大需求收缩压力

从需求端来看，全国多地再度暴发疫情引发限制人口流动，服务消费受到较大冲击，居民消费层面恢复乏力；尽管制造业投资和基础设施建设投资出现增长，但是房地产投资实际增速明显为负，严重拖累投资需求复苏；随着国外疫情防控放松和产能恢复，我国订单向外转移的压力有所显现。当前我国需求收缩主要体现为内需不足和外需增速放缓，尤其是房地产投资下行和居民消费不振。

2. 供给冲击面临结构性压力

受到输入型通货膨胀和俄乌冲突的影响，全球能源、金属、稀有气体、钾肥、粮食等出现短缺和价格攀升，进而带来相关原材料供给短缺。疫情扩散冲击下，国内物流快递和国际进出港明显受阻，物流时间拖长，成本上升。同时，缺芯、缺工、缺柜等问题仍然突出，疫情冲击下国内生产、物流效率下降导致部分企业无法按时交货，订单已出现回流海外迹象；部分行业反复受到冲击，对行业持续发展、经济均衡运行、相关就业收入等都可能造成比

较持久的损伤。当前供给冲击面临结构性压力，主要体现为物流不畅和输入型短缺，尤其是国内交通、物流、快递受限。

3. 多重因素叠加导致预期回落

本土聚集性疫情导致经济社会脆弱性上升。国内疫情再度暴发对企业生产和居民生活持续产生较大影响，市场预期再度受到冲击。国务院发展研究中心对万家企业跟踪调查的结果显示，2022 年 3 月企业发展信心指数下滑至 59.3，表明企业预期出现局部恶化，疫情的不确定性、稳增长政策力度不够和俄乌冲突加剧了企业悲观情绪。可见，预期回落主要是受到短期因素影响，尤其是担忧疫情的不确定性和稳增长政策落地力度。

4. 支撑出口高速增长的因素有所减弱

受益于我国较早控制住疫情、产能恢复较快以及发达经济体需求持续恢复而其他经济体产能恢复滞后等多重因素，我国出口持续保持较快增长。但进入 2022 年，随着发达国家普遍加快解封，生产能力快速恢复，产能利用率不断攀升，同时投资快速增长推动生产能力持续扩大，欧美市场订单开始加速回流，而中国新出口订单则持续下降，支撑出口高速增长的"订单转移效应"持续减弱。与此同时，随着国外持续放宽疫情防控措施，服务消费增长持续高于商品消费的趋势更加明确，服务进口对商品进口的替代效应更加明显，进一步削弱我国产品的外部需求。此外，国际大宗商品价格持续高位运行，上游原材料较高价格向中下游持续传导，也削减了我国产品出口的竞争力。

二、出口信用保险助力我国开放经济高质量发展

未来，我国经济社会发展面临的内外部环境并不乐观，国内经济发展的复杂性、严峻性、不确定性上升，国际经济在多重风险叠加下复苏势头放缓。因此，出口信用保险未来要在以下方面继续发挥重要作用和功能，稳住外贸基本盘，助力高质量共建"一带一路"，促进内外贸一体化发展。

（一）助力稳住外贸基本盘

1. 支持对外贸易高质量发展

出口信用保险进一步巩固提升跨周期和逆周期调节作用，优化承保和理

赔条件，全力支持企业特别是小微企业抓订单、保市场、稳经营；支持服务贸易、跨境电商等外贸新业态新模式，推动贸易创新发展。

2. 推动出口企业优化国际市场布局

出口信用保险要继续支持企业深耕欧美日韩等发达经济体传统市场，积极支持企业通过并购海外优质资产、与国内企业发挥各自特长组团出海等方式，开拓多元化市场，推进国际营销体系建设。

3. 加强普惠金融支持

出口信用保险要持续加大对小微企业支持力度，做实"小巨人"企业成长计划，助力"专精特新"小微企业加快成长；加强与"单一窗口"等服务渠道合作力度，便利小微企业投保操作。

4. 扩大保单融资规模

出口信用保险要持续加强与政府部门沟通，将保单融资更好融入国家政策工具体系，通过出口信用保险保单融资，精准滴灌小微外贸企业，丰富保单融资方式，引导地方政府为保单融资提供支撑，推广"信保＋担保""政府＋银行＋保险""白名单"等融资合作模式，为企业融资提供更加便捷的增信支持。

（二）助力高质量共建"一带一路"

1. 深入推进"一带一路"建设

出口信用保险要积极支持自由贸易试验区（港）建设，密切跟踪区域全面经济伙伴关系协定、中欧投资协定、全面与进步跨太平洋伙伴关系协定等对外开放合作新平台进展情况，挖掘第三方市场合作、当地币融资、境外经贸合作区整体合作、重点行业产业链上下游开发等领域合作潜力。

2. 聚焦聚力海外投资的高质量发展

出口信用保险要落实政策性保险的职责，积极推动电力、轨道交通、通信、新能源、船舶、航空航天等行业开拓国际市场。支持企业以投建营一体化等多种方式推动企业海外投资项目建设，支持龙头电信企业提升国际竞争力。

3. 提高企业风险管理能力

出口信用保险要继续推出适应市场需求的新产品、新服务，为企业提供一揽子信用风险管理方案，满足个性化需求；充分发挥信用保险的信息优势，积极提供及时全面的风险分析和预警，帮助企业建立科学合理的风险管控体系。

4. 深度参与全球治理

出口信用保险要配合做好出口信贷磋商谈判工作，深度参与全球 ECA 治理。加强国际同业交流合作，发挥引领作用。

（三）促进内外贸一体化发展，助力形成双循环新发展格局

1. 完善畅通内外贸循环的体制机制

出口信用保险要发挥国内贸易险与出口贸易险组合优势，发挥特险对特定市场、客户、行业的精准支持作用，支持外贸企业拓展国内市场、出口产品转内销，支持国内流通企业、电商平台走国际化经营道路，对同时经营国内外市场的企业加强各险种协同支持。

2. 重点支持提升产业链供应链自主可控能力

出口信用保险要积极支持产业链上下游拓展国内国际市场，优先保障产业链龙头企业和关键产品的出口和内销；聚焦双循环示范企业和优质融资业务，发挥专业优势，联合银行共同加强保单融资支持力度，促进产业链融资健康快速发展。推动企业参与全球产业链供应链重塑，强化全产品联动和政策倾斜，积极支持产业链龙头企业开展绿地投资和国际并购。深化国际产能合作，引导企业布局海外市场，构筑互利共赢的产业链供应链合作体系，提升在全球产业链中的地位和影响力。

3. 积极服务畅通国内大循环

出口信用保险要聚焦重点机构、重点行业和重点客户，加大中小生产型企业转型升级的支持力度；支持线上线下消费融合发展，探索研究创新银行承兑汇票承保等业务。

参考文献

[1] 程瑶、孙文远、杜秀红：《国际官方出口信用机构发展经验及对我

国的启示》，载于《国际贸易》2020 年第 3 期。

［2］国务院发展研究中心：《中国出口信用保险公司政策性职能履行评估报告（2021 年度)》，国务院发展研究中心网站，2022 年。

［3］李建平、孙晓蕾、范英：《国家风险评级的问题分析与战略思考》，载于《中国科学院院刊》2011 第 26 期。

［4］王稳、李雪：《出口信保促进外贸高质量发展》，载于《中国金融》2021 年第 19 期。

［5］王稳、张阳、石腾超、赵婧：《国家风险分析框架重塑与评级研究》，载于《国际金融研究》2017 年第 10 期。

［6］王稳：《出口信用保险：起源、发展与趋势》，载于《中国保险》2016 年第 6 期。

［7］中国出口信用保险公司：《中国出口信用保险公司 2021 年年报》，中国出口信用保险公司网站，2022 年。

［8］周玉坤：《我国出口信用保险的发展进程》，载于《保险研究》2019 年第 1 期。

［9］卓志、毛勤晶：《出口信用保险对国际贸易演化博弈均衡的影响——基于前景理论视角》，载于《保险研究》2018 年第 4 期。

［10］Abbas, A. , "Dealing With High Debt in An Era of Flow Growth", International Monetary Fund, 2013, https：//ideas. repec. org/p/imf/imfsdn/2013 – 007. html.

［11］Antoni, E. , F. Brian, and A. Taylor, "The Rise and Fall of World Trade, 1870 – 1939", *NBER Working Papers*, 2002, 118 (2)：359 – 407.

［12］Baltensperger, B. , and N. Herger, "Exporting against Risk? Theory and Evidence from Public Export Insurance Schemes in OECD Countries", *Open Economies Review*, 2009, 4 (20)：545 – 563.

［13］Berne Union, "Berne Union Yearbook, 2021", https：//www. berne-union. org, 2021.

［14］Berne Union, "Export Credit & Investment Insurance Industry Report 2020", https：//www. berneunion. org, 2020.

［15］ Berne Union, "MLT Committee 2021 Business Trends Report", https: //www. berneunion. org, 2022.

［16］ Berne Union, "Spring Meeting Istanbul 2022 Press Release", https:// www. berneunion. org/Articles/Details/673/PRESS-RELEASE-Istanbul-Spring-Meeting-and-H2-2021-Data, 2021.

［17］ Berne Union, "ST Committee Members' 2021 Business Trends Report", https: //www. berneunion. org, 2022.

［18］ Bilal, H. Z. , "Export incentives, Financial Constraints, and the Allocation of Credit: Micro-level Evidence From Subsidized Export Loans", *Journal of Financial Economics*, 2007, 2（87）: 498 – 527.

［19］ Bradford, M. , "Market for Political Risk cover Broadens, Softens", *Business Insurance*, 2005, 39（24）: 9 – 19.

［20］ Cosset, J. , and J. Suret, "Political Risk and the Benefits of International Portfolio Diversification", *Journal of International Business Studies*, 1995, 26（2）: 18 – 30.

［21］ Dalia, M. , and S. Monika, "Economic Incentives and International Trade", *European Economic Review*, 1998, 3（42）: 705 – 716.

［22］ Daniel, P. , "Local Bank Financial Constraints and Firm Access to External Finance", *Journal of Finance*, 2008, 5（63）: 2161 – 2193.

［23］ Erb, C. B. , C. R. Harvey, and T. E. Viskanta, "Political Risk, Economic Risk, and Financial Risk", *Financial Analysts Journal*, 1996, 52（6）: 29 – 46.

［24］ Fitzpatrick, M. , "The Definition and Assessment of Political Risk in International Business: A Review of the Literature". *Academic Management Review*, 1983, 8（2）: 249 – 254.

［25］ Gabriel, J. , and E. Y. Felbermayr, "Export Credit Guarantees and Export Performance: An Empirical Analysis for Germany", *The World Economy*, 2013, 8（36）: 967 – 999.

［26］ Gurr, R. , "Political Violence", Oxford: Oxford University Press, 2001.

［27］Ha, J. , M. Stocker, and H. Yilmazkuday, "Inflation and Exchange Rate Pass-through. ", *Journal of International Money and Finance*, 2020, 105 (2): 102 – 187.

［28］Iloie, R. E. , "Connections between FDI, Corruption Index and Country Risk Assessments in Central and Eastern Europe", *Procedia Economics and Finance*, 2015, 32 (8): 626 – 633.

［29］Ismailescu, J. , and H. Kazemi, "The Reaction of Emerging Market Credit Default Swap Spreads to Sovereign Credit Rating Changes", *Journal of Bank Finance*, 2010, 34 (2): 2861 – 2873.

［30］Khattab, A. , J. Anchor, and E. Davies, "Managerial Perceptions of Political Risk in International Projects", *International Journal of Project Management*, 2007, 25 (7): 734 – 743.

［31］Kobrin, S. , *Managing Political Risk Assessment: Strategic Response to Environmental Change*, California: University of California Press, 1982.

［32］Koen, J. M. , "The Private Export Credit Insurance Effect on Trade", *Journal of Risk and Insurance*, 2015, 2 (87): 498 – 527.

［33］Krugman, P. , "A Model of Balance-of-Payments Crises", *Journal of Money*, Credit and Banking, 1979, 11 (1): 311 – 325.

［34］Miller, K. D. , "A Framework for Integrated Risk Management in International Business", *Journal of International Business Studies*, 1992, 23 (2): 311 – 331.

［35］Minor, J. , "Mapping the New Political Risk", *Risk Management*, 2003, 50 (3): 16 – 25.

［36］Nath, H. K. , *Country Risk Analysis: A Survey*, Sam Houstan State University Press, 2008.

［37］Peinhardt, C. , and T. Allee, "Political Risk Insurance as Dispute Resolution", *Journal of International Dispute Settlement*, 2016, 7 (1): 205 – 224.

［38］Perla, J. , C. Tonetti, and M. E. Waugh. , "Equilibrium Technology Diffusion, Trade, and Growth. ", *American Economic Review*, 2021, 111 (1):

73 – 128.

[39] Veer, V. D. , and J. M. Koen, "The Private Export Credit Insurance Effect on Trade", *Journal of Risk and Insurance*, 2015, 82 (3): 601 – 624.

[40] West, G. T. , "Political Risk Investment Insurance: A Renaissance", *The Journal of Structured Finance*, 1999, 5 (2): 27 – 36.

附录 2021 年中国保险业发展基本数据

附表 1　　　　　　　　　2021 年保险业经营情况

项目	本年累计/截至当期
原保险保费收入（亿元）	44900
1. 财产险	11671
2. 人身险	33229
（1）寿险	23572
（2）健康险	8447
（3）人身意外伤害险	1210
保险金额（亿元）	121461992
保单件数（万件）	4889556
原保险赔付支出（亿元）	15609
1. 财产险	7688
2. 人身险	7921
（1）寿险	3540
（2）健康险	4029
（3）人身意外伤害险	352
业务及管理费（亿元）	5225
资金运用余额（亿元）	232280
其中：银行存款	26179
债券	90683
股票和证券投资基金	29505
资产总额（亿元）	248874
其中：再保险公司	6057
资产管理公司	1030
净资产（亿元）	29306

注：（1）本表数据是保险业执行《关于印发〈保险合同相关会计处理规定〉的通知》后，各保险公司按照相关口径要求报送的数据；（2）原保险保费收入为按《企业会计准则（2006）》设置的统计指标，指保险企业确认的原保险合同保费收入；（3）原保险赔付支出为按《企业会计准则（2006）》设置的统计指标，指保险企业支付的原保险合同赔付款项；（4）原保险保费收入、原保险赔付支出和业务及管理费为本年累计数，银行存款、投资和资产总额为月末数据；（5）人身保险公司保户投资款新增交费为依据《保险合同相关会计处理规定》，经过保险混合合同分拆、重大保险风险测试后（投连险除外），未确定为保险合同的部分，为本年度投保人交费增加金额；（6）人身保险公司投连险独立账户新增交费为依据《保险合同相关会计处理规定》，投连险经过保险混合合同分拆、重大保险风险测试后，未确定为保险合同的部分，为本年度投保人交费增加金额；（7）银行存款包括活期存款、定期存款、存出保证金和存出资本保证金；（8）因部分机构目前处于风险处置阶段，从 2021 年 6 月起，行业汇总数据口径暂不包含这部分机构；（9）按可比口径，行业汇总原保险保费收入同比增长 4.05％，保险金额增长 40.71％，原保险赔付支出增长 14.12％。

资料来源：各公司报送的保险数据，未经审计。

附表 2   2021 年财产保险公司经营情况

项目	本年累计/截至当期
原保险保费收入（亿元）	13676
其中：企业财产保险	520
家庭财产保险	98
机动车辆保险	7773
工程保险	144
责任保险	1018
保证保险	521
农业保险	976
健康险	1378
意外险	627
赔款支出（亿元）	8848
保险金额（亿元）	108602905
其中：机动车辆保险	5115107
责任险	49279414
农业保险	47150
健康险	12040427
意外险	35862185
保单件数（万件）	4794129
其中：机动车辆保险	56668
责任险	918506
货运险	430847
保证保险	248813
健康险	1153612
意外险	498607
总资产（亿元）	24513

注：（1）本表数据是保险业执行《关于印发〈保险合同相关会计处理规定〉的通知》后，各保险公司按照相关口径要求报送的汇总数据；（2）原保险保费收入为按《企业会计准则（2006）》设置的统计指标，指保险企业确认的原保险合同保费收入；（3）原保险保费收入、赔款支出、保险金额、签单数量为本年累计数，总资产为月末数据；（4）因部分机构目前处于风险处置阶段，从 2021 年 6 月起，财产保险公司汇总数据口径暂不包含这部分机构；（5）按可比口径，行业汇总原保险保费收入同比增长 1.92%，保险金额增长 45.53%，赔款支出增长 13.55%。

资料来源：各公司报送的保险汇总数据，未经审计。

附表 3　　　　　　　　　　**2021 年人身保险公司经营情况**

项目	本年累计/截至当期
原保险保费收入（亿元）	31224
其中：寿险	23572
意外险	583
健康险	7069
保户投资款新增交费（亿元）	6479
投连险独立账户新增交费（亿元）	695
赔付支出（亿元）	6761
保险金额（亿元）	12859087
其中：寿险	317631
意外险	3472120
健康险	9069335
保单件数（万件）	95427
其中：寿险	7831
其中：普通寿险	6397
意外险	42983
健康险	44614
总资产（亿元）	213895

注：（1）本表数据是保险业执行《关于印发〈保险合同相关会计处理规定〉的通知》后，各保险公司按照相关口径要求报送的数据；（2）原保险保费收入为按《企业会计准则（2006）》设置的统计指标，指保险企业确认的原保险合同保费收入；（3）原保险赔付支出为按《企业会计准则（2006）》设置的统计指标，指保险企业支付的原保险合同赔付款项；（4）原保险保费收入、原保险赔付支出、新增保险金额、新增保单件数为本年累计数，总资产为月末数据；（5）人身保险公司保户投资款新增交费为依据《保险合同相关会计处理规定》，经过保险混合合同分拆、重大保险风险测试后（投连险除外），未确定为保险合同的部分，为本年度投保人交费增加金额；（6）人身保险公司投连险独立账户新增交费为依据《保险合同相关会计处理规定》，投连险经过保险混合合同分拆、重大保险风险测试后，未确定为保险合同的部分，为本年度投保人交费增加金额；（7）因部分机构目前处于风险处置阶段，从 2021 年 6 月起，人身保险公司汇总数据口径暂不包含这部分机构；（8）按可比口径，行业汇总原保险保费收入同比增长 5.01%，保险金额增长 9.96%，赔付支出增长 14.87%。

资料来源：各公司报送的保险汇总数据，未经审计。

附表 4 　　　　　　　　　2021 年全国各地区原保险保费收入情况 　　　　　　　　单位：亿元

地区	合计	财产保险	寿险	意外险	健康险
全国合计	44900	11671	23572	1210	8447
集团、总公司本级	37	31	0	4	3
北 京	2527	443	1499	62	522
天 津	660	154	372	18	116
河 北	1995	545	1045	44	361
辽 宁	980	289	495	21	175
大 连	378	83	230	8	57
上 海	1971	524	1048	75	324
江 苏	4051	1002	2345	94	610
浙 江	2485	745	1288	63	389
宁 波	375	176	145	11	43
福 建	1052	257	541	30	224
厦 门	243	71	122	7	43
山 东	2816	668	1473	69	607
青 岛	462	144	210	11	96
广 东	4153	1019	2283	139	712
深 圳	1427	377	638	45	367
海 南	198	74	80	6	38
山 西	998	231	579	22	167
吉 林	691	171	349	16	156
黑龙江	995	199	549	17	231
安 徽	1380	437	657	37	249
江 西	910	265	444	25	176
河 南	2360	550	1264	52	494
湖 北	1878	380	1087	43	369
湖 南	1509	391	749	41	328
重 庆	966	214	519	26	206
四 川	2205	557	1173	61	414
贵 州	496	215	181	21	80
云 南	690	262	252	28	148
西 藏	40	27	5	3	4
陕 西	1052	255	598	24	176
甘 肃	490	131	258	14	87
青 海	107	45	42	3	17
宁 夏	211	65	101	7	38
新 疆	686	229	304	18	135
内蒙古	646	205	302	16	123
广 西	781	241	346	29	165

注：（1）本表数据是保险业执行《关于印发〈保险合同相关会计处理规定〉的通知》后，各保险公司按照相关口径要求报送的数据；（2）集团、总公司本级是指集团、总公司开展的业务，不计入任何地区；（3）由于计算的四舍五入及单位换算原因，各地区之和与合计略有差异；（4）因部分机构目前处于风险处置阶段，从 2021 年 6 月起，各地区汇总数据口径暂不包含这部分机构。

资料来源：各公司报送的保险数据，未经审计。

附表 5 **2021 年保险业偿付能力状况**

指标	机构类别	时间			
		一季度末	二季度末	三季度末	四季度末
综合偿付能力充足率（%）	保险公司	246.7	243.7	240.0	232.1
	财产险公司	285.4	286.8	285.6	283.7
	人身险公司	238.6	235.7	231.6	222.5
	再保险公司	336.2	307.4	307.3	311.2
核心偿付能力充足率（%）	保险公司	234.0	231.0	227.3	219.7
	财产险公司	255.6	258.0	257.0	261.4
	人身险公司	228.5	225.5	221.3	211.7
	再保险公司	313.7	286.9	284.2	288.9
风险综合评级（家）	A 类公司	100	95	88	91
	B 类公司	72	76	78	75
	C 类公司	4	5	10	8
	D 类公司	2	2	2	4

注：（1）综合偿付能力充足率，即统计范围内的保险机构实际资本汇总数与最低资本汇总数的比值，衡量保险公司平均的资本充足状况。（2）核心偿付能力充足率，即统计范围内的保险机构核心资本汇总数与最低资本汇总数的比值，衡量保险公司平均的高质量资本充足状况。（3）风险综合评级，即监管部门对保险公司偿付能力综合风险的评价，衡量保险公司总体偿付能力风险的大小，分为四个类别。A 类公司：偿付能力充足率达标，且操作风险、战略风险、声誉风险和流动性风险小的公司；B 类公司：偿付能力充足率达标，且操作风险、战略风险、声誉风险和流动性风险较小的公司；C 类公司：偿付能力充足率不达标，或者偿付能力充足率虽然达标，但操作风险、战略风险、声誉风险和流动性风险中某一类或几类风险较大的公司；D 类公司：偿付能力充足率不达标，或者偿付能力充足率虽然达标，但操作风险、战略风险、声誉风险和流动性风险中某一类或几类风险严重的公司。（4）综合偿付能力充足率、核心偿付能力充足率的计算，以及风险综合评级的具体标准和程序均依据《保险公司偿付能力监管规则》等制度规定。（5）本表综合偿付能力充足率、核心偿付能力充足率数据以各保险公司报送数据为基础计算，各保险公司报送数据未经审计。

图书在版编目（CIP）数据

中国保险业发展报告. 2022 / 郑伟等著. —北京：
经济科学出版社，2022.10
ISBN 978 – 7 – 5218 – 4036 – 0

Ⅰ.①中…　Ⅱ.①郑…　Ⅲ.①保险业 – 经济发展 –
研究报告 – 中国 – 2022　Ⅳ.①F842

中国版本图书馆 CIP 数据核字（2022）第 175798 号

责任编辑：赵　蕾
责任校对：靳玉环
责任印制：范　艳

中国保险业发展报告 2022
郑伟　等／著
经济科学出版社出版、发行　新华书店经销
社址：北京市海淀区阜成路甲 28 号　邮编：100142
总编部电话：010 – 88191217　发行部电话：010 – 88191522
网址：www. esp. com. cn
电子邮箱：esp@ esp. com. cn
天猫网店：经济科学出版社旗舰店
网址：http://jjkxcbs. tmall. com
北京季蜂印刷有限公司印装
710 × 1000　16 开　22 印张　341000 字
2022 年 10 月第 1 版　2022 年 10 月第 1 次印刷
ISBN 978 – 7 – 5218 – 4036 – 0　定价：82.00 元
（图书出现印装问题，本社负责调换。电话：010 – 88191510）
（版权所有　侵权必究　打击盗版　举报热线：010 – 88191661
QQ：2242791300　营销中心电话：010 – 88191537
电子邮箱：dbts@ esp. com. cn）